U0137814

国际语言学前沿丛书
Trends in Contemporary Linguistics

"十四五"国家重点图书出版规划项目

胡建华 主编

Kam-Tai

Classifiers

from the

Perspective

of

Noun

Categorization

名词范畴化
视野下的
侗台语族类别词研究

陆天桥 著

上海教育出版社
SHANGHAI EDUCATIONAL
PUBLISHING HOUSE

作 者 简 介

　　陆天桥,澳大利亚墨尔本大学语言学博士,詹姆斯·库克大学博士后,江苏师范大学教授,詹姆斯·库克大学凯恩斯学院外院研究员及高级研究学位候选人导师。所授跨文化交际、形态句法学等6门本科及研究生课程为英语授课。于美国出版英文语言学专著2部、英文专著合著1章,发表SSCI及CSSCI类论文10余篇;国家社科基金重大项目"壮语参考语法的研究与编纂"首席专家(2019);国家社科基金一般项目"名词范畴化视野下的侗台语族类别词研究"负责人(2014);"澳大利亚发现工程"(DP0878622)子项目"Classifiers in Kam-Tai Languages"负责人(2009—2011);国家语委"中国语保工程专项任务-广西金秀拉珈语课题"负责人(2017);国家语委"中国语保工程专项任务-毛南语课题"负责人(2015);《语言科学》期刊英文编审、《中央民族大学学报》《语言科学》《奥地利科学院音乐音档工程》等期刊及项目匿审专家;教育部人文社科项目评审专家;国家社科基金项目成果鉴定专家;《美国人类学家》杂志特邀书评人(2016)。毛南语Truetype土俗字字库的开发人;中央电视台民族文化系列《民歌·中国》一周节目特邀专家共同主持人(2009)。

本书是国家社会科学基金项目优秀结项成果

（项目编号 14BYY142）

走"兼通世界学术"之路

——"国际语言学前沿丛书"总序

胡建华

现代语言学,自改革开放以来,在我国已有了很大的发展。今日中国的现代语言学研究,大多借助国际上流行的某一语言学理论、方法或通用术语系统而展开。但是,这并不意味着我国的语言学研究已经可以构成或代表国际语言学主流。我们现有的一些所谓与国际"接轨"的研究,为国际主流语言学理论做"注解"的多,而真正能从根本上挑战国际主流学术观点的少;能提出既可以涵盖汉语语言事实,又能解释其他语言现象,并为国际语言学界所关注,进而跟随其后做进一步研究的理论框架的,则更少,或者竟至于无。在这种情况下,国内语言学界就会时不时地出现一种声音:国际语言学现有的理论和方法都不适合用来研究汉语,我们应该发展有本土特色的语言学;由于汉语与印欧语等世界其他语言有很大的不同,所以在印欧语等其他语言基础上建立起来的语言学理论自然无法用来描写、分析汉语。实际上,这种声音以及与之相类似的观点,不仅在语言学界经常浮现,而且在其他的研究领域历来也都有一定的市场。比如,针对中国的社会研究,以前也曾有过这样一些声音,对此,郭沫若曾经发表过以下意见:

> 只要是一个人体,他的发展,无论是红黄黑白,大抵相同。
>
> 由人所组成的社会也正是一样。
>
> 中国人有一句口头禅,说是"我们的国情不同"。这种民族的偏见差不多各个民族都有。

然而中国人不是神,也不是猴子,中国人所组成的社会不应该有什么不同。

我们的要求就是要用人的观点来观察中国的社会,但这必要的条件是需要我们跳出一切成见的圈子。[①]

郭沫若的这番话同样适用于中国语言学。语言学的研究对象是人类语言,汉语是人类语言的一种,人类语言的本质特性在汉语中也一样会有所体现。因此,只要跳出一切成见的圈子,也一样可以使用探索人类语言本质特性的理论、思想和方法来观察、描写、分析中国的语言。

改革开放四十多年来,国内语言学界经常纠结于借鉴国外语言学理论与创建本土特色理论的矛盾之中,而争论到最后往往变成理论"标签"之争,而非理论本身的实质性问题之争,更与具体问题解决与否,以及解决方案是否合理、是否符合科学精神,没有太大关系。科学理论的建设,最重要的是要讲可证伪性(falsifiability)和理论的一致性(consistency)。这两个特性决定了任何一种科学理论对真相的探索和认知永远都在路上。科学探索的目标当然是揭示自然事物或现象的真相,但科学理论的这两个特性决定了科学理论只能不断逼近真相,但却无法穷尽对真相的全部认知。因此,科学对真相的探索从来都是尝试性的,对很多问题的认知也仅是初步的或阶段性的,更具体、更深入的探索只能留待科学理论的进一步发展和进步。科学从不也绝不妄称自己掌握了事物的全部真相,只有巫术才会狂妄地宣称自己可以把握真相的整体或全部。不以可证伪性和理论的一致性来衡量学术研究,而偏执于中西理论站位之争,实际上就是不知道何为学术研究。这一点,王国维在一百多年前就讲过:"学之义不明于天下久矣。今之言学者,有新

---

① 郭沫若,《自序》,载郭沫若著《中国古代社会研究》,商务印书馆,2011年,第3页。

旧之争,有中西之争,有有用之学与无用之学之争。余正告天下曰:学无新旧也,无中西也,无有用无用也。凡立此名者,均不学之徒,即学焉而未尝知学者也。"①

王国维认为,那些以为西学会妨碍中学或中学会妨碍西学的顾虑,都是"不根之说"。他认为"中国今日实无学之患,而非中学、西学偏重之患"。对于有用之学与无用之学之争,王国维的观点是:"凡学皆无用也,皆有用也。"他指出,"物理、化学高深普遍之部"似乎看不到有什么用,但"天下之事物,非由全不足以知曲,非致曲不足以知全。虽一物之解释,一事之决断,非深知宇宙、人生之真相者不能为也"。因此,"事物无大小、无远近,苟思之得其真,纪之得其实,极其会归,皆有裨于人类之生存福祉。己不竟其绪,他人当能竟之;今不获其用,后世当能用之。此非苟且玩愒之徒所与知也。学问之所以为古今中西所崇敬者,实由于此"。②

学术之争仅在是非真伪,不在其他。这一点,王国维早在1905年就已指出,他说:"学术之所争,只有是非、真伪之别耳。于是非、真伪之别外,而以国家、人种、宗教之见杂之,则以学术为一手段,而非以为一目的也。未有不视学术为一目的而能发达者。学术之发达,存于其独立而已。"③

对于新学旧学之争、中学西学之争、有用之学与无用之学之争,王国维在一百多年前,在当时国家各方面都非常落后的历史条件下,就具有如此清醒而到位的认识,令人钦佩!对于以上诸问题,实际上,及至今日仍有不少学者都远达不到王国维当年的认识水平。王国维在《国学丛刊序》一文结尾时说,他上面讲的这些道

---

① 王国维,《国学丛刊序》,原刊于《国学丛刊》,1911年2月;转引自谢维扬、房鑫亮主编《王国维全集》(第14卷),浙江教育出版社、广东教育出版社,2009年,第129页。
② 王国维,《国学丛刊序》,原刊于《国学丛刊》,1911年2月;转引自谢维扬、房鑫亮主编《王国维全集》(第14卷),浙江教育出版社、广东教育出版社,2009年,第131—132页。
③ 王国维,《论近年之学术界》,原刊于《教育世界》,1905年第93号;转引自谢维扬、房鑫亮主编《王国维全集》(第1卷),浙江教育出版社、广东教育出版社,2009年,第125页。

理，"其理至浅，其事至明。此在他国所不必言，而世之君子犹或疑之，不意至今日而犹使余为此哓哓也"①。一百多年过去了，王国维大概怎么也想不到，他所讲的这些至浅之理、至明之事，在现在这个人工智能正迅速发展的高科技时代，我们仍然需要继续"为此哓哓"。可见，消除固有的成见是一件多么不容易的事情。

在世人眼里，王国维是国学大师，也是"旧营垒"的学究，但实际上，他更是一位跨越古今中外、学术思想前进并具有科学精神的世界学者。郭沫若曾明白地指出，王国维的著作"外观虽然穿的是一件旧式的花衣补褂，然而所包含的却多是近代的科学内容"②。而梁启超则更是认为，王国维"在学问上的贡献，那是不为中国所有而是全世界的"③。

在中国近代学术史上，王国维所取得的学术成就、所做出的学术贡献少有人可比，正如郭沫若所盛赞的那样，"他遗留给我们的是他知识的产品"，就"好像一座崔巍的楼阁，在几千年来的旧学的城垒上，灿然放出了一段异样的光辉"④。

王国维之所以能取得这样巨大的成就，与他以海纳百川的胸怀主动"兼通世界学术"是分不开的。王国维年轻时曾说，"异日发明光大我国之学术者，必在兼通世界学术之人，而不在一孔之陋儒"⑤。王国维的这段话指向一条发明光大我国学术的道路，而这条道路也正是王国维所坚持的治学之道。王国维的这段话曾极大

---

① 王国维，《国学丛刊序》，原刊于《国学丛刊》，1911 年 2 月；转引自谢维扬、房鑫亮主编《王国维全集》（第 14 卷），浙江教育出版社、广东教育出版社，2009 年，第 132—133 页。

② 郭沫若，《自序》，载郭沫若著《中国古代社会研究》，商务印书馆，2011 年，第 4 页。

③ 梁启超，《王静安先生墓前悼词》，原刊于《国学月报》，1927 年第 2 卷第 8、9、10 号合刊；转引自谢维扬、房鑫亮主编《王国维全集》（第 20 卷），浙江教育出版社、广东教育出版社，2009 年，第 200 页。

④ 郭沫若，《自序》，载郭沫若著《中国古代社会研究》，商务印书馆，2011 年，第 4 页。

⑤ 王国维，《奏定经学科大学文学科大学章程书后》，原刊于《教育世界》，1906 年第 118—119 号；转引自谢维扬、房鑫亮主编《王国维全集》（第 14 卷），浙江教育出版社、广东教育出版社，2009 年，第 36 页。

地影响了毕业于清华的夏鼐。他把这段话用毛笔抄录在他的自存本《考古学论文集》的扉页背面,作为自勉的座右铭①。夏鼐之所以能够成为荣膺中外七个院士称号的一代学术大师,与他能够"兼通世界学术"不无关系。夏鼐是学术视野十分开阔的考古学家和历史学家,他"善于把多方面学问紧密地结合起来","具备优越的外国语文的条件,在与国外著名学者保持广泛联系的同时,经常涉猎大量新出版的外国书刊,因而通晓国际学术界的各种研究成果和学术动态,善于从世界范围和多学科角度考虑中国考古学问题,既能追求现代的国际水平,又能发掘中国固有的学术传统"②。

王国维那个时代的学者,对世界学术的了解和把握,对国外先进理论的追求,远超出现在一般学人的想象。王国维不仅熟读康德、叔本华、尼采,广泛涉猎西方逻辑学、心理学、教育学、伦理学、美学、文艺学等领域,还翻译过心理学、教育学、伦理学、动物学、世界图书馆史、法学、欧洲大学史等学术著作或教科书。更让许多人想不到的是,他甚至还认真研读过与他的学术专攻似乎没有什么直接关系的《资本论》。据王国维的学生姜亮夫回忆,他在清华国学研究院求学期间,曾于某日晚七时半去他的老师王国维家,请老师为他修改他给云南会馆出的一刊物填的一首词③。王国维为姜亮夫改词改了近两个小时,在他改词时,姜亮夫"侧坐藤制书架侧榻上","顺手翻看两本书,其中一本是德文版《资本论》,只见书里面用好几色打了记号"。姜亮夫回忆道:"静安先生看了看我说:'此书是十多年前读德国人作品时读的。'这事在我脑中印象很深,

---

① 姜波在《夏鼐先生的学术思想》(《华夏考古》2003 年第 1 期)一文中的注(第112 页)中提到:"1998 年,王世民先生在整理夏鼐文稿时,在夏鼐《考古学论文集》扉页背面上,发现了夏鼐用毛笔书写的一段话,全文如下:'王国维少年时曾说过:异日发明光大我国之学术者,必在兼通世界学术之人,而不在一孔之陋儒,固可决也。'"

② 王仲殊、王世民,《夏鼐先生的治学之路——纪念夏鼐先生诞生 90 周年》,刊于《考古》2000 年第 3 期,第 83 页。

③ 姜亮夫于 1926 年 10 月入清华国学研究院求学,王国维 1927 年 6 月 2 日于颐和园昆明湖自沉,因此姜亮夫很有可能是在 1927 年 6 月前的某天去的王国维家。

我当时感到先生不仅学问广博,而且思想也是非常前进。"①

王元化的《思辨录》中有一篇题目为《王国维读〈资本论〉》的文章,对王国维读《资本论》这件事发表了以下看法:

> 读傅杰为《集林》组来的姜亮夫文稿,发现姜20年代在清华读国学研究院时,有时在课后去王国维家,向王问学。他曾在王的书案上,见有德文本的《资本论》。陈寅恪在国外留学时也于20年代初读过《资本论》。这些被目为学究的老先生,其实读书面极广,并非如有些人所想象的那样。40年代我在北平汪公岩老先生家,就看到书架上有不少水沫书店刊印的马列主义文艺理论中译本,那时,他已近80岁了。光绪年间,汪先生以第一名考入广雅书院,是朱鼎甫的高足。晚清他从广雅书院毕业出来后,教授过自然科学,还做过溥仪的化学老师。那时的学人阅读面极广,反而是后来的学人,各有所专,阅读也就偏于一隅,知今者多不知古,知中者多不知外。于是由"通才"一变而为鲁迅所谓的"专家者多悖"了。②

据陆晓光考证,王国维读《资本论》的时间应该是在1901年至1907年他集中精力"读德国人作品"的那五六年间,与姜亮夫去清华园王国维家中请教的1926年或1927年相距并非是"十多年",而是二十多年③。因此,王国维读《资本论》的时间不仅比1928年郭大力、王亚南翻译《资本论》早了至少二十年,也比李大钊在日本留学期间读日语翻译本《资本论》早了约十年④,甚至比陈寅恪在

---

① 姜亮夫,《忆清华国学研究院》,载王元化主编《学术集林》(卷一),上海远东出版社,1994年,第242页。另,"静安"是王国维的字。
② 王元化,《王国维读〈资本论〉》(1994年),载王元化著《思辨录》,华东师范大学出版社,2017年,第242页。
③ 陆晓光认为姜亮夫的叙述当有语误(陆晓光,《王国维读〈资本论〉年份辨》,原刊于2011年6月13日《文汇报·文汇学人》专版;转引自陆晓光著《王元化人文研思录》,华东师范大学出版社,2015年,第415页)。
④ 陆晓光,《王国维读〈资本论〉年份辨》,原刊于2011年6月13日《文汇报·文汇学人》专版;转引自陆晓光著《王元化人文研思录》,华东师范大学出版社,2015年,第415页。

1911 年读《资本论》还要早几年①。据此来看,王国维很可能是目前所知中国第一个读《资本论》的人。

王国维在马克思主义尚未在中国广泛传播之前就已经认真研读过德文版《资本论》这件事,值得我们反思。王国维、陈寅恪这些"被目为学究的老先生",之所以"读书面极广",归根结底是因为他们是具有终极关怀精神的学者。他们做学问不是为稻粱谋,而是为"深知宇宙人生之真相"。今日之中国,现代学术的发展和进步十分迅速,相关研究也取得了巨大的成果,这自然与学术研究的高度专门化不无关系。但另一方面,也正如王元化所言,过度专门化的后果就是,学者的阅读"偏于一隅,知今者多不知古,知中者多不知外",从而使学术视野受到了一定程度的限制,因此也很难产生具有独立精神的自由之思想,无法形成中国学术的"思想市场"②。

要建立中国学术的"思想市场",就需要有更多的学术研究者秉承终极关怀之精神,从而对"宇宙人生之真相"深入地感兴趣;而从事具体的学术研究,则需要从根本上破除狭隘的门户之见,不囿于学科限制,不被各种偏见所束缚,以开放的姿态批判性地吸收人类思想中一切有价值的东西。郭沫若曾指出,即便是国学,也一样需要放到更为广阔的范围内,以开放的学术视野进行研究,因为只有"跳出了'国学'的范围,然后才能认清所谓国学的真相"③。他还指出,如果有一些研究,"外国学者已经替我们把路径开辟了,我们接手过来,正好是事半功倍"④。显然,这些道理同样适用于中

---

① 陈寅恪在《对科学院的答复》(陈寅恪口述,汪篯记录,1953 年 12 月 1 日;载《陈寅恪集·讲义及杂稿》,生活·读书·新知三联书店,2009 年第 2 版,第 464 页)中提到,他"在宣统三年时就在瑞士读过《资本论》原文"。因此,陈寅恪读《资本论》的时间是 1911 年。

② "思想市场"(the market for ideas)是 1991 年诺贝尔经济学奖获得者罗纳德·哈里·科斯(Ronald H. Coase)使用的一个术语,参看罗纳德·哈里·科斯的论文"The market for goods and the market for ideas",刊于 *American Economic Review*(Vol. 64, No. 2, 1974, pp. 384 – 391),以及罗纳德·哈里·科斯、王宁著,徐尧、李哲民译《变革中国:市场经济的中国之路》,中信出版社,2013 年。

③ 郭沫若,《自序》,载郭沫若著《中国古代社会研究》,商务印书馆,2011 年,第 5 页。

④ 郭沫若,《自序》,载郭沫若著《中国古代社会研究》,商务印书馆,2011 年,第 6 页。

国语言学研究。研究汉语,也需要跳出汉语的范围,在世界语言的范围内,从人类语言的角度对相关问题做深入的思考。对于汉语研究中的具体问题,如果海外学者已经开辟了路径,我们同样没有理由置之不理,以闭门造车的态度和方式从头做起。

改革开放四十多年来,中国语言学不断走向世界,虽然取得了很大的成绩,但也不可避免地存在一些问题。这些问题的总体表现,就是"在学术命题、学术思想、学术观点、学术标准、学术话语上的能力和水平同我国综合国力和国际地位还不太相称"[①]。中国语言学要解决这些问题,就必须立足于中国语言学研究之实际,继续以开放的心态去审视、借鉴国际语言学前沿理论,坚持走"兼通世界学术"之路。若是以封闭的心态搞研究,关起门来"自娱自乐",则根本没有出路。

上海教育出版社策划出版"国际语言学前沿丛书",就是希望以"开窗放入大江来"的姿态,继续鼓励"兼通世界学术"之研究,通过出版国际语言学前沿论题探索、前沿研究综述以及前沿学术翻译等论著,为国内学者搭建一个探讨国际语言学前沿论题和理论的学术平台,以发展中国语言学的"思想市场",从而不断推动我国语言学科学研究的深入和发展。

王国维曾在《哲学辨惑》一文中写道:"异日昌大吾国固有之哲学者,必在深通西洋哲学之人无疑也。"[②]我们认为王国维的话同样适用于中国语言学。中国语言学的发明光大,一定离不开对国际语言学的深入了解;而异日发明光大我国之语言学者,一定是既能发扬我国学术传统,又能"兼通世界学术"并善于从人类语言的本质特性和多学科的角度深入探究中国语言学问题之人。

2021 年 6 月 21 日于北京通州

---

① 习近平,《在哲学社会科学工作座谈会上的讲话》,人民出版社,2016 年,第 15 页。
② 王国维,《哲学辨惑》,原刊于《教育世界》,1903 年 7 月第 55 号;转引自谢维扬、房鑫亮主编《王国维全集》(第 14 卷),浙江教育出版社、广东教育出版社,2009 年,第 9 页。

目　　录

图 示 目 录

表 格 目 录

第一章

引 言

迄今为止,国内与名词范畴化相关的文献主要涉及的是与量词相关的研究,以名词次范畴化的角度所作的直接研究比较少。国外在名词次范畴化方面的研究已经较为深入,很多研究涉及跨语言的名词次范畴的分类系统,认为名词范畴化的基础有"相似性""家族相似性""视觉形状""表数功能""呼应手段"等,分别从语义和句法功能的观点对多种语言的名词次范畴系统进行了较为翔实的分析。但是,对汉藏语系特别是侗台语族的类别词从名词范畴化的视角来探索的研究,目前在国内外都尚有欠缺。

1.1 国内外对名词范畴化的研究

国内外对类别词的语义和句法特点都做过较为透彻的分析和描写。国内对类别词的研究主要包括汉语的量词、单位词、单位名词,以及非汉语的汉藏语系语言和侗台语族语言的量词、类别词等。国际上对类似于汉藏语系、南亚语系、南岛语系等的语言成分也从 classifiers、measure words 等角度进行了研究。本章分别对相关研究做一个较为全面的回顾及梳理,以期呈现出本研究在相关领域所处的位置,并以这些过往的成果作为出发点来分析侗台语族语言的名词范畴化加工的语法及语义策略。

1.1.1 国内对汉语量词的研究

国内与名词范畴化研究有关的主要是汉藏语系语言类别词相

关的研究,特别是汉语量词研究。自黎锦熙、刘世儒(1978)与陈望道(1973)就汉语量词的名称所进行的激辩以来,学界对相关观点进行了大量正反两方面的讨论和商榷,其结果是汉语量词的认知研究取得了相当大的进展。这些研究探讨了汉语量词本体的次范畴划分、分类的标准以及量词选择理据等,其中较为重要的观点是认为汉语量词选用的制约因素主要为名词的"有界"和"无界"特征,以及发现了物体空间维度是量词选用的重要认知基础等。这些研究还通过原型及边缘的分析,从认知论、类型学的视角并以次范畴化的角度,对汉语量词的演变史做了多方探索。

在汉语量词的研究中,高名凯(1957/1948:160)的研究为涉及类别词较早的论述,但限于当时有关研究仍处于起步阶段,"量词"这个词类也未建立起来。所以对类别词还未有更深入的探讨。他认为有人将插入数字和名词之间的虚词叫作"别词"(spécificatifs)或者"类词"(classifcateurs;classifiers)、"助名词"(adnouns)等有所不妥,觉得最好称为"数位词",因为它们的作用是辅助说明事物的单位或单位的特点。它与西洋的冠词类似,但又有所不同。他的数位词包括三类:度量衡单位(如:尺、寸);部分词(如:碗、杯);普通事物单位的规范,即范词(如:条、头)。因仍属起步阶段,对类别词的名词的范畴化研究仍属空白。

最先提出"量词"这一词类的要算是黎锦熙1924年出版的《新著国语文法》,书中认为"量词就是表数量的名词",它在功能上又分为"形容性"和"副词性"的量词,前者也叫"名量词",后者也叫"动量词"。陈望道(1973)对此说法以及后来黎锦熙、刘世儒(1959)的研究进行了评述,提出了异议。他认为"一座桥""一间房"中的"座"和"间"并不表示"量",而是表示桥和房子的形体模样,比如六千多米长的南京长江大桥和几米长的邯郸路小桥是论"座"来说的,形同而量不同,所以"座"并不表量;人民大会堂的一间大厅和一间小电话间是论"间"来表述的,也是形同而量不同,所以"间"并不表量;认为"形体单位是表形体的,在量上不免有大小出入,不能同由度量衡制度规定的计量单位混而为一"。此说与国际学术界目前对这类语法范畴的分类比较接近,但陈氏未将其称作国际学术界较为常用的"类别词",而是将"单位词"分为"计量单位"和"形体单位"两大类。前者为度量衡单位,后者又分为"事物的形体单位"和"动作的形体单位"。对于陈氏的质疑,黎锦熙、刘世儒(1978)回应说,"量词"确实表量,并不表示"形体模样"。只有少数像"一弯月亮"这样的例子才是表"模样",而像"一辆三轮车"中的"辆"也不表示"模样",因为它是"三轮"车。他们的研究通过很多例子来说明汉语的量词是表"量"的,并且根据表量的"表个体"或"表集体"的特点分类为"个体量词""集体量词""质料量词"。该研究开始涉及汉语量词的语义功能。

对汉语量词的发展趋势问题,刘世儒(1965)指出,有人因为看到现代汉语中"个"使用的泛化,就断言量词正在消亡,他不同意这种观点,因为量词的发展朝两个方向进行,一是由简到繁,一是由繁到简。由简到繁的例子是:本来人、牛、羊、猪都可用"头"来计量,后来发展为各自有专用的量词,如一"个"人、一"头"牛、一"只"羊、一"口"猪。另外现代汉语还发展出了类似于一"线"希望、一"缕"愁丝之类的诸多活用法,这些是由简到繁的例子,因此并不能断言一切量词归于"个"化。刘氏将名量词分为陪伴词、陪伴·称量词、称量词。他也将陪伴词称为"范词"[与高名凯(1948/1957)的称谓一致]或者"语尾·类别词"。他认为"陪伴词"完全是语法范畴,没有称量的功能,如"一条鱼",不用它也一样。但刘氏又说这里的"条"的范畴意义是"条状范畴"。这说明"条"虽然不指"量",但也不纯粹是语法范畴。他认为"陪伴·称量词"既具有语法范畴的作用,又有指明范畴意义的作用,如"一群人"和"一丛菊"中的"群"和"丛"不能互易,因为其中心词的范畴不同,"群"和"丛"也不能省略,否则所表示的数目就不同,故它有称量词的作用。"称量词"是指称"实量"的,所以应该叫"量词"或"计算词",包括制式量词和民俗量词。除了名量词,还有一类是动量词,包括专用动量词和借用动量词,前者如"下",后者如"拳"。从刘氏的分析可看出,他属于较早涉足汉语量词语义范畴领域的学者。

很多研究者认为汉语含有量词的名词短语中量词与数字结合得最为紧密。吕叔湘(1982:129-151)将汉语量词称为"单位词",下分为物量词和动量词,认为单位词是与数词结合紧密的词类。其实这一特点在北方官话显得较为明显,而很多南方方言的类似结构是量词直接与名词组合而无须数词参与的。吕叔湘(1982:51)指出,数量词修饰名词时一般不带"的",这间接说明了量词与名词的关系还是比较密切的。文章的分析主要聚焦于汉语量词的句法功能。

朱德熙(1982)也认为量词是能够放在数词后头的黏着词,就是说量词与数词结合得很紧密。他将量词分成七类,即个体量词(如:本、张、头、匹)、集合量词(如:双、套、群、批)、度量词(如:尺、斤、斗、两)、不定量词(如:点儿、些)、临时量词(如:碗、口)、准量词(如:县、站)、动量词(如:下、趟),认为个体量词跟与之共现的名词在意义上有某种的联系。他与很多研究者一样,将数词和量词组成的结构称为"数量词",认为数词和量词的组合是一个很紧密的结构,但是他同时又认为数量词作为修饰语与中心语之间是同位关系,它可以代替整个偏正结构,即整个名词短语。迪克森(Dixon 2010a:229)认为中心语的句法特征等同于并代表它所在的短语的句法特征,换句话说,正是中心语决定了整个短语的语义与句法特性。那么,既然数量词能代替整个偏正结构,也就是说它能独立构成一个名词短语,而且显示出一个名词短语的语法特性。这就是说它相当于其所在名词短语的中心语。正是由于数量词能代替整个偏正结构,汉语量词显现了某种中心语的特征。

从语义层次上看,王力(1985:259-269)将量词称为"单位名词",它又下分为"人物的称数法"和"行为的称数法"两类,相当于吕叔湘的物量词和动量词,而且是"天然的单位"。他说另一类量词"集合量词"则不是天然单位,而是人为的单位,如"群""班""起"

"伙"等。换句话说,就是除了集合量词,其他的量词是"天然"的单位。其实,汉语的"天然单位词"跟语言中的其他概念一样,并不单纯是自然界的直接反映,它们还是人类认知的结果。很多研究已表明,同样的天然事物在不同的语言中可以被归入不同的范畴,所谓"天然",只能说它们不属于制式的度量衡单位罢了。

在汉语量词所包含的时间和空间意义方面,陆俭明(1987)进行了详细的探讨。他认为,在汉语的 630 个常用量词中,只有 129 个量词组成的数量词中间能插入形容词。度量衡量词组成的数量词中不能插入形容词。另外,数量词中能插入形容词比例最高的是含有"一"的数量词。其中有 29 个量词所组成的数量词,当其数词为"一"时才能插入形容词。另外,能否插入形容词跟数量词修饰的名词也有关系,如"一大件行李",但不能说"*一大件事情"。能插入数量词的形容词有:大、小、满、整、长、厚、薄,主要是强调量的大小,带夸张语气。但是,陆氏文中未能对形容词插入的准允理据和形容词种类的选择理据做进一步分析,而这是个可以再深入研究的问题。不过从陆文的分析中还是可以看到,可以插入他所说的这些个形容词的数量结构,大多与指称二维或三维空间特征的名词或具有持续性质的时间名词共现,而能够插入这些数量结构的形容词也刚好具有这两种语义特征。至于含有表示度量衡量词的数量结构不能插入这些形容词,是因为度量衡的量词表示的是制式量词,是固定量,通常情况下不再作进一步限定。

刘丹青(1988)对量词本体进行了次范畴的划分,将汉语传统的"量词"区分为两类:一类是单位词,是各语言所共有的;另一类是"天然单位词"或"类别词"。他还对汉语量词的句法和语义功能进行了归纳,认为汉语量词所具有的价值有五个:一是凑足音节,满足汉语双音节化的趋势;二是区分类别,用来区分人类、动植物等;三是代替名词,用来复指前面的名词;四是区别名词词义,如"一根纱"和"一粒沙";五是区别词和词组,如"三座山"和"三山街",数词和名词用在词组中时要加"座"字,而在词的层面则不用,只说"三山"。本研究最大亮点是用节律特征来解释汉语量词的使用机制。

邢福义(1959：216－217；1993：55)认为现代汉语的数量词系统具有自己的特点,数词和量词的结合是相互规约的,其基本特点是"数不离量,量不离数""数量结伴,共同外向"。汉语中没有任何两类词能像数词和量词那样结合成"联盟"的紧密关系。有些汉语词是数词和量词形成了"扭结"状态,如"俩""仨"是数量合一的。该研究表明现代汉语中数词和量词具有特殊的紧密关系,有时甚至可二者融为一体,所以"数词＋量词"结构应该是词而不是词组。其实,除了邢文所说的"俩"和"仨"外,北京话中读若阳平调的"一"也属数量合一,如"胡同里坐着一老头"。杜永道(1993)所说的北京口语中存在的"一＋名"现象,其实并不准确,因为他此处所说的"一"并非通常意义上的数字"一",它是一个只读作高升调的"一(yí)",是"一个"的速读形式。而普通话中的纯数字"一"是三读的,在"统一""一些""一个"这三个组合中分别读作高平、高降、高升调,如果"一老头"中的"一"是一个纯数字的话,那么"一"在非去声字"老"前面应该念作"一(yì)",如"一老一少"中的第一个"一"。所以,所说的"一＋名"结构并不能等同"一(yí)＋名词","一＋名"中的"一"其实是"一个"的合音。

对量词的有界(bounded)和无界(unbounded)以及有定和无定之间的关系,沈家煊(1995：368)做了比较细致的分析。他认为对汉语量词有定和无定的研究不能代替有界和无界的研究,在诸如"吃了苹果"这样的结构中,充当宾语的光杆普通名词"苹果"是有定的还是无定的并不明确,但是当前面加了数量词便明确为无定,如"吃了一个苹果"。而如果要将这些成分变为有定的话,则应使用"把"字句来表达,如"把苹果吃了"。但是,他认为用有定和无定来解释数量词对句法结构的制约会遇到困难。这是因为,虽然动词后的宾语大多是无定的,但也可以是有定的。有些不用数量词不能成立或不自由的句法组合,如果把动词后的宾语换成明确的有定成分反倒能够成立或自由的了,例如"他吃了苹果"是无定的,但"他吃了那个烂苹果"却是有定的。他认为,应该用"有界"和"无界"来解释这些语法现象。数量词对句法结构的制约作用实际上体现了人类认知上"有界"和"无界"这样一种基本对立。"有界-无界"这对概念跟"有定-无定"这对概念不是一回事。"买两条鱼"和"买这两条鱼"里的名词性成分,一个无定,一个有定,但都是有界的。数量词对句法结构的制约实际上是"有界-无界"对句法结构的制约。表示一种活动的,如"看电影"里的"电影"是一种无界的通指的成分,而表示一个事件的,如"看那场电影"则是有界的,表示了具体空间的事物。这篇文章将量词的句法限定意义上的有定和无定的研究,扩展为特定语境下概念的外延范围的研究。

就量词的空间特点进行研究的还有李宇明(2000：2-3)。他对汉语的量范畴进行了研究,重点就名词空间性进行了探讨,认为就空间性来说,个体名词大于集体名词,有形名词大于无形名词,具体名词大于抽象名词。能同个体量词组合的名词具有很强的空间性,不能同个体量词组合的名词则具有较弱的空间性;只能同种类量词(如：种、类)组合的名词,其空间性最小。一旦名词不能同量词组合,就会丧失空间性。可以用量词来测定名词空间性的有无,将量范畴分为物量、空间量、时间量、动作量、级次量、语势。此研究实际上是证明了名词的空间性是个体量词所赋予的,表明了个体量词对名词范畴化的重要性。

同上述研究者所认为的量词与数词的关系较密切,或与名词的关系较密切不同的是邵敬敏(2003)的研究。他认为量词和名词之间具有双向选择性,而且这种双向选择又是多重性的,一个量词可以选择几个名词,而一个名词也可选择几个量词。他的研究说明了量词之间和名词之间的语义范畴是边沿模糊的,经常会发生重叠。这为解释类别词语义范畴的扩展提供了依据。

何杰(2000)认为量词的划分是个复杂的问题,研究者们各有标准,其语义、语法都具有多方面的特征,应该按照语法功能对量词进行分类。他觉得朱德熙(1982：48)的"量词是能够放在数词后头的黏着词"应作为量词定性的主要标准,并同时结合语义因素,将可以更合理地对量词进行分类。他将量词按层次对量词的次范畴进行了划分:第一层是名量词、动量词、兼职量词、复合量词。第二层次属于第一层次的次范畴,名量词下面有个体量词(如:个、位、头、只)、集合量词(如:双、对、窝、群)、部分量词(如:段、节、片、块)、专职量词(如:匹、封、册、艘)、借用量词(如:杯、车、桶、盆)、临时名量词(如:脸、身、口、肚子)、度量衡量词(如:尺、寸、斗、升);动量词下面有专用动量词(如:次、回、趟、番)、借用动量词(如:枪、头、跳、惊);兼职量词下面有:名量词的兼职量词和动量词的兼职量词(如:把、阵、顿、些);复合量词下面有名量+动量(如:架次、台次、车次)、动量+动量(如:场次)、名量+名量(如:台日、人亩、吨公里)。

对量词的空间性进行研究的还有石毓智(2001)的研究,他认为汉语形状量词系统设立的原则是基于各维数之间的比例,而不是物体维数的多少。如"块"和"片"的区别是,前者的三维之间的比值都趋向于1,而后者的三维中有两个维度的比值趋向于0。该研究的贡献是,把维度之间的比例看作汉语形状量词系统的首要认知基础。

1.1.2 国内对汉藏语系等非汉语量词的研究

以汉藏语系中非汉语语言作为研究对象的论文也陆续发表在各专业期刊上,较为集中又比较有代表性的是李锦芳(2005)主编的论文集《汉藏语系量词研究》。论文集中戴庆厦、多杰东智、胡素华、蒋颖、李洁、李锦芳、李霞、李云兵、刘鸿勇、刘力坚、罗自群、木仕华、覃国生、田静、王朝晖、王锋、韦达、巫达、吴安其、杨将领、杨再彪、余金枝、张景霓、张军、张文国、赵燕珍等诸位学者认为综合型语言中量词的出现是非强制的,而分析型语言中量词的出现具有强制性;强制使用数标记的语言属于"标数型语言",强制使用量词的语言则属于"量词型语言"。这些研究还发现汉藏语中一些语言的音节韵律及语序和量词之间存在制约关系。论文集还对彝、缅语量词的归类属性进行了分析,对汉语及少数民族语言中表示人的量词做了语义比较分析,对壮傣语支量词从语法的角度进行了比较分析,并将苗瑶语量词分为"数词分类型"和"词汇性分类型"。

吴安其(2005:1-13)认为分析型语言因为没有性、数、格的标记而需要利用别的方式来补偿这些信息,量词就是在这种情况下产生的。所以分析型语言中量词的使用是强制性的,而像景颇语那样的以黏着形态为主的语言,其量词的使用是非强制性的。这个发现对量词的强制性的条件探索很有意义。但这种情形也并不是很绝对的,因为根据张定京(2005)的研究,像哈萨克语这样的黏着语却存在着种类齐全的量词,有物量词、动量词、个体量词、集合量词、专用量词、借用量词、度量衡单位量词等,发展出了成熟的"数量+名"结构。所以,黏着语言中也可以有比较复杂的量词系统。

有关语言中数范畴的标记方法问题,张军(2005:14-28)将类似于英语这样的强制使用数标记的欧洲语言称为"标数型语言",而将类似于汉语这样的强制使用量词的汉藏语言称为"量词型语言"。名词的数量意义不是通过数标记来表达,而是通过量词来表达。他认为汉藏语的名词单用时属于类指,如"鱼",而使用了量词才变成单指,才能以此为基础来计数。这个观点接近于沈家煊(1995)"有界"和"无界"的推定:在汉语中只有将无界的名词变为有界,才可能将其计数。

多杰东智(2005)的观点其实也属于是有界和无界的辨析。他认为藏语安多方言的名词属于不可数名词,一般不直接用数词修饰,而是靠量词来"度量"出名词,然后才靠数词来对这些度量出来的有界事物进行计数。数词对可数的事物的修饰需要有量词的参与。

戴庆厦、蒋颖(2005b)认为节律特征可以影响量词的发展。如景颇语的数字以多音节为主,所以景颇语的个体量词不发达。哈尼语的数词是单音节的,而单音节数词不如多音节表达得清楚,所以哈尼语的个体量词很发达。至于为何藏语拉萨话的数词是单音节的但却属于量词不发达的藏语方言,那是因为就像古代藏文所显示的那样,早期藏语的个位数词全部为单音节,所以藏语的量词至今仍未很发达。另外,对藏缅语族等语言的研究表明,数量词组修饰名词的语序也影响到量词的丰富性,"名+数+量"的语序可使数量结构丰富起来,而"名+量+数"的语序则不能使数量结构得以发展。

将类别词与名词分类较为明确地联系起来的是李云兵(2005；2007)的研究,他将苗瑶语量词和前缀看作名词次范畴化手段的两种类型,他认为在格林瓦尔德(Grinevald 2000)所说的"名词分类形态""分类词"和"词汇性分类成分"中,苗瑶语名词次范畴化手段的类型呈现交叉关系,具体表现为同一语言或方言土语的名词,既可以用词汇性分类成分对名词分类,也可以用数分类词对名词分类。

袁家骅(1979)对壮语的量词句法特点进行了分析,认为在壮语的量词短语中,量词和名词之间不能插入其他语言成分,故将之视作冠词有所不妥。"量+名"体词结构中量词是唯一不可缺少的成分,而且在包括量词、名词、形容词、人称代词、指示词的体词结构中,所有的成分都依附于量词,都可单独修饰量词,所以量词具有中心语的地位,这种短语结构中的成分,修饰方向皆指向量词。他认为目前对壮语量词句法特征的分析是受到了汉语语法体系和术语的影响。

张元生(1979)发现了壮语中存在着一些"级别量词":具有表示名物级别的作用,在量词中使用不同开口度的元音,可表示大、中、小三个量级的物体。张元生(1993)的新研究进一步发现了在壮语的量词短语中,量词起到整个词或短语的分类的作用,而且是左边的大类名包含着右边的小类名,小类名的右边又可带上不同的具体名称。即通过左边语言成分一层层限定而使得语义不断细化,这一现象与袁家骅所说的位于短语左边的量词中心地位是一致的。发现大类名蕴含小类名的语义现象为未来的类别词层级语义范畴化研究奠定了坚实的基础。

罗美珍(1996)认为苗语和傣语名词前面表示形状的成分可以单用,还可以被其他语言成分,如指示代词、形容词、动词以及短语等修饰,所以将其归为冠词并不恰当,处理为类别词倒是比较合适。如傣语将树类的词冠之以"树",液体类物质冠之以"水",心理或意识类冠之以"心"。汉语的形状成分则是放在后面,如船只、布匹、马匹、纸张、花朵等。这些形状成分可以发展成量词,如:一张纸、一朵云、一只船等。由于这类成分可以单用又可以受其他成分修饰,它发展成量词是合理的。

梁敏(1983)认为壮侗语族的量词来源于名词。他虽同意游汝杰(1982)所说的"汉语南方方言中残留着台语的底层遗存",但不同意他的词头来源说,因为很多这些"带词头的合成词"中的词头是具有词汇意义的实词,其名词的性质并没有消失。比如说台语支的同源词比较多,但是很多量词并不同。它们如果来自原始台语词头,就解释不了为何它们有这么多不同的量词。该文认为壮侗语族的量词的发展趋势是:缜密化、通用化,以及借用汉语量词。

王辅世(1982:251-252)认为"量词"这个名称并不是很恰当,因为除了类似于"斤""两""升""斗""里""丈"这类表示重量、容积、长度的单位之外,其他类似于"个""头""只""棵"等的语言成分实际上是对事物进行分类,所以有人称之为类别词。苗语的量词可以受到指示词的修饰,量词和地名连用时也是地名修饰量词,量词的体词性很强。但是,他还是主张苗语是量词修饰名词,因为在苗语的"一斤肉"中,不好说名词"肉"修饰量词"斤",只能将其看作数词修饰量词,然后共同修饰名词。这个观点跟他自己的"量词"

和"类别词"不能混为一谈的看法似乎相互矛盾,不能自圆其说。

洪波(2012)对汉藏语系语言的类别词进行了类型学的比较研究。他的"类别词"指的是"个体量词"或者"天然量词"。他认为壮侗语族的类别词功能很强,是这个区域中最强的,而且以此为中心,距离它越近的语言,其类别词的功能越强,反之则功能越弱。根据此研究,类别词在壮侗语族中几乎是不可或缺的语言成分,在名词次范畴加工中起到极其重要的作用。

陆天桥(Lu 2012)则从文化和认知角度对侗台语的类别词进行了分析,认为类别词的指派除了所涉及的事物的客观属性外,还根据认知及文化的特性对类别词进行指派。研究认为,电磁波中可见光频段具有客观性,而颜色在各个语言中的命名具有一定的主观性。侗台语类别对名词次范畴的归类,其根据可以有客观和主观两方面的理据,它们的分类依据通常可包括:形状分类、生物分类、功能分类、社会分类、文化分类、态度分类等。具体来说,形状分类就是根据事物的三维空间特征而分类,如指派给石头、砖块、树枝、树叶等的类别词就是根据形状而进行的分类;生物分类就是根据自然界中的生物特征分为人类、动物、植物,其中又细分为长幼男女、雌雄等次一层类别;社会分类指的是根据名词所指的社会属性而指派类别词,如社会化、欠社会化、驯化、未驯化等;态度分类是指根据说话者主观态度而进行的分类法,包括夸张、鄙视等态度所做的分类。

晋风(1982)在量词是否具有独立句法功能方面进行了讨论。他指出,广西壮文工作委员会研究室的《壮汉词汇》(1958)的说明中提到,词典中的词条只收入词,而词组不单列为词条收入该词典。他认为《壮汉词汇》中将很多以量词开头的组合单列为独立的词条,将之看作"词"是不对的,它们应该是词组,其中的量词并不能看作词头。他认为字典收入了很多"量词+动词""量词+形容词"的组合,把它们看作词,实际上并不正确,因为量词并不具备构词词干作用;同理,壮语体词结构的中心是名词,并非量词。这些观点与袁家骅(1979)以及后来很多研究者的分析有诸多的不同。

周国炎、刘朝华(2018：140－142)将布依语的量词划分为"有生量词"和"无生量词"两大类,其中有生量词下分为"用于人的量词""用于动物的量词""用于植物的量词"三个次类别。在这三个次类别中又分别各分为三小类,即用于人的量词下分为"表示性别""表示长幼""表示已婚或未婚";用于动物的量词下分为"表示性别""表示长幼""表示生育或未生育";用于植物的量词下分为"表示聚生植物""表示植物的幼苗""表示植物的叶子、花和果实"。无生量词下分为"表示形状""表示功用""表示度量衡"三个次类别。在这三个次类别中又分别各分为两到三小类,即表示形状的量词下分为"表示具体形状""表示模糊形状";表示功用的量词下分为"表示手工操作""表示套件""表示工具";表示度量衡的量词下分为"表示长短""表示容积""表示重量"。这种分类法基本上是语义范畴的分类,只是它们仍然是对量词的分类,而未从它们名词次范畴化的认知功能进行分析。

1.1.3　国外对类别词的相关研究

国外尤其是西方学界对范畴化的研究自柏拉图和亚里士多德以来成果颇丰,其中与此领域密切联系且关注度较高的是维特根斯坦（Wittgenstein 1953／1986）的《哲学研究》（*Philosophical Investigations*）根据相似性（similarities）对事物进行范畴化的论述。维特根斯坦（Wittgenstein 1953／1986：31－32）认为,语言是对客观世界事物的命名行为,但这些被命名的概念之间又不是截然分离的,而是存在关联性的。他以有关游戏、比赛、运动会等的词 games 作为例子,论述了范畴的相似性和模糊性。他指出,Olympic games（奥林匹克运动会）、board-games（棋类比赛）、card-games（纸牌游戏）、ball-games（球类比赛／游戏）这些活动之间肯定有共同之处,否则就不会都叫作"games"了。但其中却没有一样东西是它们共有的,我们只是看到一系列的相似性和关联性而已。棋类比赛内部具有多种特性可关联到其他活动;纸牌游戏跟棋类比赛有很多对应特点,但是很多共同特点消失了,一些共同特点又冒出来了;球类比赛保留了相关的很多共性,但是又有很多共性丢失了。维特根斯坦问到,它们的共性是不是娱乐性? 但如果将象棋和三子棋(noughts and crosses,两人在井字形的九个方格内轮流画圈或叉,谁先把三个圈或叉连成一线即取胜)相比较,具有一方赢和另一方输的特点,参与者之间是竞争关系,而非娱乐性的。在球类比赛中确实是有输赢的特点,但是一个小孩将球扔到墙上又将它接住,这种特点却又消失了,相关的是技巧和机会性的特点。棋类的技巧和网球的技巧是不一样的。他还举出了手拉手转圈圈的游戏作为例子,其中确实有娱乐的因素,但是它丢失了许许多多 games 的特点。我们可以用这种方法来比较很多其他种类的游戏,会发现其中又会冒出很多相似性,又消失很多相似性。维特根斯坦这些被后人广为引用的经典分析表明,语言中的范畴是相互交叉并重叠的。

而较早对名词范畴化进行类型学研究是从亚当斯等(Adams et al. 1973)、阿兰(Allan 1977)等开始的。亚当斯和康克林(Adams & Conklin 1973: 2 - 8)认为类别词的最有意思的地方是可根据形状的视觉特征(visual feature of form)来给名词分类。类别词可根据不同事物之间一系列的相似性来对它们进行分类。如密克罗尼西亚(Micronesian)的波纳佩语(Ponapean)中,长条形的范畴就包括了"歌曲"。亚当斯等的研究认为类别词短语的语序可有四个可能性: 类别词-数词-名词;名词-类别词-数词;数词-类别词-名词;名词-数词-类别词。他们的研究指出,在南亚语系中动物很少被划为一个独立范畴,植物更绝对不会被划为一个独立范畴。这跟类似壮语的 pou^4、tu^2、ko^1、an^1 分别表示人类、动物、植物、非生命范畴的情形有所不同。

阿兰(Allan 1977: 286 - 288)的研究认为类别词类型的语言

分为三种：1）表数型类别词（numeral classifier），因为它们常与数字共现，如泰语 **mǎ sì tua** "四只狗"。2）呼应型类别词（concordial classifier），往往是用在修饰语、谓语、代词等上面附加词缀来达到与名词的呼应，如班图（Bantu）语系的汤加（Tonga）语：ba-sika ba-ntu ba-bile"ba-到了_ba-男人_ba-二"意思是"两个男人到了"。这里的 ba-是人类复数类别词素。3）谓语性类别词（predicate classifier），就是将名词的分类标记指派到动词上，如纳瓦霍语（Navajo）：béésò sì-ʔą́"钱_放置（完成式）-ʔą́"意思是"一个硬币放置在那里"，béésò sì-nìl"钱_放置（完成式）-nìl"意思是"一些钱放置在那里"，béésò sì-ltsòòz"钱_放置（完成式）-ltsòòz"意思是"一张纸币放置在那里"，sì 后面的成分-ʔą́、-nìl、-ltsòòz分别表示处置"圆形物体""收集物""软而薄物体"。其实，将第一种类型界定为"表数型类别词"并不完全准确，因为泰语 mǎ sì tua"四只狗"中的 tua 还起到分类的作用，而且它可以不与数词共现，而与指示词共现，如 mǎ tua ní"这只狗"。

相关研究影响较大的应该算论文集 *Noun Classes and Categorization*（Craig 1986）。在论文集中，G.莱考夫（George Lakoff）、R.M.W.迪克森（Robert Malcolm Ward Dixon）、C.克雷格（Colette Craig）、P.唐宁（Pamela Downing）、D.祖宾（David Zubin）、T.吉冯（Talmy Givón）等对多种语言的名词范畴化进行了翔实的跨语言分析。下面分别简述他们的观点。

吉冯（Givón 1986：77 - 102）在论文集中描述了西方学界柏拉图学派和维特根斯坦学派对语义/认知/功能的不同观点。他指出，柏拉图学派认为人类所认知的范畴是互相分离、绝对而纯净的，一个范畴被界定为具有一种特性或者没有这种特性；维特根斯坦学派认为范畴之间并非绝对相互分离，范畴的边缘是模糊的，并随着语境而变化，范畴内成员之间以及子范畴之间依靠"家族相似性"紧密相连。他认为这两种极端的研究模式确实都反映了语言、认知以及行为的一些重要特征，但都不能完全解释语言中的认知现象,更为有效的研究方法应该是"杂交的解决方案"(hybrid solution)。

莱考夫(Lakoff 1986:13-14,31)诙谐地说,世界上很多人对事物的范畴化方法总是让西方人茫然不知,或者是让西方语言学家和人类学家困惑不解。他以迪克森(Dixon 1982)的例子来说明:澳洲语言迪尔巴尔(Dyirbal)语①将世界万物划为四个范畴 bayi、balan、balam、bala,说话时每个名词前面必须加上这四个中的一个。那里的土著按照这个图式框架来对整个世界进行范畴化:bayi 代表男性、动物;balan 代表女性、水、火、战斗;balam 代表非肉类食物;bala 代表其他不在前面三类事物中的类型。所有的事物都根据一些原则归入这几个范畴中。这些原则的建立来自迪尔巴尔土著特有的认知模式。这些原则可以将女人、火和危险的事物划归为一个范畴。所以,语言是最具有特点的一种人类认知活动。

克雷格(Craig 1986:3)和迪克森(Dixon 1986:105-111)认为,世界上的语言对名词的范畴化现象主要有两个:一种是名词分类中的词汇-句法现象(lexico-syntactic phenomenon of noun classification),另一种是名词性类的语法范畴现象(grammatical category of noun classes)。前者主要体现为句法策略,而后者主要体现为词法策略。作为语法范畴的名词性类有时候是从类别词发展而来的。

唐宁(Downing 1986:371)从研究日语的类别词系统中看到,类别词是非常有用的照应手段(an especially useful anaphoric device),它们可以远距离回指照应,避免潜在的歧义现象。不同的类别词指派给不同的名词次范畴,以之当作远距离照应的话,不会像英语的 this、that 等回指对象不明确。

---

① 本语言名称的起名者迪克森(Dixon)多次强调,此词应读作[ˈdʒəbəl]。本应汉译为"哲博尔语",但很多中国学者习惯译为"迪尔巴尔语",为方便读者,本书也采用通行译法。

祖宾等(Zubin et al. 1986：139－180)描述了语言概念命名中
"名实相应论者"(analogists)和"名由人定论者"(anomalists)之间
观点的不同。19世纪开始流行"名由人定论"的观点。这些观点
最后由索绪尔归纳为"语言符号的任意性"的法则,成为很多现代
语言学研究的理论基石。这为阐明名词次范畴的指派理据提供了
理论基础。

克雷格(Craig 1986：263－273,425)分析了中美洲玛雅
(Maya)语系哈卡尔特克(Jacaltec)语的类别词系统。这种语言的
类别词系统包括几种类型,它们是:

1)名词类别词(noun classifiers):用作照应成分,并可独立
出现在论元位置。

2)数字类别词(number classifiers):共有三套互相区别的类
型,用来指称"人类""动物""非生命性"。

3)复数类别词(plural classifiers):只有两套,互相对立,而且
与零标记对立。所以实际上是三种对立关系。

例(1)是克雷格所描述的这三种类别词出现在短语中的情形:

（1）ca-waň   heb'   naj   winaj
    2-人类   人类   人   人
    数字-数字类别词   复数类别词   名词类别词   名 词
    "两个人"

4)分类词(classifying lexemes):该类型是介于名词性类和
类别词系统的中间类型。

非物质的抽象名词在句法中不分类。如:游戏、比赛、故事、
字母、节日、时间(小时、天、周、月、年)。另外一些表示物质的名词
也不分类,它们包括三种情况:

1)位置名词(locative nouns):如道路、教堂、学校、市场、露
台、村庄。

2）身体部位：用在领属关系结构中的不可让渡名词（inalienable nouns），因为此结构中的领属者已经带有类别标记了。

3）不明物体以及混合物体：如可乐、食物、垃圾、云烟、星星灯。

这些食物不分类是由于哈卡尔特克语的使用者对名词次范畴的分类是基于对物体成分的认知之上的。这些认知多数是通过视觉和触觉来获得的。所以"空气"或者"风"之类的就不能像"火"或"水"那样得到分类。另外，虽然身体部位不指派类别成分，但是可食用的动物身体部位是要分类的，它们不属于不可让渡事物。克雷格的这些分析表明，名词的范畴化策略与人类的认知是多么地息息相关。

德兰西（DeLancey 1986：438－440）描述了台语中几种语言的类别词系统。他对泰语中的类别成分的判断与袁家骅（1979）对壮语的类似成分的看法类似，如他将 kʰon-sák-pʰâa（人-洗-衣）"洗衣妇"中的 kʰon 看作是该词的中心语，它同时具有类别词（classifier）和类别词素（class term）的功能。他还观察到了用具有这两种功能的语言成分来当作类别词素的词不一定用它来当作自己的类别词，而且很多语言成分只用作类别词素而不用作类别词。有些成分具有名词、类别词、类别词素的功能，有些成分只有类别词素的功能。名词、类别词、类别词素构成了一个连续统，而它们中间是一些过渡类型。从纯粹的名词 sàpparót"菠萝"到纯粹类别词 lêm（刀片、书本的类别词），中间还有只用作自己类别词的名词、可用作类别词素和所有以之为类别词素的名词的类别词、同时用作类别词素和类别词并可用作很多其他不以之为类别词素的名词的类别词、用作类别词素和类别词但不用作名词的语言成分等。德兰西认为类似 ŋuu-lǐam"蟒蛇"和 ŋuu-hàw"眼镜蛇"这样的名词中，其中的类别词素 ŋuu 是高一层次的类别，而另外一半则是低一层次的类别，或者说这个类别词素标记了事物的一个范畴，而另外一半则是次范畴的具体类型。如果认为类别词素 ŋuu 是罗施（Rosch 1978）的范畴化的"基本层次"（basic level）的话，这种界定在台语族语言中并不适用。因为并非所有类别词素都能独立运用为名词。

有关类别词的词源研究方面，玛努迈威汶（Manomaivibool 1976）认为泰语的一些类别词，诸如 tua（ *tue）这样古老而常用的类别词是早期借自汉语表示动物的类别词"头"（ *d'u）。这似乎有一定的道理，因为汉语的"头"作为计量单位出现在两千年前的汉代，如《史记·货殖列传》中的"马千匹……羊万头"，而泰国的素可泰王朝坤兰甘亨碑文是最早看到 tua 的运用实例，该碑文约在八百年前。但是很多研究表明，这仍是个未知数（龙耀宏 1998；覃晓航 2008；时兵 2009），因为泰语等很多台语语言中，tu 的基本意思是"身体"，今天汉语的"头"实际上在古代说"首"，对这些意义的交叉和扩展的过程的分析仍属欠缺。

艾肯瓦尔德（Aikhenvald 2000）的专著 *Classifiers: A typology of Noun Categorization Devices* 是对名词分类系统进行全面描写分析的经典著作。该著作一般翻译为《类别词：名词范畴化策略的类型学研究》，其实并不十分准确，因为该专著中的 classifiers 并不一定是指"词"，它们包括了具有各种句法自由度的语言成分，既有词法维度的语言成分，也有句法维度的独立词；既包括了常见于东亚地区的自由度较强的类别词，也包括了不能独立运用的各种黏附词根，以及各种前缀、中缀、后缀等黏附词素。所以，在艾肯瓦尔德和其他西方研究者中，classifier 一词并不只是表示"词"，而是覆盖了各种各样的分类成分、类别标记、类别词根、类别词缀等。该研究认为，"分类系统"（classifier systems）这个术语是指名词范畴化策略的一种连续统，既有词汇层面的分类系统，也有高度语法化的名词性类呼应系统，二者分别位于连续统的两端。这本研究类别成分的专著极其全面和细致地分析了世界上500 多种语言的类别标记手段，描写了它们纷繁复杂的名词范畴化策略,特别是增加了过去很少有人涉及的南美语言的名词分类系统。

从她的分析中可看到,在世界语言中,有的语言主要是根据生命性、性别、人类性等语义特征来建立语法呼应的类别。这可以叫作名词性类(noun class)或者语法性(gender)。多数语言的类别数量从两种(如葡萄牙语)到十多种(如班图语)再到几十种(如南美语言)不等。另外一些语言的类别成分对名词的所指进行范畴化加工,这些范畴可包括名词所指的生命性、形状及其他内在特征。这类范畴标记可独立与名词共现,对名词进行次范畴加工,这些标记属于"名词类别成分"(noun classifiers);也可与表数或量的成分共现,则它们属于"数字性类别成分"(numeral classifiers);也可在领属结构中附着在领属关系的领有者上,范畴标记的属性和被领有的名词相一致,属于"领属性类别成分"(possessed classifiers),附着在领有者的标记还可以表示领有者对被领有者的领有方式,如自己饮用的酒和用来出售的酒,这属于"关系类别成分"(relational classifiers);在含有宾语的动词短语中也可以附着在动词上,根据其中的名词的形状、生命性等进行范畴化,属于"动词性类别成分"(verbal classifiers);附着在指称词或冠词上面的名词范畴化标记则属于"指称性类别成分"(deictic classifiers)等。下文可看到,侗台语族语言的名词次范畴系统与前三种类型最为相似。从这部广为引用的著作中可看到,在名词次范畴的策略这个连续统中,有的语言刚刚出现分类成分的雏形,仍未形成一种语法语素,而是仅仅利用很少量的名词来作为分类标记,而且经常还可以省略不用;有些语言虽有分类成分,但这些成分很难跟其他的形态机制如名词协调(incorporation)相区别;具有分类成分的语言,其分类成分构成了一个开放系统,其数量并不能准确界定。

简言之,这个研究与其他的研究一样,认为名词范畴化过程就是以某种方式对名词及其所指进行语义或句法特征的分类。

名词范畴化策略是个连续体,一端为以印欧语为代表的高度语法化的封闭性系统,如阴阳两性等;另一端是以东南亚语言为代表的词汇层面的半开放性系统,如类别词系统,且该连续体的名词次范畴从两种到数百种,其策略包括有名词性类(noun class)、类别名词(class noun)、类别词素(class term)、类别词(classifier)等(具体论述请见第三章),分别以形态手段、词法手段、句法手段等对名词的次范畴进行聚类。这些类别成分是各个语法层面的聚类成分。

国内外迄今为止对类别词的语义及句法选择性进行了大量多方位的深入研究,但对名词次范畴策略的研究仍有空间可以填补。即便如此,这些充满了洞察力的探索为我们对侗台语族类别词的深度研究奠定了坚实的基础。

1.2 类别词范畴化功能研究

国内学界在相关研究方面,一直以来主要是对汉藏语系语言量词的语法强制性及语义选择性进行分析,对侗台语族名词次范畴化策略在认知理据性及语义层次性方面的探讨,总的来说仍欠缺深度并存在较大缺失。这方面研究的不足使得学界在侗台语言类别词的一些句法功能及语义特征方面至今仍未取得比较令人满意的共识,这些问题包括:1)侗台语言的类别词到底是属于具有修饰性的附属成分还是体词结构中被修饰的中心语;2)某些侗台语言如壮语等是否发生了量词已经虚化为词头的转变;3)侗台语言有关的类别词主要是表量还是表类;4)壮语的量词单独与名词共现时是否表示"一"的计量意义等。倘若透过名词范畴化这个视野来对侗台语族类别词的语义及句法加工过程进行描述及分析,关于这些问题将会得到新的阐释。侗台语族类别词是名词次范畴化的一个重要策略,与其他汉藏语系语言的量词相比,既有相似处,也有自己独特的语法及语义地位,其演变史也与其名词次范畴化的进化息息相关。本研究从语言中的名词范畴化策略这个角度对其进行系统性的深度探索。

对侗台语族类别词进行更深度的探索可以从名词范畴化策略这个更广阔的视野开始,而非只局限于传统的量词本体的次范畴化研究。所谓的"名词范畴化"实际上是指对名词的"次范畴化"(subcate gorization),即对名词的次一级类别进行范畴化,简而言之就是在名词这个范畴下再细分为数个子范畴。也就是说它是一种"范畴化过程"(categorization process),亦即一种范畴化加工。在探索侗台语族那些与类别词相关的语法特征之前,应剥离出其中的名词性类、类别名词、类别词素、类别词①等几个层次,并将它们视为同一范畴而分属不同阶段的语义及语法加工过程。然而可观察到它们的区别只是寓于不同的语义概括方式、不同的句法辖域以及对形态特征和句法特征的不同表述,即类别词通过对名词进行范畴化加工后,将名词归类为不同的次范畴。

分析侗台语族类别词的名词范畴化功能可以将认知表述及分析模式作为研究范式,把科学分类与民俗分类的区别作为切入点,具体方法是对侗台语言,诸如人类范畴、动物范畴、植物范畴、物件范畴等的原型扩展过程进行认知层级剖析,勾勒出侗台语族类别词的语法及语义分布特征及演变轨迹。本研究将根据石毓智(2001)用三维空间 X、Y、Z 值指导汉语量词选择的方法,对侗台语言名词对类别词的选择理据进行探讨和分析,借鉴罗施等(Rosch et al. 1976)提出的"原型范畴"(basic category)来分析侗台语言类别词的认知语义层次,采用莱考夫(Lakoff 1987;1980/2003)的"理想化认知模型"(idealized cognitive models)以及"明喻和暗喻"(metaphor and metonymy)的思路来对侗台语言的名词范畴化的主观特征进

①　不同层面上的名词次范畴标记 class noun 和 class term 因其聚类的功能本应称之为"聚类名词"和"聚类词素",但为了体现其中的"class"成分和"classifier"的分类含义,这里将之统称为某种"类别"成分,即类别名词(class noun)、类别词素(class term)、类别词(classifier)。具体分析请见第三章。

行探讨,采用维特根斯坦(Wittgenstein 1953/1986)的"家族相似性"(family resemblance)的语义扩展方式的观察法来对类别词的进化和发展模式进行描写和分析,以莱考夫(Lakoff 1986:17)和泰勒(Taylor 1989/1995:108)所提及的"链锁加工"(chaining process)的原理说明侗台语言类别词对名词进行范畴化的扩展机制。通过这些新角度来观察侗台语族语言的名词范畴化策略,我们从中将得到一些新的认识。

1.3 本研究关注的问题

对侗台语族名词范畴化策略及其相关的认知基础和句法特征所进行的研究,应详细地阐释该语族类别词的词头性质、中心语性质、句法前后置的条件、分类认知理据、语义层次性等有关方面的问题,补充、丰富、发展并深化侗台语族的类别词研究。

本研究所进行的阐述和分析的具体步骤是:对名词范畴化策略进行概述,指出名词范畴化加工策略在世界语言中实际上是一个连续统,范畴化加工手段由少到多,从印欧语的两三种,到非洲班图语的十几种,直至东亚地区语言的数百种;描述和分析索绪尔的聚合关系在侗台语言名词次范畴标记策略的相似性,简述迪克森(Dixon 1986)、艾肯瓦尔德(Aikhenvald 2000)等的名词性类、类别名词、类别词素、类别词在名词范畴化方面的具体功能;分析林奈生物分类法中的二名法、三名法的句法特征,指出该命名法源于拉丁语修饰语的右分枝句法特征,同时也对比和分析拉丁语族中的法语的修饰语的右分枝与侗台语名词短语的右分枝特征,观察到它们的共性是中心语前置、修饰语后置;将罗施等(Rosch et al. 1973)和鲍尔(Bauer 1999)所描述的语义"上位层次"(superordinate level)、"基本层次"(basic level)、"下位层次"(subordinate level)与袁家骅(1979)所描述的"类别词的中心语论"及张元生(1979;1993)的"大类名"和"小类名"理论作对比分析,观察到这三个层次的语义和句法特征与侗台语言中的"大类名""小类名""专类名"的特征相当;在分析了范畴化的层次及结构特征后,将对名词范畴化的认知理据加以剖析,对科学分类法与民俗分类法进行对比分析,观察到林奈生物分类法是以纲、目、属、种等层级形式对动植物进行科学分类,而民俗分类法则是基于特定文化历史进行的主观分类,并举出它们具体的主观分类例子;在上述分析的基础上对侗台语名词范畴化的客观特征进行分析,涉及名词所指的形状、功能、生物性分类;对侗台语名词范畴化的主观认知理据进行观察,阐述社会、文化、态度、制度分类等特点;描述前置与后置范畴标记的嬗变,表明不同地区的侗台语由于历史上因不同的语言影响而发生的不同句法变化,如泰语的"名词+数词+类别词"的句法右分枝、反响型原始结构;北方类型侗台语的"数词+类别词+名词"左分枝是受汉语句法的影响所致;研究还会涉及某些侗台语族语言如壮语的"词头"问题,在本文的分析中所观察到的类别词语法化为"词头"的情形总体上来说并非总是很明显,而且将一些现象界定为"词头"不是很符合传统语言学对"词头"的定义,其实在很多情况下词头化并未发生,中心成分仍然位于左侧,这个中心成分起到了类别词素的作用而已。

从名词范畴化这个角度对侗台语类别词的观察和剖析,可使本语言地区的类别词研究得到一定程度的提升,解释一些悬而未决的侗台语类别词的问题,揭示人类语言名词范畴化系统这个多棱镜所投射出的缤纷斑斓的文化及认知本质,为保护多民族国家的文化及语言多样性提供理论依据。

1.4 研究对象侗台语族的内涵及外延

探讨相关名词范畴化加工之前,开宗明义地界定所研究的对象"侗台语族"这个概念的内涵及外延,即它所涉及的语言、所处的谱系地位等是非常必要的。侗台语族通常被称为"壮侗语族""侗傣语族""黔台语族"等。中国学者传统上所指的壮侗语族一般包括十多个主要分布在中国境内的语言,分属三个语支十种语言:1)壮傣语支的壮语、布依语、傣语;2)侗水语支的侗语、仫佬语、水语、毛南语;3)黎语支的黎语。李方桂(1937;1973)的早期研究首先提出汉语、侗台语族、苗瑶语族、藏缅语族同属汉藏语系。罗常培、罗季光、傅懋绩等(1954)、王力(1980)、邢公畹(1962;1979;1989;1995;1999)、马学良(1991)、梁敏、张均如(1996)等的观点与此大致类似,即认为汉藏语系包括四个语族:汉语族、藏缅语族、壮侗语族、苗瑶语族。其中的壮侗语族下属成员是:壮傣语支、侗水语支、黎语支。后来梁敏(1990)及梁敏、张均如(1996)又将仡央语支增加到侗台语族中,等于在原先三个语支的基础上又加上了一个语支,变成四个。仡央语支的语言包括仡佬、拉基、羿人、普标、布央、耶容等。18世纪德国学者孔好古(A. Conrady)、法国的马伯乐(H. Maspero)、丹麦的吴克德(K. Wulff)等皆认为台语(约相当于现今中国学者所谓的"壮傣语支")与汉语有亲缘关系(倪大白1990:313)。陈保亚(1996)等多数中国学者基本同意或继承了李方桂、罗常培等学者的分类法,只是陈保亚等对该语系形成的方式持不同观点,认为侗台语族和汉语之间的密切联系是"联盟"关系而非"亲属"关系。但丁邦新(2000:428-430)认为陈保亚用斯沃德士(Swadesh)的一阶100核心词和二阶200核心词作为衡量亲属关系的尺度存在问题,因为该一阶和二阶两组词是为语言年代学而设计的;而且印欧语的核心词的选择并不适合汉藏语;再说这两组词是为已明确同源关系的语言设计的,用于比较同源关系未明的语言是有问题的;另外,词汇是易变的,语音和构词的比较也很重要。戴庆厦(1992:50-51)认为侗台语族跟汉藏语系有密切历史关系,但它们之间有对应关系的不是"同源词",而是"关系词",即它们的亲属关系不是先天性的,而是后天性的。本尼迪克特(Benedict 1942;1972;1976)则认为汉藏语系只包括汉语、克伦语和藏缅语族语言,而泰语与印尼语的关系比与汉语的关系要密切得多,所以,台语族(约相当于国内传统的壮傣语支)与苗瑶语族跟汉藏语系皆无谱系关系,而与南岛语系有谱系关系。他建议应该抛弃所谓的泰汉有关系的观点。赞同本尼迪克特观点的还有奥德利古尔(A. G. Haudricourt)、马提索夫(J. Matisoff)等。倪大白(1990)的研究进一步发扬了本尼迪克特的观点,额外补充了大量的侗台语族语言与印尼语的同源词,他认为侗台语族与印尼语是亲缘关系这个判断应该是可信的。倪大白认为侗台语族与汉语语言类型相似是因受到汉语的深度影响所致,直至发生了语言类型的转化,而变得跟汉语相近。在国际学界方面,与传统所称的壮侗语族相当的语言群体被称为 Kam-Tai languages(侗台语族),国内越来越多的学者出于国际交流的便利,也常在国际场合将壮侗语族称为 Kam-Tai 而非 Zhuang-Dong。另外,与侗台语族密切相关,在国际上具有较大影响的还有迪勒等(Diller et al. 2008)的"台-卡岱"(Tai-Kadai)的称谓,该书中的这个语言群体包括侗台语族(壮侗语族)、黎语族、仡央语族,侗台语族下面又进一步分为侗水语支、拉珈语及贝语支、台语支,其中的侗水语支和台语支所包括的语言与中国学者的分类基本类似,但迪勒等的台语支大约相当于中国学者的壮傣语支,只是数量多寡不同。然而,多数情况下迪勒等只是称之为"台-卡岱"语(Tai-Kadai languages)而未明谓其为"台-卡岱"语系(Tai-Kadai family),反而多处有"台"语系(Tai family)、"佬"语系(Lao language family)的称谓。可见侗台语在这里似乎是被看作一个独立语系。埃德蒙森和索尔尼特(Edmondson & Solnit 1988;1997)的"卡岱"(Kadai)语系下分为侗台、黎、仡央三个语族,在侗台语族下面分为拉珈及标语、侗水、贝、台四个语支。许家平(Ostapirat 2000;2005)等学者的分类法在本领域中也有追随者,他的"仡台"(Kra-Dai)语系下面有仡央语支[相当于迪勒等(Diller et al. 2008)和本尼迪克特(Benedict 1942;1972;1976)的卡岱语支,包括的语言有:拉哈、仡佬、拉基等]、台语支(包括的语言有:北壮、南壮、傣、泰、老挝、白傣、黑傣、土、侬、布依等）、侗水语支（包括的语言有：仫佬、侗、草苗、莦溪瑶、毛南、佯僙、茶洞、水、莫、锦等）、贝语支、黎语支。张伯伦（Chamberlain 1997）的"台-卡岱"（Tai-Kadai）语系与迪勒等（Diller et al. 2008）的名称虽然一样，但是其语支的归类和覆盖的语言数目有少许区别，他将该语系分为四个直接的分支，即台、侗水、黎、卡岱。在他这里侗台语族并非语系下面的直接分支，而是被拆开分别归入了台语族和侗水语族。纵观上述的比较描写，迪勒等（Diller et al. 2008）的"台-卡岱"语与本研究所涉及的侗台语族的内容及范围最为接近。本研究所涉及的语言名称及数量将大体按照迪勒等（Diller et al. 2008）所描述的内容来展开。

第二章

名词范畴化策略

拉波夫(Labov 1973)和泰勒(Taylor 1989/1995)指出,如果说要给语言学下个定义,我们可以说它就是一种对范畴(categories)的研究工作,也就是说语言学是研究语言如何将现实中的事物切分为分离的单元(discrete units)和单元组(sets of units),并如何使这些意义变成声音的学问,同时研究范畴化加工是否以现实世界抑或主观认知为依据,人们是如何将事物标记为某种范畴的,范畴与范畴之间有何联系等。

传统语言学根据语义和语法特征将那些经常指称人物、地点、物体、事件等,而且经常出现在主、宾语位置,并具有性、数、格变化的语言成分归入名词范畴。但是像汉语或者侗台语这样的语言类型,缺少性、数、格的形态变化,判断一个语言成分是否为名词,除了它所处的句子位置外,语义往往用作一个典型的重要指标,如汉语的日、月、山、水、牛、马、鸡、鸭、狗是名词的典型形式。而世界上各种语言在名词这个范畴内部则还作进一步的分类,即名词的次范畴化加工。

名词范畴化系统包括了各种自由程度的语素,其自由度和黏附度的不同形成了一个连续统,一头是可自由运用的词,另一头是不可独立运用的黏附词素。

2.1 范畴化连续统:从封闭性至开放性

语言中的名词范畴化,就是对事物进行分类的心智过程。所谓"范畴",就是一系列被认为是相同的事物(Rosch et al. 1976:

383）。世界语言皆具名词范畴化之道,从高度语法化的阴阳二分法,如多数罗曼语族语言,到名词类别呼应系统的十几种分类,如班图语系语言,直至半开放性的数百种类别的分类系统,如东亚及东南亚语言。次范畴越少,其语法化程度越强;次范畴越多,其语法化程度越弱。侗台语族名词范畴化策略属后者。而较之汉语的量词,侗台语族语言的名词范畴化所涉及的语义层次更复杂,语法手段更丰富。侗台语族的名词分类法并非纯科学的客观分类,并非完全根据事物的客观特征所进行的范畴化加工,而是一种主观与客观之间的互动,既根据事物的客观特征进行分类,也根据本身的历史文化特点来对事物进行分类,社会及文化认知因素在其中扮演了重要的角色。侗台语族类别词的发展与原型成分边缘特征的链锁类比加工是密切相关的,旧的概念域被映射到新的概念域,对此物的认知通过隐喻投射到彼物。侗台语族语言范畴标记的左置以及部分侗台语族语言类属范畴句法标记的右置皆为其体词修饰的右分枝特性所使然,而部分范畴化句法成分的左置则为区域特征的历史扩散所致。

　　一直以来,对名词性类范畴与类别词的相关分析比较有限,几乎是将其视作迥异且互不相干的两种名词分类系统。意大利语、德语等有名词"性"范畴的语言根据语义或形式赋予名词一两种性的范畴,要描述这些语言的名词性类范畴时也是根据它们有几个性范畴标记来划分的。而像汉语或越南语中,名词根据句法环境来选择是否使用类别词,比如说是否与数字或指示词共现。近年来对巴布亚、南美、澳洲语言的研究发现,在这些语言系统中,两种范畴都出现,而且是相互交叉和互动的。了解这两种系统的关系,以及从类别词到性范畴的语法化的过程,是很有意义的。

　　不同的语言采用不同的名词范畴化手段,这些区别是一个从词法到句法的不间断的连续体。世界语言的名词范畴化手段并非明白无误地只分为词法和句法,或者只单纯采用语法范畴或只单纯采用语义范畴,语法策略和语义策略也是一个连续体。这个连续体的一端是以词法为主的阴阳两性的性系统,如印欧语,另一端是以句法为主的类别词系统,如侗台语族的类别词系统,而两头区间则是大量的中间类型。

　　本研究通过范畴化理论来阐释侗台语族类别词的语法及语义特征。侗台语族的类别词实际上是一种将名词进行范畴化的加工过程。语言中的名词进入话语系统一般需要经过范畴化加工,其加工的内容可以是性别、生命性、形状等。在语言词库中那些未进入句子的、未范畴化的名词就相当于未进入句子的动词。名词进入句子与动词进入句子需要变位一样,需要范畴化才进入句子,如范畴化为阴性、阳性、生命度等。表 2.1 概括性地呈现了名词次范畴化类型的分布是一个连续统。在世界语言中将名词性别区分为阴性、阳性、中性的范畴化手段主要是词法手段,所区分的种类一般为两至三类,属于词法范畴,句法手段只是辅助性的;另外一些语言区分生命性、动物、昆虫、人类、亲属、人体部位等的范畴化手段是词法和句法手段兼用,所区分的种类为 10 到 20 多种;其他语言区分更多的类别,包括形状、动物、人物、植物、功能、社会地位等,采用的范畴化手段主要是句法手段,辅之以少量的词法手段,其区别种类可达百种到数百种,基本上是一种句法范畴。那些区别种类较少的范畴化手段已经语法化为语法范畴,如阴性、阳性、中性等;区分种类较多的范畴化手段主要为语义范畴,如动物、植物、人类、形状、功能等。

表 2.1　名词范畴化连续统

	封闭系统	半封闭/半开放系统	开放系统
数量:	两三种	数十种	数百种
语义:	高概括性	中概括性	低概括性
特征:	语法范畴	语法及语义范畴	语义范畴
语言:	拉丁语族	班图语系	侗台语族

2.1.1 封闭性的名词性类系统

多数印欧语的名词性类系统被称为"语法性"(grammatical gender)。名词类别研究较具代表性的是克雷格(Craig 1986)的论文集,文集中的很多研究表明,语言学中所谓的"性"(gender)通常指形态句法的"种类",而非仅指称男性、女性或阴性、阳性的性别关系。其实,英文 gender 一词是借自中古法语的 gendre,而法语的这个词则继承自拉丁语的 genre("种族""种类"),如性、生命性、形状等都可以归入"性"类里。语法性的划分方法从历时语言学的角度来说具有客观认知依据,但从现代的共时观点来看这些分类法已经发展成为约定俗成的语法标记。克雷格(Craig 1986)认为它是多种名词类范畴的一种,它比其他的范畴化策略更具有语法特点。如上所述,欧洲很多语言的性范畴通常是一种封闭系统,范畴数较少,典型的是两种或三种,主要是"阴""阳",有的还有"中",属于名词范畴化策略连续统中类别比较少的那一端。每个名词隶属于一个范畴,通常用不带词汇意义的词缀来标记,名词短语中的其他成分通常要与该名词保持呼应,如形容词、冠词、指示词等与它们所修饰的名词存在呼应关系。呼应通常通过词的屈折变化来标记不同的范畴,此种语法手段称为"性"范畴。然而,科比特(Corbett 1999b:163)认为名词"性"(gender)与"名词类别"(noun class)无实质性区别,只是不同语言学传统使用不同的术语而已。举例来说,像拉丁语族里法语、葡萄牙语这样的语言等正是处于名词范畴化手段较简洁的一端,它们有关范畴化的系统里区分阴、阳两个范畴,如法语名词 étudiant 和 étudiante,前者为"男学生",后者为"女学生",其范畴化手段属于词法范畴。同时,这种范畴化加工也涉及句法,比如某一个范畴的名词要求与之共现的冠词、指示词和形容词在范畴方面必须逐个呼应搭配,表 2.2 显示了法语"学生"一词的范畴化方式:

表 2.2　法语"学生"一词范畴化手段

阳　　性	阴　　性
un bon étudiant "一个好男生"	une bonne étudiante "一个好女生"
le bon étudiant "这/那个好男生"	la bonne étudiante "这/那个好女生"
ce bon étudiant "这/那个好男生"	cette bonne étudiante "这/那个好女生"

表中的 un 为阳性不定冠词, une 为阴性不定冠词, 语义为
"一"; étudiante 为 étudiant "学生"的阴性形式; le 为阳性定冠词,
la 为阴性定冠词, 语义为"这/那"; ce 为阳性指示词, cette 为阴性
指示词, 语义为"这/那"; bon 为阳性形容词, bonne 为阴性形容
词, 语义为"好"。

葡萄牙语也存在类似范畴系统, 如其作为定冠词的语法标记
o 表示"阳性", a 表示"阴性", 如例(1)—(2)所示:

(1) o　　　　menin-o　　　　bonit-o
　　定冠.阳性.单数　孩子-阳性.单数　漂亮-阳性.单数
　　"这个漂亮的男孩"
(2) a　　　　menin-a　　　　bonit-a
　　定冠.阴性.单数　孩子-阴性.单数　漂亮-阴性.单数
　　"这个漂亮的女孩"

(引自: Aikhenvald 2000: 2)

如前所述, 语言中与男性、女性、雌性、雄性有关的"性"(sex)
只是语法"性"(gender)的一个次范畴而已, 因为名词的性还可包
括生命性(animate)和非生命性(inanimate)的对立等。甚至很多
时候"性"的归类并不是理性的。比如, 虽然法语中的 un grand
garçon(一个大男孩)和 une grande femme(一个大女人), 前者属
于阳性, 后者属于阴性, 分别用阳性和阴性的不定冠词和形容词来

与名词相呼应,但很多与男、女、雌、雄无关的名词也被划入了阳性或阴性,并无明显的规律可言,如 le printemps(春天)、le janvier(一月)、le chinois(汉语)、le francais(法语)等被指派了阳性定冠词 le,而 la littérature(文学)、la physique(物理)、la Chine(中国)、la France(法国)等则被指派了阴性定冠词 la。再如葡萄牙语中名词的语法"性"和语义"性"有时候可以刚好相反:在葡萄牙语的名词性类系统中,"母老虎"被归类为语法"阳性",而"公海豹"则归类为语法"阴性",短语中的各个语言成分只与该名词语法性相呼应而不与名词所指的性别相呼应,如例(3)—(4)所示:

(3) um   bonito   tigre   fêmea
    一(阳性)   漂亮(阳性)   老虎   雌性
    "一只漂亮的雌老虎"

(4) uma   bonita   foca   macho
    一(阴性)   漂亮(阴性)   海豹   雄性
    "一只漂亮的公海豹"

(引自:Aikhenvald 2000)

例(3)中的短语"一只漂亮的雌老虎"中显示的是一只雌虎,但是 tigre"老虎"是一个语法阳性名词,所以其中与之呼应的数词、形容词也是用了阳性的 um(一)、bonito(漂亮)。例(4)中的短语"一只漂亮的公海豹"中表示的是一只公海豹,但是 foca"海豹"是一个语法阴性名词,所以其中与之呼应的形容词也是用了阴性的 bonita(漂亮)。因此,在葡萄牙语中,不管名词的所指是雄性或雌性,修饰它们的形容词和冠词必须与这些名词的语法性相呼应。再如,德语名词虽有阴性和阳性之别,但 Mädchen"姑娘"却属于中性,汽车品牌名属于阳性,但摩托车名属于阴性(Kroulek 2016),这些范畴化的认知理据的模糊性与葡萄牙语 tigre"老虎"和 foca"海豹"的情形相似。

因此,布龙菲尔德(Bloomfield 1933/1973:280)说,给德语、

法语或拉丁语的名词划定为何种"性",实际上好像没有什么准则可依。就是说,很多这些欧洲语言的性范畴已经高度语法化为两三种名词性类(noun class),自然界中的"性别"意义转变成了表示语法的"性"范畴,而非名词所指本身的阴阳性别。

2.1.2 半封闭性的名词次范畴系统

名词类别的范畴化的标记方法一开始也许是以自由词素来限定和标记的,其中的自由词素在很多语言中发生了不同程度的虚化,最后变成黏附性较强的语素,甚至产生了如上述一些印欧语那种屈折性很强的标记手段。非洲尼日尔-刚果语群(Niger-Congo phylum)中的班图语系语言名词的范畴化系统,其标记方法介于印欧型高度语法化策略和东亚型自由语素策略之间,虽然也接近形成一个封闭系统,但是其范畴标记则比较多,具体的范畴数量根据语言的不同而有异,多数语言有十几种,只有少数语言仅有几种。根据德国学者迈恩霍夫(Meinhof)的分类法,班图语中的斯瓦希里(Swahili)语有 15 种,干达(Ganda)语有 17 种,索托(Sotho)语有 18 种,绍纳(Shona)语有 20 种(Greenberg 1963)。名词次范畴较少的有刚果和南苏丹西部的赞德(Zande)语,它将名词划分为 4 类(见表 2.3):

表 2.3 赞德语对名词类别的划分

类 别	标 记	语 义
人类(男性)	kumba	男人
人类(女性)	dia	妻子
动物类	nya	野兽
其他类	bambu	房子

在这个系统中,多数名词被按照名词的所指本身属性归类,但是例外的情况是,这种语言中有 80 个非动物名词被归类为动物范畴,这些词包括表示天上的东西(如月亮、彩虹等)、金属制品(如锤子、铁圈等)、可食用植物(如红薯、豌豆等)、非金属制品(如哨子、球类等)。这些名词所指的共性是它们的形状大多是圆形,以及神话里的东西。

这些名词次范畴标记除了在词内与所属的范畴呼应之外,也在句中与其他成分有呼应关系。与很多印欧语不同的是,很多班图语句中的形容词、动词、数词、指示词等几乎所有成分互相之间存在着严格的语法呼应关系,而且此种名词次范畴化系统的种类比多数印欧语言要多得多。尼日尔-刚果语群的语言,特别是班图语系的语言,对名词的次范畴化加工较为细致,范畴呼应涉及句中几乎所有成分。但是,语法呼应的方式比上述所说的印欧语言要简单得多。语法呼应的方法是给每个参加呼应的词加上同样一个词缀。其范畴标记方法绝大多数是使用前缀,要求句中所有成分具有语法结构的一致性。这种次范畴化标记变成了一种自由度很弱的类别词素(见第 2.2.2.2 及 3.2.2 节)。这些非洲语言的名词次范畴化手段是按照名词的意义划分的,每一类中还分别有单数和众数的区分。如班图语系斯瓦希里语对名词类别进行范畴化的 18 种名词类别词头分别表示人类、动物、植物、物品、方位等(如表 2.4 所示)。根据洪贝特(Hombert 1981)、德穆斯等(Demuth et al. 1986)和孔蒂尼-莫拉瓦(Contini-Morava 1994)的研究,原始班图语的第 12 类 *kà 在斯瓦希里语已消失,第 13 类 *tù 则与第 7 类 kì 合并,而第 14 类 *bù 与第 7 类 kì 合并。

表 2.4　斯瓦希里语名词类别前缀

种类	前　缀	典型所指
1	m-, mw-, mu-	人(单数)
2	wa-, w-	人(复数)

种类	前　缀	典型所指
3	m-, mw-, mu-	植物(单数)
4	mi-, my-	植物(复数)
5	ji-, j-, Ø-	水果(单数)
6	ma-, m-	水果(复数)
7	ki-, ch-	物品(单数)
8	vi-, vy-	物品(复数)
9	n-, ny-, m-, Ø-	动物、物品(单数)
10	n-, ny-, m-, Ø-	动物、物品(复数)
11	u-, w-, uw-	其他类(单数)
15	ku-, kw-	动名词
16	pa-	方位(近处)
17	ku-	方位(极远)、方向
18	mu-, m-	方位(某处内部)

（注：Ø-意为"无标记"）

下面例(5)—(8)显示了斯瓦希里语的句子里形容词、动词与名词的范畴相呼应情况。例(5)的名词短语中,名词 tu(人)必须前加"人类"的类别标记 m-,形容词 kubwa(高大)也必须前加"人类"的类别标记 m-来与之相呼应。例(6)中的名词 kapu(篮子)需在前面附加"工具"标记 ki-,而形容词 kubwa(高大)也必须加上"工具"标记 ki-,与前面的名词相呼应:

(5) m-tu　m-kubwa　(m -人类单数范畴)
　　 m-人　m-高大
　　 "高大的人"

（6）ki-kapu　ki-kubwa　（ki-工具类范畴）
　　　ki-篮子　ki-高大
　　　"大篮子"

（引自：Childs 2003：100-101）

在例(7)中，名词、形容词、动词都需加上工具类标记 ki-，因为这个句子描述的是一个篮子的事件。而例(8)中描述的是两个人类的事件，所以句子中的名词、形容词、数词、指示词、动词都必须带上"人类众数"的标记 wa-，即谓语也必须与主语的次范畴相符合。

（7）ki-kapu　ki-kubwa　ki-me-fika　　（ki-工具类范畴）
　　　ki-篮子　ki-高大　　ki-完成-来到
　　　"大篮子到了。"

（8）wa-tu　　wa-zuri　wa-wili　wa-le　　wa-me-anguka
　　　wa-人　　wa-好　　wa-二　　wa-那　　wa-完成-跌倒
　　　（wa-人类众数）
　　　"那两个好人跌倒了。"

（引自：Childs 2003：100-101）

正如上述所示，尼日尔-刚果语群的语言的名词次范畴系统是按植物、动物、人类、水果、物品、方位等十几个类别来归类的。上文也提到了这类范畴数量比印欧语类型的名词性类系统要纷繁得多，句法通常要求多种语言成分互相之间就相同的范畴发生呼应关系，但是呼应手段相对于印欧语来说通常显得较为单一，基本上是固定词缀的添加。简言之，这类名词范畴化系统主要是采用数量较为固定的一小批黏附语素作为呼应标记。这些语素的功能主要是将被认为有类似特征的事物进行聚类。

但是有些现代班图语言的这类范畴化系统似乎在朝着类似于拉丁语的阳性类、中性类、阴性类等类的方向发展（Contini-Morava 1994）。

2.1.3 开放性的名词次范畴系统

如前所述,世界语言的名词范畴化较为常见的是语法加工策略。类似于法语、西班牙语这样的语言,句子中需要在性、数等方面与名词互相呼应。这些语言中的形容词、代词、指示词等需要改变自己的形态,或者对动词进行变态,以便在性、数、人称等范畴上与句中的主语相呼应。但这些语言所呼应的范畴数量通常是非常有限,一般是两到三个。班图语的斯瓦希里语中的名词要求在句子中间的多种成分与之保持呼应,如形容词、数词、指示词、动词等必须跟主要名的范畴标记保持呼应关系,具体来说就是,句子中的其他词类也要附上同样的范畴标记。即便如此,也只有二十来种范畴标记。侗台语族语言的名词与其词法维度和句法维度之间的语义选择本来也算是一种呼应系统,但是侗台语族语言的这类系统基本上是属于开放性质的,由于其句法加工中允准的范畴类型数量庞大,这种系统通常不被定义为呼应系统。然而,侗台语族类别词系统中的反响型类别词,其名词范畴化的功能相对来说比较弱,即其语义功能不强,其实也可算作某种意义上的一种名词短语中间的协调关系(incorporation)。

与印欧语封闭类型和班图语半封闭类型的名词范畴化策略相比,侗台语族的类别词系统更多的是受到语义制约,而语法结构则相对简单。侗台语族的名词范畴化系统非常庞大而纷繁,是一种开放性的系统,就是说该系统的类别范畴的数量巨大,可有数百种。如果加上数量不定的"反响型"类别词(见第 4.7 节),则可有一千多种。其标记策略最主要是采用类别名词、类别词素、类别词和其他语素之间的互相选择(见第三章),在语法策略上采用的是综合手段,既有词法手段也有句法手段,过往的研究中讨论得最多的是句法手段,即对"量词"的研究,而词法手段则讨论得相对较少。在以下各章节中将看到侗台语族语言在词法层面上的范畴化加工并不需要与数词或指示词共现,名词只需与类别名词和类别词素共现,这些范畴化成分相当于覃晓航(2005)的词头,或艾肯瓦尔德(Aikhenvald 2000)的名词分类词素(noun classifiers)。而句子层面则一般是涉及类别词,并经常与数词或指示词共现。一个名词短语中或句子中的其他语言成分,如动词、形容词、指示词、数词等,在多数情况下一般不存在像班图语言的那种与主要名词的句法呼应关系。侗台语族的一些语言,如泰语、老挝语等,主要成分和附属成分可以存在着较为复杂的呼应关系,但只存在于有限范围内(见第4.7节)。

如上述,侗台语族的名词范畴化系统主要是语义的分类。而相关语义的范畴化加工策略主要体现为双维度特征,一个是词法维度,另一个是句法维度。

2.1.3.1　词法维度策略

词法维度是以构词法的形式实现名词范畴化,如在泰语的范畴化标记系统中,仅是对各种"人"的词法次范畴标记就有数十个,如较为常见的就有以类别名词(class noun)或类别词素(class term)形式出现的标记(类别名词和类别词素的讨论见第三章):
k^hon(CN:人)、c^hâaŋ(CN:匠)、naay(CN:主人／老板)、dèk(CN:孩子)、naaŋ(CN:女人／女士)、mɛ̂ɛ(CN:母亲)、p^hɔɔ(CN:父亲)、lûuk(CN:孩子／果实／仔)、p^hûu(CT:者)、nák(CT:职业者)等。下面将举例说明。①

————————

①　本文所引用的泰语、老挝语例子皆来自美国教育部支持的"国外信息获取技术创新和合作项目"(TICFIA)的网络资源 SEAlang Library(2005)。毛南语例子引自 *A Grammar of Maonan*(Lu 2008),部分侗台语族语言例子引自 *Classifiers in Kam-Tai Languages: A Cultural and Cognitive Perspective*(Lu 2012),壮语例子来自作者本人(壮语母语者),另有说明的除外。另外,所引用的例子将保留引源的语音标注法。不同的研究传统对声调的标注法有 5 度调值标注、上标符号调形标注、传统汉语音韵学的调类标注,但有些侗台语词的声调[比如巴利(Pali)语来源的词的声调等]并不反映汉语音韵学的那种平、上、去、入各分阴阳的历史特征。为避免误解,本文引用这些例子时将尽量保留引源的标注方式。对辅音和元音的标注也尽量保持引源的原貌。

泰语的名词 kʰon"人"虽然仍然是一个可以独立运用的词素，但它经常与其他语言成分共现，其功能是名词范畴化，属于类别名词(见第 3.2.1 节)，如：

(9) kʰon　　kʰàp　rót
　　CN：人　驾驶　车
　　"司机"

(10) kʰon　　ŋôo
　　CN：人　傻
　　"傻瓜"

泰语的 cʰâaŋ"匠"表示具有某种技术或技巧的人或者工匠，也属于类别名词。它具有极强的构词能力，如：

(11) cʰâaŋ　　pʰim
　　CN：匠　印刷
　　"印刷工"

(12) cʰâaŋ　　tʰam　pʰǒm
　　CN：匠　剪　头发
　　"理发师"

泰语的类别词素 pʰûu 在绝大多数情况下不单独出现在句子中，而是用作指称"某类人"的构词词素(类别词素的分析见第3.2.2节)，如：

(13) pʰûu　　cʰaay
　　CT：者　男性
　　"男子"

(14) pʰûu　　yǐŋ
　　CT：者　女性
　　"女子"

老挝语在词法维度方面也有诸如 kʰón"人"、sāːŋ"匠"这样的词素与动词、形容词等短语结合构成,表示具有某类人的概念,归类为某种"施事者"的范畴。如:

（15）kʰón　　con
　　　　CN：人　穷
　　　　"穷人"

（16）kʰón　　kaːŋ
　　　　CN：人　中间
　　　　"中间人"

（17）sāːŋ　　tát　　pʰŏm
　　　　CN：匠　剪　头发
　　　　"理发员"

（18）sāːŋ　　tát　　kəːp
　　　　CN：匠　剪　鞋
　　　　"鞋匠"

老挝语的 pʰùː 是一个常见的构词词素,不常单独出现在句子中,属于一种黏附词根,在名词范畴化系统中属于类别词素,如:

（19）pʰùː　　fáŋ
　　　　CT：人　听
　　　　"倾听者"

（20）pʰùː　　ɲíŋ
　　　　CT：人　女性
　　　　"女人"

壮语具有与泰语、老挝语等类似的构词手段,比如用构词能力很强的类别名词 vun² "人"来与其他语言成分结合,构成表示某类人的短语,如:

（21）vun² huŋ¹
CN：人 大
"大人"

（22）vun² dei¹
CN：人 好
"好人"

壮语中词法维度的范畴化策略与多数其他侗台语言一样，也是将范畴化标记左置，如例(23)—(25)中，将常用的类别词素 tu²、pou⁴、ko¹ 与其他语言成分组合，分别构成表示"动物""人类""植物"范畴的名词：

（23）tu² pit⁷
CT：动物 鸭
"鸭子"

（24）pou⁴ piŋ¹
CT：人类 兵
"军人"

（25）ko¹ fai¹
CT：植物 树
"树"

侗语的类别名词 ȵən² 相当于壮语的 vun²，也是构词能力很强的语言成分，如①：

（26）ȵən² ɕeŋ¹
CN：人 生
"生人"

（27）ȵən² ɕok⁸
CN：人 熟
"熟人"

———————

① 除另有说明，侗语例子来自中国语言资源保护工程采录展示平台侗南语词汇及语法部分。

侗语的类别词素 tu² 主要用来构成表示动物的名词,如:

（28）tu²　　　　tən²
　　　CT：动物　兽
　　　"野兽"

（29）tu²　　　　peu⁵
　　　CT：动物　豹
　　　"豹子"

毛南语词法维度的名词范畴化策略与上述几种语言相似,如分别以植物类别词素 zɔŋ²³¹、人类类别词素 ʔai⁴² 等来构成表示某类植物、某类人的名词。如例(30)—(33)所示。[①]

（30）zɔŋ²³¹　　　mai²⁴
　　　CT：植物　木头
　　　"树"

（31）zɔŋ²³¹　　　la:k²⁴van⁴²
　　　CT：植物　太阳
　　　"向日葵"

（32）ʔai⁴²　　　hɛk⁵⁵
　　　CT：人　客
　　　"客人"

（33）ʔai⁴²　　　vɛ²⁴kɔŋ⁴²
　　　CT：人　做工
　　　"农民"

拉珈语词法维度的名词范畴化也是采用类似的构词策略[②],如:

---

①　除另有说明外,毛南语例子来自作者的田野调查。
②　除另有说明外,拉珈语例子来自作者的田野调查。

（34）lak^8　　lo:m^1　　to^1
　　　CT：人　看　　门
　　　"门卫"

（35）lak^8　　tap^8　　ŋjen^2
　　　CT：人　打　　银
　　　"银匠"

（引自：刘宝元 1999）

2.1.3.2　句法维度策略

　　侗台语族语言除了采用词法维度的范畴化手段之外，还采用句法维度的范畴化标记策略。如上述，无论南部或北部类型侗台语族语言的词法范畴化策略通常都是将范畴化标记左置，但是，在句法维度的范畴化标记方面，南北类型的侗台语所处的句法位置却不甚相同。南部类型的句法标记主要位于名词的右边，通常与数词、指示词等语言成分共现。如图 2.1 所示，泰语的词法范畴化标记 c^{h}âaŋ（CN：匠）和句法范畴化标记 k^{h}on（CL：人）分别位于主要名词 máay（木头）的左右[恩菲尔德（Enfield 2007：120）区别类别词短语中的"主要名词"和"中心语"，详情请见第八章]。

"三个木匠"

图 2.1　泰语句法维度名词范畴化标记右置示意图

　　而北部类型的名词范畴化句法标记主要是位于名词的左边，通常与数词、指示词、形容词等共现。如图 2.2 所示，壮语的词法范畴化标记 ɣɔk^8（CN：鸟）和句法范畴化标记 tu^2（CL：动物）皆位于主要名词 pit^7（鸭）的左边：

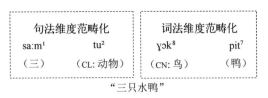

图 2.2 壮语句法维度范畴化标记左置示意图

侗台语族的同一个名词短语中的词法维度范畴化标记和句法维度的范畴化标记可以是同形,也可以是不同形。如例(36)和(37)中的泰语名词短语,前者词法标记和句法标记同形,而后者词法标记和句法标记不同形:

(36) kʰon   ŋaan   săam   kʰon
　　 CN：人   工作   三   CL：人
　　 "三个工作者"

(37) pʰûu   cʰaay   săam   kʰon
　　 CT：者   男   三   CL：人
　　 "三个男人"

简言之,侗台语族语言以词法手段和句法手段所采取的名词范畴化策略跟欧洲语言的封闭型和非洲班图语言的半封闭型的名词性类的标记策略不甚相同,主要区别是其标记数量庞大,标记策略以语义标准为主。

2.1.3.3　非典型呼应系统

根据斯蒂尔斯(Steels 1978：610)的研究,语言成分之间的语义或形式的协变性(covariance)都可算作"呼应"(agreement)。就是说,句法中的呼应关系所根据的不一定仅仅是语法形式,同时也可以是语义内容。句子中根据语义而非语法形式发生的语法协变现象在类似英语的语言中也是存在的,比如下面例(38)和(39)中的主语属于语法复数,如果按英语语法"数"范畴的呼应规则,句中主要动词本应以"be"的复数形式"are"来呼应,但实际上这里却采用了动词的单数形式"is"(Barlow 1992:230)。很显然这是根据语义将主语表示的主体看作一个整体,即说话人认为例(38)的主语实际上是在说"The price"或者"The cost",而例(39)的主语包括了一个连词"and",它前后连接了两个名词,本应属于复数范畴,但是主语在语义上指的实际是同一个人,所以这里未把它看作复数形式,而没有用动词"be"的复数形式"are"来呼应,而只是采用了动词的第三人称单数范畴的"is"。

(38) Five dollars is too much.
　　"五块钱太多了。"

(39) John and only John is allowed in here.
　　"约翰并且仅为约翰才被允许到此。"

例(40)也显示了类似的情况:本来句子的主语是个语法单数,却使用了动词"be"的复数形式"are"而非单数形式"is"来呼应,显然是将主语所表示的主体看作由多个个体所组成的群体,相当于"The players of the team":

(40) This team are going to win the cup.
　　"这支队伍将赢得奖杯。"

与此相应的是,在名词性类的呼应要求不很明显的汉藏语系中,也存在着以名词为中心的语法呼应系统。在这些名词性类的呼应系统中,名词一般是呼应的"控制项"(controller),而形容词、指示词、冠词、数词等是呼应的"目标项"(target)(Corbett 1999a:14)。通常所说的反响型类别词系统,其主要名词即相当于控制项,而其中的数词、指示词等则相当于目标项,前者决定后者范畴标记的选择。

戴庆厦、蒋颖(2005a)将藏缅语族的反响型名量词分为两类：一类是具有高层次语法意义的名量词,是典型的反响型名量词,用来与主要名词呼应的语法标记。他们的研究认为典型的反响型不具备语义的区别作用,只是为了满足语法功能而已,如例(41)和(42)所示：

波拉语：

(41) la?^{31} tǎ^{31} la?^{31}

　　 手　 一　 只

　　 "一只手"

独龙语：

(42) wǎt^{55} ti^{55} wǎt^{55}

　　 花　　 一　　 朵

　　 "一朵花"

另一类是低层次语法意义的名量词,是非典型的反响型名量词。虽然它们也是与主要名词呼应的语法标记,但这些非典型的反响型名量词也不同程度地用来区别语义,如哈尼语的 a^{55} bo^{55} "树"、ɣɔ^{31} bo^{55} "桃树"、thɔ^{31} su^{31} a^{55} bo^{55} "松树"等,其选择的量词都取自最后一个音节 bo^{55},构成非典型反响型量词"棵",将之区别于其他非树木的植物。

在侗台语如泰语、老挝语等一些语言的部分句法结构中,比如名词短语中,数词或指示词等要与主要名词(主要名词和中心语的关系见第八章)共现的话,需要通过重复这个名词或者这个名词的一部分,来对前面的名词进行再范畴化,使得所表示的范畴化标记与主要名词形式完全一致或部分一致。

南部类型的侗台语族语言,如泰语、傣语、老挝语等,也存在着与上述情况类似的语法呼应现象。现代泰语典型的类别词大约有80 个(McFarland 1942；Haas 1964b),其中约 40 个为日常所用(Carpenter 1991)。如果类别词包括"反响型"类别词的话,数量则大得多。依常生(2019)对泰国皇家学术院编纂的《量词》一书的统计表明,泰语的反响型量词有 847 个,其中整体反响型量词有 493 个(有关反响型类别词的详细分析见第 4.7 节)。但是 11 世纪素可泰朝代的坤兰甘亨石碑文中所看到的类别词却只有 kʰon、tua、ʔan 等几个分别表示人类、动物、无生命物体的类别词,所以很多类别词应该是后来才出现的。随着社会的发展和文化的接触,语言内部新出现以及从外部借入的名词逐渐增多,而却未大幅度出现具有典型范畴化功能的类别词。泰语解决此失衡状态的方法主要有两个:一是扩展现有类别词的使用范围,使数量有限的现有的类别词能够指派到新出现的名词;二是将新名词重复,使之成为自己的类别词(Singhapreecha 2001:262),这就是通常所说的反响型类别词,它们实际上逐渐地变成了一种句法手段。在侗台语中,需要将名词所指进行具体化和个体化时,即名词与指示词或数词共现时,它们之间需要在范畴方面进行呼应。泰国学者辛哈普里查(Singhapreecha 2001)甚至认为泰语复杂短语中的类别词的句法功能与西班牙语这样的罗曼语族语言的名词性类呼应功能是一致的,可以视作一种语法呼应手段。如例(43)—(45)中的数词、形容词、指示词等都分别与同一个类别词共现,形成了类别词的重复出现。而例(46)中的西班牙语名词短语也是通过重复阴性复数标记-as 来保持控制项和目标项的一致性。她认为泰语的这几个例子可算是一种控制项 nók(鸟)、nǎŋsɯ̌(书)、caan(盘子)和目标项 lék(小)、sǎam(三)、nǎa(厚)、sìi(四)等的语法呼应。

(43) nók   tua   lék   sǎam   tua   nán
　　 鸟　　CL　 小　 三　　　CL　 那
　　 "这三只小鸟"

(44) nǎŋsɯ̌   lêm   nǎa   sìi   lêm   nán
　　 书　　　 CL　 厚　　四　 CL　 那
　　 "那四本厚书"

(45) caan　baj　lék　hâa　baj　nán
　　　盘子　CL　小　五　CL　那
　　　"那五个盘子"

(46) las　　　ties　nirias　listas
　　　定冠词　三　女孩　聪明
　　　"这三个聪明的女孩"

在诸如泰语、老挝语这样的南部侗台语中,这种语法手段可以是对控制项的全部复制,也可以是部分复制,即所谓的全局反响和局部反响,以此手段来进行语义和语法的范畴化。

艾肯瓦尔德(Aikhenvald 2000:61-62)提到西部大西洋塞内加尔和几内亚比绍的白努克(Baïnouk)语有两种名词,一种带有显性名词性类词头(overt noun class prefixes)和另一种不带此种词头。名词性类的呼应发生在有名词性类词头的名词和它们的修饰语之间。修饰语的种类包括指示词、形容词、数词等。如果名词带有性类词头,这些修饰语将在词头或词尾位置加上同样的名词性类标记(NCL),如:

(47) si-dēn-o　　　in-si
　　　NCL-独木舟　这-NCL
　　　"这个独木舟"

第2.1.3节谈到班图语系很多语言,如斯瓦希里语,是将句子中的很多语言成分标记为与主要名词同一个范畴。班图语系的奇切瓦(Chichewa)语中的数字也是在名词语义和名词数两方面与主要名词呼应,如例(48)和(49)所示:

(48) chi-pewa　chi-modzi
　　　帽子　　　一
　　　"一项帽子"

（49）zi-pewa　zi-wiri
　　　帽子　　二
　　　"两顶帽子"

　　泰语也有类似的范畴化策略,即通常被称为"反响型"或"拷贝型"范畴化手段,与此极为类似(反响型及拷贝型范畴化语义及语法特征详见第4.7节)。例(50)—(53)中的主要名词本身所带有的范畴化标记被部分拷贝到其他修饰语上面(Iwasaki 等 2005：78)。这里的情形与例(43)—(45)有所不同,因为那些例子中的主要名词并未带有显性的范畴标记,而例(50)—(53)的主要名词都带有名词范畴化标记,后面的句法维度的范畴化加工是以重复前面的词法维度的范畴化标记来实现的。

（50）rooŋ-nǎŋ　　　　　hâa　rooŋ
　　　建筑物-电影/皮　五　　CL：建筑物
　　　"五个电影院"

（51）ráan-tàt-pʰŏm　săam　rǎan
　　　店-剪-头发　　　三　　CL：店
　　　"三个理发店"

（52）tôn-máay　hâa　tôn
　　　杆-树　　　五　　CL：杆
　　　"五棵树"

（53）tua-náŋsɯ̌ɯ　hâa　tua
　　　只-字　　　三　　CL：只
　　　"三个字"

　　综上,名词范畴化的标记法在不同语言中采用不同的策略,从名词性类的区分到聚类成分和类别词对名词的范畴化加工,呈现出一个由简到繁以及由少到多的连续统。具体来说,名词的阴性和阳性、生命性、非生命性、形状、功能等,以及语言使用者对名词所指的认知而建立起来的名词次范畴,都是语言使用者对客观事物的认知结果。这些分类系统的区别只是对名词次范畴的概括性有所不同而已。语义范畴化和语法范畴化实际上是一个连续统的两端,这个连续统的两端分别是概括性较高的名词性类系统和概括性较低的类别词系统。换句话说就是,名词性类系统的语法化程度较高,而类别词系统的语法化程度较低。侗台语族语言中参与范畴化的类别词除了可以是完全复制前面的名词形式以外,也可以是复制名词形式的一部分,其功能都是名词性类的互相呼应。这种重复左边语言成分的计数手段实际上更偏向语法范畴这一端(见第 4.7 节)。

2.2 语言成分的范畴化策略

语言成分的范畴化加工可有多种形式,其中造字领域和造词领域都存在这种策略。前者如汉字的偏旁可以对整个字的语义进行范畴化,后者如单词或词组中的黏附性词根可对整个结构的语义所指进行范畴化。造字或造词的过程就是对事物进行范畴化的过程。本研究所涉及的造词的范畴化手段可以由自由度较强的名词词根来进行范畴化加工,也可以用自由度较弱的黏附成分来指称这些范畴。与同一偏旁的汉字构成语义词族一样,具有范畴化功能的成分也将一系列词语归类为一个词族。

2.2.1 构字的偏旁范畴化策略

名词的范畴化手段从名词性到类别词,林林总总,而对语言中的范畴化加工手段的阐释实际上可以先从汉字的范畴化加工来加以说明。简单地说,汉字的表意部首也可看作一种范畴化加工,它们呈现出汉语造字过程中的一种文化认知特点,它们是基于中国文化的认知系统在造字领域对事物进行的范畴化加工,体现了汉字发展史上中国人的文化认知特点。

例如,汉字系统中将与金属有关的元素或物质标记为"钅"字偏旁,将它们归入"金属"的范畴,与金属材料有关的例子:

金、银、铜、铁、钢、铝、铅、锡、锌、镁、镍、钕、钛、钨、钠

在此基础上,被认为与金属有关的工具等在汉字系统中也用"钅"字旁来标记,表明制作它们的材料属于"金属"范畴,如与金属制品有关的例子:

针、钉、钟、钩、钱、钻、链、锁、锤、锥、铲、锄、铡、锯、镜

从"钅"字旁指称物体的物理特征进而发生语义的扩展,从而使采用金属工具或与金属特征有关的行为或活动等也被标记为"金属"次范畴,如下列这些词是表示与加工金属制品有关的活动:

销、铭、镀、锲、镶、铸、铄、锻、镌、铰、镇、锗、镗、铣、铆

再如,以"木"字旁来标记的汉字往往指称被认为是"木"次范畴的实物,即树木名称多数以"木"字为偏旁,如植物名称有:

柑、橘、桔、橙、桃、柿、柚、杨、杉、椿、柳、松、枫、柏、樟

"木"字旁与"钅"字旁的情况类似,它将被认为具有木料性质的物体或以木料制成的工具、用具、材料也范畴化为木类,如与木制品有关的例子:

杖、条、杠、杆、柜、杵、杯、板、栏、架、栅、桌、桥、柴、机

在这个次范畴中,被认为与树木或者植物有关的动作、性状等

也用"木"字旁来标记,如:

栽、染、束、栖、析、检、摇、横、榨、朽、枯、橘、柔、招、枉

汉字中大部分将"氵"偏旁用作范畴标记的字一般也是直接或间接与"水"有关,造字过程中将某类汉字标记为"氵",把一系列被认为与之相关的物质、现象、运动、行为归类为"水"的次范畴。比如用"氵"来标记被认为与"水"有关的实体,把它们归入"水"的范畴,如:

江、河、湖、海、波、浪、涛、沙、溪、沟、汤、酒、滴、油、汗

汉语以"氵"标记自然界中或生活中被认为与水有某种关系的一些现象或者特征,将之划归为"水"的范畴,如:

浓、淡、清、洁、滢、涝、浑、混、浊、没、渴、湿、润、深、浅

将一些被认为与水相关的动作或运动方式的动词标记为"氵"偏旁,将之划归"水"的范畴,如:

汇、流、洗、漱、澡、沐、淋、浴、游、泳、泻、涌、溺、沉、浸

汉字系统中将被认为与火有关的实体或现象标记为"火"字旁,将其划归为"火"的次范畴,如:

焰、烟、烛、烬、煤、炉、灯、炮、炔、烷、灾、炭、炕、炬、灶

"火"字旁也常用来标记被认为与火或与其相关的特征或性质,将其指称为"火"的次范畴,如:

灿、烂、炽、熄、烦、炎、燚、烜、炯、烁、焕、炤（照）、灯、烦、耀（耀）

被认为与火及其特征相关的动作或运动也在汉字系统中被归纳为与"火"相关或相似的动词次范畴，如：

烧、炒、爆、炸、羹（煮）、焖、炖、烤、炆、煸、煲、烩、烘、烫、炼

汉字系统中被标记为"亻"偏旁的汉字通常用来指称被认为与人类有关的事物，将它们归入"人类"的次范畴，如：

伴、仔、仆、俘、侠、伶、侯、佣、偶、儒、倭、僧、位、伍、侨

"亻"偏旁也常用来标记那些被认为与人的行为有关的动作、行为等，如：

住、休、停、仰、俯、作、候、倾、使、代、保、佑、仿、传、任

被认为与人类有关的一些特征、性状等也被归入这个范畴，即它们在形容词中被划归为与"人"有关的次范畴，如：

傲、优、倦、信、仁、伟、僵、僻、傻、佞、傥、俚、俏、俊、傀

此类以文字外形作为语言成分范畴化加工的标记常用的有一百多个，而《说文解字》里有近五百个，不胜枚举。

2.2.2 构词的语义范畴化策略

2.2.2.1 自由词素范畴化策略

如上述，汉字造字过程中部首的指派反映了汉字范畴化加工

的一种策略。偏旁是汉字的一种范畴化标记,它与本研究关注的词语层面的名词范畴化的策略有异曲同工之处,不同的是本研究主要聚焦的名词的范畴化手段是通过构词中的语义和词法综合策略来实现的过程。比如它们可以通过自由词素之间的修饰或限定的方法构成复合词,或者甚至可以通过类似句法的手段构成名词短语。这种范畴化加工不同程度地涉及词法和句法。

以自由词素组合构成复合词或词组是一种重要的范畴化策略。如汉语以自由词素"人"与其他词素构成新词,用来指称某种"职业"或从事某种活动的人员,如:

工人、军人、仆人、证人、艺人、猎人、佣人、看门人、协调人

或者用来指称被认为具有某种性质或特点的人或物,即把这类名词范畴化为某种特征的人,将之与其他人区别开来,构成一个次范畴,如:

华人、家人、恋人、鄙人、坏人、好人、恶人、巨人、罪人、被害人

以自由词素"水"与其他词素构成新词,用来指称水溶液、悬浮液或者含水物质,将这类名词范畴化为"水"类,如:

雨水、卤水、咸水、淡水、碱水、花露水、口水、汗水、奶水、墨水

但是,这种人类语言范围内的认知理据在很多情况下并非总是与自然属性具有必然的联系,就是说人类对事物的范畴化加工除了来自客观科学原理之外,往往带着很多文化烙印,在一种语言中被视作"水"范畴的物质,在另外一种语言中并不一定属于"水"范畴。第七章的主观认知理据的分析将涉及语言使用者的主观认知在范畴化加工中的作用。

其他诸如英语这样的欧洲语言也用类似范畴化手段构成新的概念，如用词根 man"男人"来对现实生活中的事物进行范畴化加工，即将其指派到另外一些自由词素的后面，构成新词或词组，把它们归入从事某类工作或具有某种特征的人的范畴，如[①]：

> army man"军人"、dairyman"奶场场主"、colorman"染色师"
> craftsman"工匠"、churchman"传教士"、handyman"手巧者"

这种结构中的英语语言成分 man 属于贝克威思（Beckwith 1995）和艾肯瓦尔德（Aikhenvald 2000）所说的类别名词（class noun）或类别词素（class term），它们经常与其他语言成分共现而组成以自己为中心的语义词族（见第 3.2.1、3.2.2 节）。同理，以名词 room"房间"来与其他语言成分结合构成新的概念，将它们范畴化为某种"空间"，如：

> bedroom"卧室"、restroom"卫生间"、reading room"阅览室"
> sickroom"病房"、changeroom"更衣室"、cloak room"寄存室"

与上述汉语和英语例子不同的是，法语很多时候是将范畴化标记置于左边，这与法语语法是典型地将修饰语后置于名词的情况相一致。比如，词素 garde 是"防卫、保卫"的意思，它被用来指称从事保卫工作或类似特征的人或物，将之归纳到具有防卫或防护性质的人或事，如：

> garde forestier"护林员"、garde corps"栏杆"

---

① 　这些词基本上算是"中性"词，即性别的无标记词。在这里"man"一词已经发生某种程度的语法化，部分失去了性别的特征。如果要特指女性的话，则需将 man 改成 woman，变成有标记词。

garde-manger"储藏室"、garde-voie"巡路人"、garde-boue"挡泥板"

法语的 droit 是"权、法"的意思,它常被用来指称法律或权益类名词,被范畴化为强制执行的行为规范体系,如:

droit civil"民法"、droit bancaire"银行法"、droit social"雇佣法"droit fiscal"税法"、droit pénal"刑法"、droit cambial"外汇法"

侗台语族中很多语言也经常采用自由词根组合的方式来构词。其词法范畴化的手段与法语类似,将标记置于左边,这也是跟侗台语修饰语后置于名词的语法特征密切相关的。如泰语中一个常见的构词法是以 k^hon"人"来组成复合词或词组,这些概念被归入某种职业或从事某种活动的人的次范畴,如①:

k^hon c^háy"服务员"、k^hon k^hàaw"记者"、k^hon klaaŋ"中间人"

具有某种特征的人或者某个民族或某个国籍的人也用 k^hon来对其进行范畴化,如:

k^hon nay"内部人"、k^hon k^hây"病人"、k^hon t^hay"泰国人"

而自由词素 nók"鸟"被用来与别的语言成分组成新词,表示它们属于"鸟类"的次范畴,如:

---

① 本研究采用英文标注法。泰文的拉丁化形式通常有音标标注法(transcription)、转写标注法(transliteration)、罗马标注法(Romanization)、英文标注法(Anglicization),各有优缺点。另外,泰、老语中众多的梵语和巴利语成分与汉语或侗台语的传统调类基本上形不成对应关系,本研究只按引源来标注泰、老语声调。例子中泰、老语例子来自 SEAlang Library 语料库,调号将沿用该语料库的英文标注法。为了方便分析,本研究给所引用的一些例子的词译部分加上了 CN、CL、CT 等符号。这些非引源所标注,特此说明。

nók kêɛw"鹦鹉"、nók yuuŋ"孔雀"、nók kʰǎw"斑鸠"

泰语的 kʰɔɔŋ"物品"是一个可以单用的自由词素[1]，但也经常被用来组成新词，如：

kʰɔɔŋ lên"玩具"、kʰɔɔŋ kin"食物"、kʰɔɔŋ hây"礼物"

老挝语的 mä:k"果实"是用来指称果类名称的标记，是老挝语中名词范畴化中常用的标记，如[2]：

mä:k kîa:ŋ"橙子"、mä:k kia:ŋ"莲雾"
mä:k ko:"柿子"、mä:k kûa:y"芭蕉"

老挝语的 mä:"狗"是个自由词素，常与其他语言成分共现，用来标记犬类范畴的动物，如：

mä: nô:y"小狗"、mä: ɲǔy"长毛狗"
mä: cɔ:k"狐狸"、mä: pā:"狼"

壮语的 mou[1]"猪"常与其他语言成分共现，生成表示某种豚类的复合词或词组，如：

mou[1] ɕa:u[2]"架子猪"、mou[1] la:ŋ[2]"种猪"、mou[1] tu:n[2]"野猪"

壮语名词 ɣok[8]"鸟"的构词能力也很强，很多在汉语中不被直

---

[1] 泰语的 kʰɔɔŋ 在领属结构中被用作已经语法化了的领属标记(GEN)，如：tʰîi-yùu kʰɔɔŋ pʰǒm(住址_GEN_我)"我的地址"；pʰîi-cʰaay kʰɔɔŋ pʰǒm(哥哥_GEN_我)"我的哥哥"(SEAlang 2019)。

[2] 老挝语的罗马化标注基本上也采用 SEAlang Library 语料库的标注方法，除非有特别说明。

呼为"鸟"的禽类在壮语里也被归类为"鸟"的范畴①, 如：

ɣɔk⁸keu⁵"八哥"、ɣɔk⁸fek⁷"鹧鸪"、ɣɔk⁸en⁵"燕子"

布依语的 zin¹ 本义是"石头", 一些常用词用 zin¹ 来构词, 将其归纳到具有某种特定特征的"石头类"范畴, 如：

zin¹pɐu⁴"鹅卵石"、zin¹pja¹"岩石"、zin¹sɔm³"白矾"

布依语的自由词根 fai⁴"树"被用来作为树名的构词成分, 指称属于树范畴的植物, 如：

fai⁴ɕa²zak⁸"漆树"、fai⁴ɕa²"茶子树"、fai⁴ɕit⁷"大叶榕"

侗语与壮语和布依语类似, 也是常用相同的手段来构词, 如自由词素 pa¹"鱼"被用来构成复合词表示这些名词属于鱼类范畴：

pa¹hat⁹"咸鱼"、pa¹mai⁵ʹ"鲜鱼"、pa¹mjəi⁴"鲤鱼"

(引自：欧亨元 2004；Hudak 1999)

另外, 侗语也是使用类似于布依语的方法将常用词素 mai⁴ "树"与其他语言成分组合来构成新词, 主要用来标记乔木类植物范畴, 如：

mai⁴pen⁶"杉树"、mai⁴sa:u⁶"枣树"、mai⁴sɔŋ²"松树"

_____

① 这些词在汉语中不被视作"鸟"类范畴并不表示其所指不属于鸟类。自然语言中的民俗分类法和科学分类法是两种不同的分类系统。详情见第五章的民俗分类法与科学分类法。

水语的 tsa:k^7 是"鞋"的意思,常用作黏附词根与别的语言成分构成新词,将之纳入"鞋"的范畴,如:

tsa:k^7 mai^4"木拖鞋"、tsa:k^7 na:ŋ^3"草鞋"、tsa:k^7 pi^2"皮鞋"

水语 na:n^4 的词义是"肉",它可与其他语言成分共现,用来标记各种肉类范畴的名词,如:

na:n^4 fa^2"羊肉"、na:n^4 ma^1"狗肉"、na:n^4 thu^5"兔肉"

毛南语的自由词素 ʔma^1"菜"跟其他语言成分共现,用来指称可食用类的多叶植物,如:

ʔma^1 khɔŋ^1"芹菜"、ʔma^1 pɔ^1 sa:i^5"菠菜"、ʔma^1 pu:m^1"苋菜"

毛南语的 ɦu^4 意为"米",在构词中经常用来指称各种生产稻谷、玉米等谷类的植物,将之划归禾本类作物范畴,如:

ɦu^4 lja:ŋ^4"高粱"、ɦu^4 wa:ŋ^2"玉米"、ɦu^4 ʔja^5"水稻"

拉珈语的 kou^3 可以标记禾本作物,同时也指称煮熟了的"饭",所以它是对类似于生熟谷物进行范畴化的标记,这与泰语、壮语、侗语等的"禾本植物、谷物、饭"范畴类似,而与毛南语、黎语、临高话等则不同,比如毛南语的"谷物"是 ɦu^4,而"饭"是 u^5,临高话的"谷物"是 ŋau^4、lɔp^8 等,"饭"是 fia^4。具体例子如下:

拉珈语:

<u>kou^3</u> kju^1"玉米"、<u>kou^3</u> kok^7"稻谷"、tsen^1 <u>kou^3</u>"吃饭"

泰语：

k^{h}âaw p^{h}ôot"玉米"、k^{h}âaw nĭaw"糯米"、kin k^{h}âaw"吃饭"

壮语：

hau^4 ja:ŋ^2"玉米"、hau^4 ɕit^8"糯米"、kɯn^1 hau^4"吃饭"

毛南语：

ɦu^4 wa:ŋ^2"玉米"、ɦu^4 da:i^2"糯米"、na^4 u^5"吃饭"

临高话：

mek^8 fan^1"玉米"、ŋau^4 nak^7"糯米"、kɔn^1 fia^4"吃饭"

　(引自：中央民族学院少数民族语言研究所第五研究室 1985)

黎语：

tsɯ^2 lu:k^9"玉米"、mu:n^3 ka^3"糯稻"、la^2 tha^2"吃饭"

(引自：欧阳觉亚、郑贻青 1980)

拉珈语的自由词素 at^7 jen^4 用来指称兄弟姐妹的"同胞"范畴，在此范畴下再根据性别和长幼，分别附加上 kje:i^1（男）、kjã:u^3（女）、bok^7（长）、kjai^3（幼），分别表示兄、弟、姐、妹。例子：

at^7 jen^4 kje:i^1"兄弟"、at^7 jen^4 kjã:u^3"姐妹"
at^7 jen^4 bok^7 kjei^1"哥哥"、at^7 jen^4 kjã:u^3 bok^7"姐姐"
at^7 jen^4 kjai^3 kjei^1"弟弟"、at^7 jen^4 kjai^3 kjã:u^3"妹妹"

拉珈语表示"同胞"意义的 at^7 jen^4，外延经常扩大，用来指称"亲戚"。这种情况与很多侗台语言类似，比如壮语的 pei^4 nu:ŋ^4、毛南语的 va:i^4 nuŋ^4 等的本义是"兄弟姐妹"，但根据语境也可扩展到指称"兄弟姐妹情分"或者"亲戚关系"，多数情况下主要是指称相同辈分的亲戚关系。

仡佬语的范畴化策略与多数侗台语类似,也是高层次的范畴化标记置于左边,如 $xɒn^{13}$(工匠范畴)、ti^{31}(乔木范畴),而低层次的范畴化标记置于右边(语义层次具体分析见第 4.4 节),如将 $xɒn^{13}$ 和 ti^{31} 分别用作"人"和"树"的范畴标记:

$xɒn^{13}e^{33}$"石匠"、$xɒn^{13}qɑ^{13}$"皮匠"、$xɒn^{13}tɛ^{33}$"木匠"

$ti^{31}lie^{55}se^{33}$"椿树"、$ti^{31}mu^{31}$"杉树"、$ti^{31}tsuŋ^{53}$"棕树"

(引自:张济民 1993)

茶洞语的 $məm^4$ 和 ma^3 分别是"鱼"和"菜"的意思,它们可以与其他语言成分共现,组成指称"鱼类"和"蔬菜类"范畴的词,如:

$məm^4ço^1$"干鱼"、$məm^4pjai^2$"鲤鱼"、$məm^4tʰu^2$"鲫鱼"

$ma^3çu^1$"青菜"、ma^3jim^1"苋菜"、ma^3kak^8"芥菜"

(引自:王怀榕等 2016)

上述的分析表明,名词的范畴化方法可以有多种,既有汉字形旁的文字结构的范畴化加工,也有词汇修饰或限定的范畴化加工。采用在句子中可独立运用的自由词素与其他语言成分共现的方式可以组成名词的次范畴,以这类自由词素所组成的结构属于开放性的结构,不少这类结构内部的关系较为松散,甚至有时候可在某些结构中加入类似于"的"(汉语)、of(英语)、de(法语)、$kʰɔ̌ŋ$(泰语)、tu^6(壮语)之类的领属性语言成分。所以,由此种自由语素构成的很多词具有较大的灵活性,有的接近于短语,甚至在构词时具有较强的句法自由度。

2.2.2.2 黏附词素范畴化策略

另一种范畴化手段则是采用黏附性词缀或黏附性词根的策略

来对一个语言成分进行范畴化,从而构成新概念。这类范畴化标记的语法化程度相对来说较深,它们在很多情况下失去了原来的许多词汇意义,而变成了仅作为构词成分的黏附语素。与上述所描述的用自由语素与其他语言成分构词所不同的是,这种范畴化策略属于词内范围的范畴化加工。如汉语中可以用黏附性词缀"阿""老"等这类语言成分与其他成分组合成新词,用来指称具有某种亲密联系的人,常见或常提到的动物,组成一种带有亲近意义的称谓范畴。比如以"阿"字组成的称谓系统多数是指称类似于家庭或家族中的一员,有时还扩展到指称所养的宠物:

阿爸、阿妈、阿公、阿婆、阿伯、阿叔
阿贵、阿牛、阿三、阿囡、阿黄、阿黑

以黏附词缀"老"字所构成的称谓范畴除了有时与"阿"范畴有重合外,很多时候用来称呼或指称朋友、身边熟人、职务,指称动物时主要涉及经常提及或与人距离较近的动物,而其他相对来说较少出现在口语中的动物很多并不被归入"老"的范畴,如不说"*老狮""*老象""*老豹"等,其他具体的制约因素还有待探讨,如:

老妈、老李、老师、老乡、老行家、老家伙
老鼠、老狼、老虎、老鹰、老雕、老鸦

也可用词尾与其他语言成分组合来指称具有某种特点或从事某种职业的人,范畴化为某种"施事者"。

以黏附成分"者"字组成的词通常指称从事某种活动的行为者或具有某种特征的人物,如:

记者、读者、长者、笔者、编者、学者

劳动者、消费者、旅游者、目击者、告密者

汉语的"手"字亦为黏附性成分,如独立运用的话则表示人体部位,而作为黏附性成分的话则不表示身体部位,由它组成的词通常指称竞赛、表演等需要专业技能的专职施事者,而不是指称人体部位。与上述的"阿""老"黏附性词缀不一样的地方是它起到了一个黏附性词根的作用。实际上,它已经发生了语义的转移,变成"具有专业技巧的施事者",在结构中处在语义中心的位置,如"猎手""射手"的语义指向不是有关行为"猎""射",而是指向"手",如:

猎手、射手、箭手、枪手、炮手、狙击手
旗手、水手、舵手、骑手、杀手、歌手

汉语中还有一些黏附性词根,其功能主要是与其他语言成分组合来构成新词,这些黏附性词根一般不独立出现在论元位置,如"鸦""雀""豚""禽"等。所谓"黏附"性词素就是不能独立运用为词的语言成分,它们只是用来构词的一种语言成分,比如英语stepmother"继母"中的 step-,如将其单用时就不是 stepmother 中的原义了(Trask 1997:32;Matthews 1997:41)。下面是汉语中常见的以黏附性词根构成的一些词:

乌鸦、寒鸦、黄鸦、麻雀、孔雀、山雀
江豚、海豚、河豚、家禽、飞禽、水禽

这些例子中的现代汉语词根通常只是构词成分或成语的一部分,不自由运用在一般句中或短语中,如:老鸦(通常不说"*小鸦")、涂鸦(通常不说"*刻鸦")、鸦雀无声(通常不说"*鸦和雀都不出声")。它们起到了名词范畴化的作用,将某个事物标记为某类动物。

像英语这样的印欧语,其范畴化手段经常见于派生造词法,例如以-er词尾来表示某种职业或某种施事者,如:

cleaner"清洁工"、driver"司机"、farmer"农民"、teller"出纳"
boiler"锅炉"、cooler"冷却器"、lecturer"讲师"、opener"起子"

另一个经常用来进行范畴化加工的范畴化标记是词尾-ist,一般用来表示某种具有较高造诣的人,有时也用来泛指某种施事者,如:

artist"艺术家"、scientist"科学家"、chemist"化学家"
pianist"钢琴家"、botanist"植物学家"、tourist"游客"

英语中的阴性名物化标记-ess被用来表示从事某种职业或具有某种性质的女性,或者用来标记雌性动物(如原来具有阳性特征或无标记的词以-ter或-tor结尾的话,则用-tress来转换),如:

actress"女演员"、arbitress"女仲裁人"、waitress"女侍者"
huntress"女猎手"、tigress"雌虎"、lioness"母狮"

部分主张性别平等的女性对类似于actress这类带有性别标记的词持不认可态度,认为这类词具有贬低女性职业者的含义。她们倾向于用actor称呼自己,而不接受actress这个词,因为好像她们的出名只是靠浓妆艳抹、短裙高跟鞋,而不是靠的演技。但这个词用在类似奥斯卡的颁奖仪式上还是可以接受的,如:"The best actress is ..."(最佳女演员是……)。

上述第二章第2.2.2.1节提到的英语的自由词素man在一些情况下也会进一步虚化,其功能接近黏附性词根。就是说,以man所构成的语言成分可以介于短语和复合词之间,有时像短语,而有时则更接近词,意为"某种人",其"男性"的词汇意义已经减弱,变成了一个构词成分,如下列这些词并非特指"男性人类",而是可兼指男性或女性,甚至非人类的用具等,如:

> freshman"一年级学生"、deskman"坐班者"、fireman"消防员"
> walkman"随身听"、braceman"井口把钩"、chessman"棋子"

用来强调这类词的"性别"的标记性表述方法是将 man 替换为 woman,如 chairwoman"女主席"、spokeswoman"女发言人"、firewoman"女消防员"等。

类似于这些黏附词素的标记方法也常见于侗台语言的范畴化策略中。比如泰语经常使用 nák、pʰûu 等来表示某种施事者,将其用作范畴化标记。但是,侗台语的这类黏附性成分与英语的"in-""un-""-er""-ist"等并非同一类性质的语言成分,它们并非词缀,而是属于黏附性词根,在相关结构中起着中心语的作用(关于壮语类别词的中心语性质见第八章有关"词头"的讨论)。这些黏附性词根与上述所分析的可以自由运用的自由词根 pʰɔɔ、mɛ̂ɛ 等一样,常被用来组成新的概念。pʰûu 用来指称从事某种职业或具有某种特点的人,是名词中"人类"次范畴的一个重要范畴化标记,如:

> pʰûu bɔɔ.ri hǎan"执行者"、pʰûu jàt kaan"经理"、pʰûu cʰûay "助手"
> pʰûu sa màk"候选人"、pʰûu yǐŋ"女子"、pʰûu ˈtaay"死者"

黏附语素 nák 也常用来表示名词中具有某种特征或从事某种职业的人的次范畴,如:

> nák rian nɔ̀ɔk"留学生"、nák kʰǐan"作家"、nák kʰàaw"记者"

nák tên ram"舞者"、nák sa dɛɛŋ"表演者"、nák leeŋ lâw"嗜酒者"

其他的一些自由词素在很多情况下发生了不同程度的虚化，变成了名词的次范畴标记，如 pʰɔɔ(父)用来标记"施事者"，mɛ̂ɛ(母)用来标记"源头、主管、施事者"、lûuk(儿)用来标记"附属者、部件"、núa(肉)用来标记"成分、质地、生物组织"等。

另外，从这些例子中可看到，侗台语族语言虽然也用类似于英语、汉语的黏附词素来构词，但是，侗台语的这类范畴化标记的语义和语法角色是词或短语的语义中心和语法中心(见第4.3节)。

老挝语的 mē: 被用来标记名词中从事某种职业或具有某种特征的"女性"施事者或职业，如：

mē: kʰâ:"女商人"、mē: kʰǎ:o"尼姑"、mē: kʰú:"领唱者"、mē: kʰúa:"女厨师"

这个词素也被用来标记雌性动物，如：

mē: pʰɔ̀:ŋ"蜂王"、mē: ná:ŋ"雌性幼兽"、mē: kāy"母鸡"

老挝语的 nāk 的用法与泰语相似，也是用来指称从事某类活动或某类职业的人，如：

nāk hɔ̂:ŋ"歌手"、nāk hí:an"学生"、nāk le:ŋ"赌徒"、nāk rōp"战士"

类似的词法范畴化手段也常见于壮语中，如北部方言中表示"人"的黏附成分 pou⁴，该语言成分与泰语的 pʰûu 类似，也是一个指称从事某种职业、某种活动或者具有某种特征的人的范畴化标记，只是其自由度比泰语的 pʰûu 要大些，如：

pou⁴ pa:m²"凡人"、pou⁴ ɕaɯ³"主人"、pou⁴ ɕiŋ⁵"证人"

pou⁴ ɕaɯ⁴"买主"、pou⁴ piŋ¹"军人"、pou⁴ pu:n⁵"小贩"

壮语的动物性范畴化标记是 tu²,用它构成的名词属于某类动物的次范畴,如:

tu² peu⁵"豹子"、tu² ɕen⁶"豪猪"、tu² liŋ²"猴子"

tu² puk⁷"白蚁"、tu² kja:u¹"蜘蛛"、tu² rɯi¹"蜜蜂"

壮语的植物性范畴化标记是 ko¹,包括乔木和草本植物,通常属于"植物植株"范畴的实体被指称为 ko¹,如:

ko¹ pek⁷"柏树"、ko¹ puk⁸"柚树"、ko¹ ɕat⁷"漆树"

ko¹ ɕəŋ⁶"蓖麻"、ko¹ ta:u¹"桄榔树"、ko¹ kjɔi³"芭蕉树"

布依语中与泰语的 pʰûu、壮语的 pou⁴ 相应的范畴化标记是 pu⁴,它指称从事某种职业或具有某种特征的人,如:

pu⁴ kuə⁶ ka⁴"商人"、pu⁴ kuə⁶ meu²"农民"、pu⁴ piŋ¹"兵家"

pu⁴ ɕak⁸"土匪"、pu⁴ pɯə⁵"强盗"、pu⁴ sa:i¹"男人"

布依语的植物性范畴化标记也是 ko¹,用来指称植株范畴,乔木、禾本植物、蔬菜类植物都被归入这个范畴,如:

ko¹ zi²"榕树"、ko¹ xa²"茅草"、ko¹ xau⁴"稻子"

ko¹ pjɐk⁷"菜秧"、ko¹ tɕoi³"芭蕉树"、ko¹ va:i⁵"棉花树"

侗语中的 la:k¹⁰原义为"子、儿",后来发生语义的扩展,用来指称"人"这个范畴中年龄较小的次范畴,如:

la:k¹⁰ȵi⁴"男青年"、la:k¹⁰mjek⁹"女青年"、la:k¹⁰un⁶sa:ŋ⁴tu²"牧童"

la:k¹⁰la:ŋ⁶"私生子"、la:k¹⁰sa:u⁴"女婿"、la:k¹⁰un⁶tok¹⁰le²"学生"

la:k¹⁰也可用来指称成年人或拟人化的超自然物,而不单只是用来指称孩子,如:

la:k¹⁰pa:n¹"男人"、la:k¹⁰pja³"雷公"

侗语的la:k¹⁰在很多语境中发生较大的语义扩展现象,该语素经常用来跟其他语言成分组成新词,分别指称"动物""植物""身体部位""非生命体"等范畴。这些词所表示的实体往往是与"后代"或者具有三维空间特征的团状物体有关的东西。如:

a)动物范畴

la:k¹⁰a:i⁵"小鸡"、la:k¹⁰kwəi²"水牛犊"、la:k¹⁰lje⁶"羔羊"

la:k¹⁰məu⁵"蝌蚪"、la:k¹⁰ja:u⁶"蛹"、la:k¹⁰mui⁶"蚕虫"

b)植物范畴

la:k¹⁰lut⁹′"羊奶果"、la:k¹⁰ŋo²"栀子"、la:k¹⁰au⁴"禾苗"

la:k¹⁰lja:n⁶"辣椒"、la:k¹⁰man²"红薯秧"、la:k¹⁰ja:n⁵′"丝瓜"

c)身体部位范畴

la:k¹⁰ȵən²"瞳仁"、la:k¹⁰taŋ¹miu²"小拇指"、la:k¹⁰taŋ¹ȵi²"食指"

la:k¹⁰taŋ¹səi⁵"无名指"、la:k¹⁰taŋ¹ta⁵"中指"、la:k¹⁰taŋ¹"手指"

d)非生命体范畴

la:k¹⁰ɕa³′"纱锭"、la:k¹⁰pa²"耙齿"、la:k¹⁰ɕok⁷′"星宿"

另外,mai⁴本义为"树",它一般是与其他语言成分共现,构成标记"树木类"的范畴,如:

mai⁴a:u⁶"桑树"、mai⁴ja:u¹'"枫树"、mai⁴jai²"梨树"、mai⁴pen⁶"杉树"

mai⁴tui¹"李树"、mai⁴sa:u⁶"枣树"、mai⁴soŋ²"松树"、mai⁴thət⁹"漆树"

（引自：梁敏、张均如 1980：28；欧亨元 2004：

129；Hudak 1999：158）

但是，mai⁴也发生了语义的扩展，被用来广泛指称以木头为材料的长条形的物件，转而指称呈枝条状的身体部位，似乎构成一种"条形物"范畴，甚至被用来构成比较抽象的新词，如：

a) 条形物

mai⁴toŋ²"木头"、mai⁴eu¹'kuŋ¹"鼓槌"

mai⁴mjeŋ⁶"鞭子"、mai⁴hoŋ²ɬi⁵"玉米秸"

b) 身体部位

mai⁴mja²"大拇指"、mai⁴tin¹"脚拇指"

c) 抽象事物

mai⁴ɬa:n¹"生活"、mai⁴lja:ŋ¹"爱情"

mai⁴hu³'"苦处"、mai⁴lai¹"优点"

（引自：梁敏、张均如 1980：28）

水语的 ai³ 的语义内容和句法特征跟泰语的 pʰûu、壮语的 pou⁴相当，其用法及功能与毛南语的 ʔai¹接近（见下文）。它一般用来指称某种职业，或者某种活动的参与者，如：

ai³he⁴fa:n⁵"商人"、ai³he⁴ljak⁷"贼"

ai³he⁴loŋ⁵"媒人"、ai³he⁴po⁵"骗子"

水语的 la:k⁸本义为"儿子"或"孩子"，由于它具有[＋幼子]的语义特征，因而被用来标记年轻或年幼的人类范畴，或者被用来指

· 75 ·

称动物的幼崽,同时也用来指称植物的果实。另外,由于它具有[+小]的语义特征,因而被进一步用来指称小型的身体部位或者某些小型工具,如:

a) 年轻人

la:k⁸ hoŋ⁵ po⁴ "牧童"、la:k⁸ ha:u⁴ mai⁵ "新郎"

b) 动物幼崽

la:k⁸ m̥u⁵ "猪仔"、la:k⁸ ma⁴ "马驹"

c) 植物果实

la:k⁸ man³ "李子"、la:k⁸ qa:m⁵ ɬu² "橘子"

d) 身体部位

la:k⁸ mja¹ "手指"、la:k⁸ tin¹ "脚趾"

e) 小型工具

la:k⁸ pa² "耙齿"、la:k⁸ hut⁷ fa:i⁵ "纱锭"

如上所述,毛南语的类别词素 ʔai¹ 与水语的 ai³ 在语义内容和语法功能方面有很多相似点,它被用来标识某种职业或某种活动的参与者,或者具有某种特征的人或神,如:

ʔai¹ tək⁷ ʔa:m⁵ "猎人"、ʔai¹ saŋ⁵ ʔi⁵ "商人"、ʔai¹ hɛk⁷ "客人"
ʔai¹ kwa:n⁵ "熟人"、ʔai¹ ɕjen¹ "神仙"、ʔai¹ wa:ŋ² "皇帝"

毛南语的 zɔŋ² 用来指称植物,它与其他语言成分共现组成的名词被归入"植物"的次范畴,如:

zɔŋ² mai⁴ "树"、zɔŋ² tsha:ŋ³ "桑树"

zɔŋ² wu:m³"蓝靛草"、zɔŋ² la:k⁸ van¹"向日葵"

拉珈语的 lak⁷ 原义为"人",如拉珈人的自称 lak⁷ kja³(人_山林),一般翻译为"山人""住在山上的人"(蓝庆元 2011)。其实译作"森林人"更为贴切,因为 kja³ 在拉珈语中是"森林、山林"的意思。lak⁷ 经常被用来标称"职业",将被其标识的名词划归某类施事者或具有某种特点的人。如:

lak⁷ pok⁷ tshia:u³"厨师"、lak⁷ ta:m⁶ fa:ŋ¹"石匠"
lak⁷ poŋ⁶"笨蛋"、lak⁷ puk⁷ kwε²"瘸子"

(引自:刘宝元 1999)

拉珈语的黏附词素 nam⁵ 通常被用来指称有形的物体,大到山谷,小到鸡蛋,皆可用它作为标记物件的词素。如:

nam⁵ tam³"梭子"、nam⁵ tei²"糍粑"
nam⁵ tie:ŋ²"年糕"、nam⁵ to⁴ no³"陀螺"

(引自:刘宝元 1999)

仡佬语的 mɒ²¹ 本义是"母亲",其词义有时候进一步扩展,用来指称"女性"范畴,甚至进一步虚化,失掉了性别的义素,用来指称鸟范畴、昆虫范畴等,如:

mɒ²¹ sʅ¹³"喜鹊"、mɒ²¹ zɑu¹³"乌鸦"
mɒ²¹ tɕi⁵⁵"蝇子"、mɒ²¹ tsɑŋ¹³ pu⁵⁵"蝉"

(引自:张济民 1993:35 - 36)

仡佬语的 lei²¹ 本义是"儿子、小崽",它经常发生语义外延的扩大,因而可用来指称"年轻人"范畴。如:

lei²¹ len⁵⁵ "曾孙"、lei²¹ mɒ²¹ "姑娘"、lei²¹ pɒŋ⁵⁵ "尼姑"

（引自：张济民 1993：37）

布央语的 ma:k⁰ 原义为"水果"，但也经常发生语义的扩展，用来指称果类、果实或团状物、用具等，如

ma:k⁰ liu¹¹ "橘子"、ma:k⁰ va¹¹ "牛奶果"

ma:k⁰ qa:ŋ²⁴ "下巴"、ma:k⁰ qou⁵⁴ "（牛）角"

ma:k⁰ ɕa:p¹¹ "铡刀"、ma:k⁰ qhi⁵⁴ "禾剪"

（引自：李锦芳 2000：37－38）

布央语的 puo⁰ 意思是"人"，用来作为具有某种特点的"人"的范畴标记，如：

puo⁰ ɕuə¹¹ "仆人"、puo⁰ qha:ŋ⁵⁴ "乞丐"

puo⁰ qɛŋ²⁴ "跛子"、puo⁰ ŋan¹¹ "聋子"

茶洞语的 la:k⁸ 原义为"子女、果实"等，因其"小"的特征，它常被用来指称"年轻人"范畴，如：

la:k⁸ hau² seŋ¹ "男青年"、la:k⁸ tθo¹ "女青年"

la:k⁸ bi:k⁸ ti⁵ "小女儿"、la:k⁸ tθa:u⁴ "女婿"

茶洞语的 ni² 原义为"母亲、雌性动物"，也可用来指称动物或昆虫的成虫，如：

ni² kwai² "青蛙"、ni² nan² "头虱"

ni² ŋa:ŋ² "虾"、ni² pe⁴ "蛔虫"

（引自：李锦芳 2001：67）

从上述分析可看到,语言的造字领域和造词领域都存在范畴化加工的策略,汉字的偏旁可以是造字领域的范畴化标记,单词或词组中的黏附语素也可以是造词领域的范畴化标记。人们组建汉字或描述事物的过程就是一种范畴化的过程。本章的分析表明,名词的次范畴可以采用黏附成分来标记。这些具有不同句法自由度的语言成分经常与其他语言成分共现,从而形成以语义为基础的词族。虽然很多黏附语素可能来自可自由使用的词素,但是它们在很大程度上已经虚化成构词成分,并不一定表示原始意义,而是被用作名词的次范畴标记。

第三章

侗台语名词次范畴与聚合关系

名词范畴化，通俗来说就是对名词进行再分类。世界语言的名词范畴化手段主要是语义和语法两方面，以语义对名词进行范畴化加工或称编码的话，所采用的手段可以从词法层面进行，也可以在句法层面进行，或者同时从这两个层面进行次范畴化加工。

3.1 组合关系和聚合关系与名词范畴化

名词次范畴化策略实际上与索绪尔的聚合关系密切相关。索绪尔(Saussure 1960)有关"组合关系"(syntagmatic relationship)和"聚合关系"(paradigmatic relationship)的理论为名词范畴化策略的研究提供了坚实的基础。这两种关系互相交叉，形成纵横两个轴。横轴是组合关系，比如语言序列的句法关系，它是一种哪种直接成分与哪种直接成分可共现的制约关系，如英语的hit(击打)和kick(踢)需要和后面的体词性成分共现，而sleep(睡觉)和doze(瞌睡)则无须受到此种制约；语言系列a fiction book(一本虚构的小说)是可接受的序列，而 *a fiction music(一个虚构的音乐)则是不可接受的序列。纵轴是聚合关系，比如词与词之间的语义关系，是同一个语义场的语言成分的归档关系，如汉语的"语文""数学""物理""化学"等就是一种聚合关系；"牛""马""狗""猫"等是另一种聚合关系。同一种聚合关系的语言成分在句子中可以相互代替。名词次范畴化加工是一种聚合关系的实现手段。最初索绪尔是将聚合关系称作associative relations，即联合关系或联想关系。其实聚合关系就是一个句子里各成分的"类"的关系,即在一个语言结构中,看到其中的某个语言成分,会联想到另一个语言成分,并用它来替换现有的成分而构成新的句子。简言之,聚合关系在语言学上其实就是指在结构的某个特殊位置上可以相互替代的成分之间的关系。同一聚合关系的语言成分只受句法关系限制,而语义因素不在考虑范围之内。所以,索绪尔的聚合关系就是有同样句法特征的符号之间的替换关系。但处于索绪尔的聚合关系中的语言成分只具有共同的句法特征,在语义上不一定能互相替换。虽然他的句法聚合关系是句法的分类,而侗台语类别词名词范畴化加工是语义分类。但它们之间除了有一定区别外,还具有一定的共性。其不同之处是索绪尔的聚合关系是对同一句法特征的语言成分的范畴化,而侗台语的名词范畴化加工则指的是同一范畴的名词在语义上所呈现的共性。侗台语族的这种名词范畴化加工手段可涉及句法和词法维度的制约关系,如泰语的 <u>nák</u> rian(CT:者_学习)"学生"所选择的词法范畴化标记是 nák,而不能选择 tua,如 *<u>tua</u> rian(CT:动物_学习)。这是因为在聚合关系中,以词法标记 nák 指派的词属于[+人类]范畴,如 <u>nák</u> kʰĭan"作家"、<u>nák</u> kʰàaw"记者"、<u>nák</u> tên ram"舞者"等,他们同属于一个聚类;而以词法标记 tua 指派的词属于[+动物]等范畴,如 <u>tua</u> malɛɛŋ"虫子"、<u>tua</u> nɔ̌ɔn"蠕虫"、<u>tua</u> pʰɯ̂ŋ"蜜蜂"等,它们属于另一个聚类。同样道理,在句法维度也存在类似的组合关系的制约,如 kʰon ŋaan(CN:人_工作)"工人"所选择的句法标记是 kʰon,例如:

(1) kʰon　　ŋaan　săam　kʰon
　　 CN:人　工作　三　　 CL:人
　　 "三个工人"

而不能是 bai,因为以句法标记 bai 修饰的主要名词属于[+片状物/＋容器]等范畴,它们属于同一聚类(有关原型词 bai"叶子"语义扩展至"容器"等范畴的情况,见第 6.1.1 节),例如:

（2）baitɔŋ　　sǎam　　bai
　　　芭蕉叶　　三　　　CL：叶子
　　　"三张芭蕉叶"

（3）cʰaam　　sǎam　　bai
　　　碗　　　三　　　CL：叶子
　　　"三个碗"

（4）kʰùuat　　sǎam　　bai
　　　瓶子　　　三　　　CL：叶子
　　　"三个瓶子"

　　组合关系的规则不允许已被指派为人类范畴的成分又被指派为非人类的物体范畴,例外的情况是有些表示人类范畴的词法标记已经虚化为非人类范畴,此时其句法范畴标记也相应地选择为非人类范畴(见第 6.1 节)。所以,像例(5)的说法是不可接受的:

（5）*nák　　　rian　　sǎam　　bai
　　　CT：_者　学习　三　　　CL：叶

　　而所有以句法标记 kʰon(CL：人)所限定的名词或词组属于[＋人类]范畴,他们属于同一聚类,例如:

（6）kʰon　　kʰàp　　rót　　sǎam　　kʰon
　　　CT：人　驾驶　车　三　　　CL：人
　　　"三个司机"

（7）cʰâaŋ　　　tàt　　pʰǒm　　sǎam　　kʰon
　　　CT：工匠　剪　头发　三　　　CL：人
　　　"三个理发师"

(8) naay　　　　　$p^h\hat{\varepsilon}\varepsilon t$　săam　k^hon
　　CT：主人/老板　医生　三　　CL：人
　　"三个医师"

侗台语族语言的名词范畴化策略就是一种在词法层面和句法层面上都可对名词的类别从语义上进行聚类的系统,范畴化标记与相关的名词之间的选择关系受到索绪尔的组合关系的制约。

艾肯瓦尔德(Aikhenvald 2000：19)认为,"名词性类"(noun classes)是一种语法呼应系统,呼应是通过名词以外的名词短语或谓语来实现的,并且与具体的语义相关,如性别、有灵性、生命性、形状、尺寸等。迪克森(Dixon 1986)、艾肯瓦尔德(Aikhenvald 2000)等的"名词性类"涵盖了名词范畴化加工在词法维度和句法维度的策略。类别名词、类别词素在名词范畴化策略及其在侗台语族语言中的表现方式多数属于词法维度的名词范畴化策略,而类别词在侗台语族中则属于句法维度的名词范畴化策略。然而,正如上文所述,这几种策略之间并非毫无相关性,它们之间存在着重叠交叉的关系,构成了一个连续统。

所谓的名词性类,指的是名词所属的次范畴。一个名词因为其所指的某个特征,比如性别、雌雄、生命性、外形等,而属于某一个性类。但名词被划归为这个或那个类往往是约定俗成的,有很多分类已经不反映这些语义,而只反映它们的语法特征,所以艾肯瓦尔德(Aikhenvald 2000)等指出,实际上很多语言中的名词性类被称为语法性类(grammatical classes)更为合适。她认为名词性类一般有三种划分准则：一是根据它们意思的相似性,即语义准则;二是根据它们形式的相似性,即形态准则;三是根据约定俗成的规定,即传统准则。名词性类系统最重要的特征是语法呼应。呼应方式可包括名词短语内部的形容词、代词、数词等的词缀的呼应,动词词缀的呼应,名词词缀的呼应,名词短语中某个词的呼应。当一种语言的名词性类是通过其他词类来显示的话,则该语言具有语法性类。屈折语经常通过形态变化来实现名词性类的呼应,而非屈折语言则往往通过名词类别词来实现。正如前文所述,在侗台语族语言中,名词性类的区分的典型手段采用的是名词范畴化策略,这种范畴化加工主要是通过两个维度来实现,一是词法维度,二是句法维度。词法维度的范畴化发生在词内,属于构词范畴,所涉及的语法算子是词法范畴化标记,而词法维度标记根据其句法自由度分为类别名词和类别词素;而句法维度的范畴化发生在更高的句法层次,所涉及的语法算子是句法维度的范畴化标记,这类标记就是类别词。本章各小节将对这些语言成分加以描述和分析。

3.2　词法维度范畴化标记

3.2.1　自由词素范畴化标记

要研究名词范畴化策略就不能忽视自由词素,这类语言成分就是由上文所说的自由词根所担任的类别名词(class noun)。如第2.2.2.1节所述,它指的是某一些具有共同语义及构词特征的词共同使用一个名词来标记。同一类词中共有一个语素,构成了具有共同语义场的词族,即语义词族。这些词是范畴化以后的结果,其结果得到的是名词和名词短语。比如英语中的语言成分"-berry""-car"分别将名词标记为各种意义上多汁的小型果实、某种运输工具,如 raspberry"木莓"、blackberry"黑莓"、pineberry"菠萝莓"、strawberry"草莓"、waxberry"杨梅"、buffaloberry"水牛莓"、dingleberry"红果莓"、farkleberry"臼莓"、honeyberry"蜂蜜莓"、mulberry"桑葚"、thimbleberry"顶针莓"、snowberry"白浆果"等和 horsecar"马车"、motorcar"汽车"、handcar"手摇铁轨车"、minicar"微型车"、streetcar"城市轨道车"、stockcar"家畜用车"、tramcar"有轨电车"、sidecar"边斗"、mailcar"邮车"、flatcar"平板货车"等。英语的 berry 和 car 自由度较高。由它组成的复合词属于开放性结构,性质介于词和短语之间。所以这类范畴标记在句法上仍属于名词。另外,如汉语的"车""牛",它们也经常用来与别的语言成分组合而形成一个广泛的词族,如吉普车、装甲车、油罐车、敞篷车、脚踏车、通勤车、闷罐车、客车、轿车、警车、缆车、电车、吊车、班车、风车、纺车、餐车、铲车等和黄牛、水牛、犀牛、牦牛、海牛、乳牛、母牛、公牛、耕牛、肉牛、菜牛、牯牛、斗牛等。汉语的"车""牛"等是可以自由运用的名词,只是它们经常被用来标记被视作"运输工具""牛类"的物体或动物。

侗台语族语言所进行的名词范畴化加工过程中采用的各种词法范畴标记的句法自由度有所不同,根据艾肯瓦尔德(Aikhenvald 2000)等的分类方法,自由度大的范畴化标记属于类别名词(class noun),而自由度小的属于类别词素(class term)。如泰语的 pʰɔɔ"父亲"的句法自由度大,因而属于类别名词,因为它既可与其他语言成分组合,组成表示受人尊重的某类男性词族,如 pʰɔɔ mót(CN: 父亲_巫术)"巫师"、pʰɔɔ kʰáa(CN: 父亲_做生意)"商人",也可单独出现在句子中,独立担当句中的论元成分,如例(9)所示:

(9) pʰɔɔ   tɔɔp   wâa   mây   sâap
    父亲   回答   说   不   知道
    "父亲回答说不知道。"

而 pʰûu"者"的句法特征则更倾向于类别词素,因为相对于 pʰɔɔ 来说,pʰûu 较少自由出现在句子中,独立用作论元成分较为罕见,一般只作为构词成分,如 pʰûu àan(CT: 者_读)"读者"、pʰûu kʰǎay(CT: 者_卖)"卖主"等,例外情况只出现在一些特殊句型中,被用作体词短语的中心成分再次出现在句子中,如 pʰûu 被指示词 níi"这"、nán"那"或数词 nɤ̀ŋ"一"修饰时,它们可以出现在主语或宾语位置(其他 pʰûu 自由运用的情况见第 3.2.2 节),

例如：

(10) kʰâa　mây　cʰɔɔp　kʰon　pʰûu　níi
　　 我　　不　　喜欢　 人　　CL：人　 这
　　 "我不喜欢这个人。"

　　但是，如前所述，类别名词和类别词素之间其实也是一个连续统，其中有很多中间类型。这两种词素都可与其他语言成分共现而构成以语义相似性为基础的名词词族或者具有共同语义特征的名词短语。下面对一些侗台语族语言以自由词素作为范畴化分类的实例做详细分析。

　　那些既可用作名词范畴化标记又可用作独立运用的自由词素被称作"类别名词"(class noun)。类别名词(以下标注为 CN)与其他语言成分结合的这种构词法在泰语中较为普遍，如 kʰon tʰay "泰国人"、kʰon nay "圈内人"、kʰon taay "死人"、naaŋ sǎaw "小姐"、naaŋ fáa "仙女"、naaŋ ra bam "舞女" 等是由自由语素 kʰon、naaŋ 构成的，其中的 kʰon(CN：人)和 naaŋ(CN：女性)都是自由语素，皆可独立接受指示词、数词等的修饰。但是它们经常作为构词的一部分，出现在词或词组内部的左侧，其限定成分位于右侧，起到了范畴化标记的作用。类似的成分有时候也发生某种程度的虚化，用来指称某种"职业"，它与其他词类，如名词、动词、形容词等共现而构成新词，将其标记为某种"职业者"，在语义的范畴化加工中起到一个范畴化标记的作用。

　　泰语的 cʰâaŋ 是在南北类型的侗台语中都很常见的一个词。该词可能是借自汉语的"匠"，但它在泰语中的构词能力似乎比汉语的"匠"要强一些，如修理工、铁匠、画工、裁缝等。在汉语中它主要用来指称自学成才的匠人，而在泰语中它所指称的职业范围似乎要广一些，可以是自学成才的，也可以是体制训练出来的某种技术员，例如：

(11) cʰâaŋ   pʰâap
    CN：匠　图像
    "摄影师"

(12) cʰâaŋ   fay   fáa
    CN：匠　火　天
    "电工"

(13) cʰâaŋ   pʰim
    CN：匠　印刷
    "印刷工"

(14) cʰâaŋ   sɔ̂ɔm
    CN：匠　修理
    "修理工"

泰语的范畴化标记 naay"主人／老板"可跟其他语素构成从事某种职业的人,主要是指称较为体面的职业者,例如:

(15) naay   pʰɛ̂ɛt
    CN：主人／老板　医生
    "医师"

(16) naay   jâaŋ
    CN：主人／老板　雇佣
    "老板"

(17) naay   tʰa hǎan
    CN：主人／老板　军人
    "军官"

(18) naay   rɯa
    CN：主人／老板　船
    "船长"

类别名词 naay 可发生语义扩展,以及虚化现象,使其转化为黏附性词素,变成自由度较低的类别词素,见第 3.2.2 节。

泰语名词 dèk"孩子"被用作类别名词,用来标记幼小或年轻

的人类范畴,如:

   (19) dèk   pʰûu   yǐŋ
        CN:孩子   CT:人 女性
        "小姑娘"

   (20) dèk   pʰûu   cʰaay
        CN:孩子   CT:人 男性
        "小伙子"

   (21) dèk   ɔec
        CN:孩子   幼小
        "婴儿"

   (22) dèk   kam pʰráa
        CN:孩子   孤儿
        "孤儿"

    名词 dèk 也经常发生语义扩展,虚化为黏附性更强的类别词素,表示从事某种职业的年轻人,详见第 3.2.2 节。

    范畴化标记 mêɛ 原义为"母亲",构词中用来指称"从事某种职业/具有某种特征的女性",如例(23)—(26)所示。此处的类别名词 mêɛ 有时候会发生语义扩展,以及虚化现象,使其转化为黏附性词素,也失掉了一些本义(请参见第 3.2.2 节)。

   (23) mêɛ   bâan
        CN:母亲   家
        "主妇"

   (24) mêɛ   mót
        CN:母亲   巫术
        "女巫"

   (25) mêɛ   kʰrua
        CN:母亲   厨房
        "厨娘"

   (26) mɛ̄ː   câːŋ
        CN:母亲   租借

"妓女"

前文提到,泰语的名词范畴化标记 pʰɔɔ,其原义为"父亲",它被用来标记具有一定威望的或者受人尊敬的男性个体,如:

(27) pʰɔɔ　　　kʰrua
　　 CN：父亲　厨房
　　 "厨师"

(28) pʰɔɔ　　　bâan
　　 CN：父亲　家
　　 "男家长"

(29) pʰɔɔ　　　mɯaŋ
　　 CN：父亲　城市/国家
　　 "总督/国王"

(30) pʰɔɔ　　　sɯɯ
　　 CN：父亲　传输
　　 "媒人"

例(27)中的 pʰɔɔ kʰrua"厨师"的同义词 kʰon tʰam kàpkʰâaw(人_做_菜)"厨子"一般是指业余的在厨房里的掌勺人。相对来说,不如"厨师"所包含的敬意多。泰语这里所谓的 kàpkʰâaw"菜"跟现代汉语一样,是与"饭"相对而言的(即粤语中的"餸"),而非植物的"菜"。pʰɔɔ 有时会发生语义的扩展和虚化现象,见第 3.2.2节。另外,kʰon 也可用作类别词(句法维度范畴化标记见第3.3节)。

老挝语的 kʰón 与泰语的 kʰon、武鸣壮语的 vun²、靖西壮语的 kən²、布依语的 vuun²、侗语的 ŋən²、水语的 zən¹、仫佬语的 çen¹、毛南语的 zən¹、拉珈语的 ŋjŭn² 类似,是自由度较强的名词,但它也经常用作表示"人"的范畴标记,例如:

（31）kʰón sóːŋ
　　　CN：人 高
　　　"高个头者"

（32）kʰón lāk kʰɔ́ːŋ
　　　CN：人 偷 东西
　　　"盗贼"

（33）kʰón kʰáp rōt
　　　CN：人 驾驶 车
　　　"司机"

（34）kʰón kʰäi
　　　CN：人 病
　　　"病人"

但是在这些语言中，标记"人"范畴的语言成分比较典型的应该是半黏附性质的聚类语素，如泰语的 pʰûu、壮语的 pou⁴、布依语的 pu⁴、侗语的 muŋ⁴、水语的 ai³、毛南语的 ʔai¹、拉珈语的 lak⁸等。

老挝语的 sāːŋ"工匠"作为一个范畴化标记，它的用法与泰语、壮语等语言的相应词类似，经常与后面的语言成分结合，用来表示某种有手艺的"技工"，例如：

（35）sāːŋ kʰwāt
　　　CN：匠 刻
　　　"雕刻艺人"

（36）sāːŋ kʰám
　　　CN：匠 金
　　　"金匠／首饰匠"

（37）sāːŋ tìː lék
　　　CN：匠 击打 铁
　　　"铁匠"

（38）sāːŋ cɔ́ːk
　　　CN：匠 杯
　　　"焊工"

老挝语中可以自由运用的语言成分 pʰɔː:"父亲"经常作为构词语素与别的语言成分共现而构成表示男性长辈的概念。以 pʰɔː:构成的词往往是用来指称与父亲同辈的有血缘或无血缘关系的亲属,例如:

（39）pʰɔː:　　　dɔːŋ
　　　　CN:父亲　婚姻
　　　　"岳父/公公"

（40）pʰɔː:　　　tûː
　　　　CN:父亲　外祖父母
　　　　"外公"

（41）pʰɔː:　　　tʰúːn　hŭaː
　　　　CN:父亲　顶起　头
　　　　"干爹"

（42）pʰɔː:　　　nâː
　　　　CN:父亲　叔/姨
　　　　"养父"

老挝中的名词 mɛː:"母亲"通常用作类别名词,由其构成的词主要用来表示与母亲同辈的成年女性。这个语言成分有时也发生虚化现象,在一些情况下不同程度地失去[＋亲属]的义项。更多例子见第 3.2.2 节。

（43）mɛː:　　　kʰíːŋ
　　　　CN:母亲　身体
　　　　"亲生母亲"

（44）mɛː:　　　háːŋ tâm
　　　　CN:母亲　接生
　　　　"接生婆"

（45）mɛː:　　　nóm
　　　　CN:母亲　乳房/奶水
　　　　"奶妈"

（46）mē:　　　câːŋ
　　　CN：母亲　租借
　　　"妓女"

很多动物名词也被用作范畴化标记，如 mä:"狗"、nōk"鸟"、pa:
"鱼"等，是可出现在论元位置而独立运用的名词。它们经常被指
派到名词中成为其中一个构成成分，起到名词次范畴的分类作用。
比如，用 mä: 来指派的名词表示某种犬类：

（47）mä:　　　mē:
　　　CN：狗　母
　　　"母狗"

（48）mä:　　　pāː
　　　CN：狗　森林
　　　"狼"

（49）mä:　　　hōː nîaː
　　　CN：狗　打猎
　　　"猎狗"

（50）mä:　　　wôː
　　　CN：狗　疯
　　　"疯狗"

名词 nōk"鸟"被用作构词的一个语言成分，将相关的概念标
记为某种禽类，例如：

（51）nōk　　　ēːn
　　　CN：鸟　燕
　　　"燕子"

（52）nōk　　　ká säː
　　　CN：鸟　鹤
　　　"鹤"

（53）nōk　　　ká tʰá
　　　CN：鸟　山鹑

"山鹑"

（54）nōk　　　kʰɔ́: kā:n
　　　CN：鸟　　企鹅
　　　"企鹅"

　　语言成分 pa:"鱼"既可以自由运用在句子中，也可用作构词成分，起到名词范畴化标记的作用，表示某种鱼类，例如：

（55）pa:　　　kʰám
　　　CN：鱼　金
　　　"金鱼"

（56）pa:　　　kát
　　　CN：鱼　咬
　　　"斗鱼"

（57）pa:　　　dúk
　　　CN：鱼　鲶鱼
　　　"鲶鱼/塘角鱼"

（58）pa:　　　pǐ:k
　　　CN：鱼　翅
　　　"飞鱼"

　　西双版纳傣语也有以自由度比较大的表示人类、动物、植物等的范畴化标记(如 kun[2]"人"、nok[8]"鸟"、mai[4]"树木"等)与其他语言成分构成新词的情况，如：

（59）kun[2]　　　loŋ[1]
　　　CN：人　大
　　　"大人"

（60）kun[2]　　　tsa:i[2]
　　　CN：人　男性
　　　"男人"

（61）nok[8]　　　tu[3]
　　　CN：鸟　斑鸠

"斑鸠"

（62）nok^8　　kau^4　　mɛu^2

CN：鸟　头　猫

"猫头鹰"

（63）mai^4　　xai^4

CN：木　柳树

"柳树"

（64）mai^4　　tsoŋ^1

CN：木　杉

"杉树"

（65）pa^1　　fa^1

CN：鱼　盖子

"鳖／团鱼"

（66）ma:k^9　　man^4

CN：果　李子

"李子"

（引自：喻翠容、罗美珍 1981：25）

　　这些词前面的成分通常是一个名词，可以单独运用，而后面成分有很多是专名，不能独立运用。

　　壮语用名词来作为范畴化标记也是常见的名词分类方法。如日常用语中的名词 vun^2"人"、ɣɔk^8"鸟"、fai^4"树"、ɣin^1"石头"是能独立出现在论元位置的自由词素，但也被拿来做构词之用，与几乎所有的实词共现，起到范畴化标记的作用。例如例（67）—（70）因被指派了"人"，而属于某类人的范畴。

（67）vun^2　　dai^1

CN：人　好

"好人"

（68）vun^2　　huŋ^1

CN：人　大

"大人"

（69）vun² wa:i⁶ku:k⁷
    CN：人　外国
    "外国人"

（70）vun² ciu⁶kon⁵
    CN：人　古代
    "古人"

例(71)—(74)中由于使用了名词"树"这个范畴化标记而被归类为某类树木。

（71）fai⁴ sa¹
    CN：树　杉
    "杉木"

（72）fai⁴ pja:u¹
    CN：树　薄
    "黄竹"

（73）fai⁴ ɣa⁵
    CN：树　楠木
    "楠木"

（74）fai⁴ ɕoŋ²
    CN：树　松
    "松树"

例(75)—(78)中的词都带有一个"鸟"的范畴化标记，显示了这些词的所指属于鸟类范畴：

（75）ɣɔk⁸ kai⁵ na²
    CN：鸟　鸡　田
    "秧鸡"

（76）ɣɔk⁸ pit⁷
    CN：鸟　鸭
    "野鸭"

（77）ɣɔk⁸　　　ka¹
　　　CN：乌　　鸦
　　　"乌鸦"

（78）ɣɔk⁸　　　fek⁷
　　　CN：乌　鹧鸪
　　　"鹧鸪"

　　壮语的 ɣin¹"石头"是常用的名词，它可以被指派到一些词中，成为一个构词成分，将相关词范畴化为某类与石头有关的范畴，如：

（79）ɣin¹　　　pan²
　　　CN：石头　磨
　　　"磨刀石"

（80）ɣin¹　　　hoi¹
　　　CN：石头　灰
　　　"石灰石"

（81）ɣin¹　　　ɣe⁵
　　　CN：石头　砂砾
　　　"砂砾"

（82）ɣin¹　　　fei²
　　　CN：石头　火
　　　"火石"

　　布依语中的概念系统中，一些有关动植物概念的词与侗台语族其他语言一样，除了可以单独出现在论元位置外，还可以用作名词次范畴的标记，如：有 vɯn¹¹"人"标记出现的词或词组表明这些词的所指属于某类人的范畴：

（83）vɯn¹¹　　　ze:ŋ¹¹
　　　CN：人　力
　　　"苦工"

（84）vɯn¹¹　　xoːŋ²⁴
　　　CN：人　工
　　　"长工"

（85）vɯn¹¹　　laːi²⁴
　　　CN：人　多
　　　"大家"

（86）vɯn¹¹　　laːŋ³⁵
　　　CN：人　浪
　　　"浪子"

（引自：吴启禄等 2002：507－589）

而以名词"鸟"作为范畴化标记的话,此名词将会被归类为某种鸟类动物,例如：

（87）zɔk³³　　pa⁴²ko⁴²
　　　CN：鸟　八哥
　　　"八哥"

（88）zɔk³³　　mjɐu³⁵
　　　CN：鸟　猫
　　　"猫头鹰"

（89）zɔk³³　　ɕeːu²⁴
　　　CN：鸟　画眉鸟
　　　"画眉鸟"

（90）zɔk³³　　ʔja³⁵
　　　CN：鸟　喜鹊
　　　"喜鹊"

（引自：吴启禄等 2002：507－589）

在布依语中,以名词 mu²⁴"猪"作为范畴化标记所构成的词被归类为某一类猪的范畴,例如：

（91）mu²⁴　　ɕo³³
　　　CN：猪　雌

"母猪（未下子的）"

（92） mu²⁴　　　la:ŋ¹¹
　　　CN：猪　　种猪
　　　"种猪"

（93） mu²⁴　　　na³⁵
　　　CN：猪　　箭
　　　"豪猪"

（94） mu²⁴　　　tak³³
　　　CN：猪　　公
　　　"公猪"

（引自：吴启禄等 2002：507－589）

通道侗语的名词 ŋən²"人"、pja¹"石头"等经常用作范畴化标记，也可归为类别名词。如用类别名词 ŋən² 作为构词成分，就可以构成表示某类"人"范畴的名词：

（95） ŋən²　　　la:i¹
　　　CN：人　　好
　　　"好人"

（96） ŋən²　　　ja⁴
　　　CN：人　　坏
　　　"坏人"

（97） ŋən²　　　mak⁹
　　　CN：人　　大
　　　"大人"

（98） ŋən²　　　muŋ⁴
　　　CN：人　　官
　　　"官人"

（引自：杨通银 2016）

用名词 pja¹"石头"用作类别名词，与其他语言成分构成表示石头系列的词族，它们都属于"石头"的范畴，如：

（99）pja¹ 　　　hoi¹′
　　　CN：石头　石灰
　　　"石灰石"

（100）pja¹ 　　　ja⁵′
　　　CN：石头　红
　　　"红粉石"

（101）pja¹ 　　　so³
　　　CN：石头　干
　　　"暗礁"

（102）pja¹ 　　　təi¹
　　　CN：石头　死
　　　"死石头"（不可移动）

（引自：杨通银 2016）

水语也有很多以类别名词构成的词,这些名词的所指属于该类别名词所代表的范畴,如以 nam³ "水"来指派所构成的名词,其所指被归类为某类液体：

（103）nam³ 　　　bən⁵
　　　CN：水　井
　　　"泉水"

（104）nam³ 　　　pjaːu⁶
　　　CN：水　沸腾
　　　"开水"

（105）nam³ 　　　haːn³
　　　CN：水　洪
　　　"洪水"

（106）nam³ 　　　ⁿda¹
　　　CN：水　眼睛
　　　"眼泪"

（引自：潘永行、韦学纯 2014）

水语以类别名词 man²"油"来指派的名词则属于某类植物油或者动物脂肪的范畴,如:

(107) man²　　mu̥⁵
　　　 CN:油　　猪
　　　 "猪油"

(108) man²　　po⁴
　　　 CN:油　　牛
　　　 "牛油"

(109) man²　　qa:i⁵
　　　 CN:油　　鸡
　　　 "鸡油"

(110) man²　　to⁶
　　　 CN:油　　豆
　　　 "豆油"

（引自:潘永行、韦学纯 2014）

毛南语中以各种表示人类、动物、植物、物件等类别名词来指派而构成的名词也非常普遍,这些名词被归类为这些成分所标记的范畴,如以 zən¹"人"来标记的名词被范畴化为某类人:

(111) zən¹　　kwai⁴ka:ŋ³
　　　 CN:人　贵港
　　　 "贵港人"

(112) zən¹　　ljak⁸
　　　 CN:人　偷
　　　 "盗贼"

(113) zən¹　　kwɔk⁷　khje¹
　　　 CN:人　国　　其他
　　　 "外国人"

(114) zən¹　　ta:u¹　khje¹
　　　 CN:人　地方　其他

"异乡人"

（引自：陆天桥 2015）

毛南语以类别名词 ta^1"虫／蛇"来标记的词主要指爬行类动物、节肢类动物、蠕虫等，如：

（115）ta^1　　　　khjəp^7
　　　　CN：虫／蛇　蜈蚣
　　　　"蜈蚣"

（116）ta^1　　　　kja:p^7
　　　　CN：虫／蛇　蝎子
　　　　"蝎子"

（117）ta^1　　　　kjwem^5
　　　　CN：虫／蛇　四脚蛇
　　　　"四脚蛇"

（118）ta^1　　　　nu:m^1
　　　　CN：虫／蛇　蟒蛇
　　　　"蟒蛇"

（引自：陆天桥 2015）

毛南语的名词 mai^4"树"是一个可用作类别名词的语言成分，它与其他成分共现，组合成表示各种树木的名词，如：

（119）mai^4　　　la:k^8 li^2
　　　　CN：树　梨子
　　　　"梨树"

（120）mai^4　　　la:k^8 man^3
　　　　CN：树　李子
　　　　"李树"

（121）mai^4　　　la:k^8 tha:u^2
　　　　CN：树　桃子
　　　　"桃树"

（122）mai⁴　　la:k⁸ tsa:u³²

　　　CN：树　枣

　　　"枣树"

（引自：陆天桥 2015）

仫佬语也常用表示人类、动物、植物等的名词来作为范畴化标记指称属于某种范畴的动植物，如：

（123）çən¹　　hwa:i⁵

　　　CN：人　坏

　　　"坏人"

（124）wi²　　　　mai⁴

　　　CN：水牛　母

　　　"母水牛"

（125）wi²　　　　tai⁵

　　　CN：水牛　未产子雌性动物

　　　"未产子母水牛"

（126）nɔk⁸　　kau²

　　　CN：鸟　斑鸠

　　　"斑鸠"

（127）nɔk⁸　　ʔin⁵

　　　CN：鸟　燕

　　　"燕子"

（128）mai⁴　　　　thət⁷

　　　CN：树木　漆

　　　"漆树"

黎语中也有将自由度较大的语言成分作为范畴化标记而放在整个体词结构前面，将这些成分指称为属于各种范畴的动植物的情况，如：

（129）ʔaːu¹　　reːk⁷

　　　CN：人　坏

　　　"坏人"

（130）ʔaːu¹　　plaːu¹

　　　CN：人　盲

　　　"盲人"

（131）miːu²　　tuːn¹

　　　CN：猫　野外

　　　"野猫"

（132）taɬ⁷　　moːi¹

　　　CN：鸟　麻雀

　　　"麻雀"

（133）taɬ⁷　　bau² tshai¹

　　　CN：鸟　啄木

　　　"啄木鸟"

（134）noːŋ¹　　tui²

　　　CN：皮　水牛

　　　"水牛皮"

（135）noːŋ¹　　ȵiu¹

　　　CN：皮　黄牛

　　　"黄牛皮"

拉珈语的名词 mom⁶ "肉"可以作为类别名词跟很多动物名称共现，组合成肉类范畴的名词，如：

（136）mom⁶　　kai⁵

　　　CN：肉　鸡

　　　"鸡肉"

（137）mom⁶　　khũ¹

　　　CN：肉　猪

　　　"猪肉"

（138）mom⁶　　ŋwie¹

　　　CN：肉　羊

"羊肉"

（139）mom^6　la:p^8

CN：肉

"腊肉"

（引自：陆天桥 2017）

日常用词 na:ŋ^4"衣服"也可用作构词成分，与其他语言成分结合表示某类衣物的范畴，如：

（140）na:ŋ^4　　mi:n^2

CN：衣服　棉

"棉衣"

（141）na:ŋ^4　　ta:n^1

CN：衣服　单

"衬衫"

（142）na:ŋ^4　　si:n^{3}i^1

CN：衣服　线衣

"针织背心"

（143）na:ŋ^4　　la:ŋ^1

CN：衣服　冷衣

"毛衣"

（引自：陆天桥 2017）

布央语中自由度比较大的范畴化标记也是与人类、动物、植物等相关的常用词，如：

（144）kwan^{213}　jɔ^{24}

CN：人　坏

"坏人"

（145）kwan^{213}　kai^{53}

CN：人　好

"好人"

（146）lɛ³¹　　　　tsa:u⁵³

　　　　CN：儿女　女孩

　　　　"女孩"

（147）lɛ³¹　　　　hɛ³¹

　　　　CN：儿女　学

　　　　"学生"

（148）ma:i⁵³　　mi²¹³

　　　　CN：猪　母

　　　　"母猪"

（149）ma:i⁵³　　tsɔŋ²⁴

　　　　CN：猪　种

　　　　"种猪"

（150）mɛ³¹　　　man⁵³

　　　　CN：果子　李子

　　　　"李子"

（151）mɛ³¹　　　pja²¹³

　　　　CN：果子　柚子

　　　　"柚子"

（引自：莫海文 2016）

仡佬语的类别名词 xɒn¹³ 原义为具有特殊手艺的师傅、工匠，用来指称有某种技能的行家里手，如：

（152）xɒn¹³ mpə³¹

　　　　"厨师"

（153）xɒn¹³ tɛ³³

　　　　"木匠"

（154）xɒn¹³ e³³

　　　　"石匠"

（155）xɒn¹³ qɑ¹³

　　　　"皮匠"

（引自：张济民 1993）

仡佬语的 ti^{31} 是表示"树"意义的名词,它被用来指派到表示各种树名的名词上,起到一种范畴化的作用,如:

（156）ti^{31} qə^{33} plei^{31}

　　　"青冈"

（157）ti^{31} tsuŋ^{53}

　　　"棕树"

（158）ti^{31} lie^{55} se^{33}

　　　"椿树"

（159）ti^{31} mu^{31}

　　　"杉树"

茶洞语的名词 mi^{3} "树"可以用作类别名词,与后面的成分组成表示某种与树木有关的命名,如:

（160）mi^{3} liu^{5}

　　　"柳树"

（161）mi^{3} sa^{1}

　　　"杉树"

（162）mi^{3} tuŋ^{5}

　　　"木头"

（163）mi^{3} tθuŋ^{2}

　　　"松树"

（引自:王怀榕 2015）

名词 ȵɔk^{21} "鸟"也可起到类别名词的作用,被指派到一些名词中,将它们归纳为鸟类范畴,如:

（164）ȵɔk^{21} ʔiin^{23}

"燕子"

（165）ȵɔk²¹ kwa³¹

"白鹭"

（166）ȵɔk²¹ kuk⁴⁵

"野鸡"

（167）ȵɔk²¹ lju⁴⁵

"八哥"

（引自：王怀榕 2015）

从上述分析可见,很多语言皆有将可以自由运用的名词用作类别名词的现象,如汉语的"保护人""中间人"中的"人",英语的chairman"主席"、countryman"同乡"中的"man",它们与其他语言成分结合,形成表示某类语义范畴的名词,构成以语义为基础的词族。侗台语族语言也采用这种方法来构词,如壮语的 vun² saːi¹"男人"、vun² suk⁸"熟人"中的"vun²",侗语的 ȵən² tho¹ʼ"重要人物"、ȵən² tiu⁴"聪明人"中的"ȵən²"。这种范畴化策略与本研究所涉及的其他范畴化策略一样,都是对名词进行范畴化加工,属于词法维度的范畴化策略。它与下文所分析的类别词素有类似的词法功能,其不同之处只是它们的句法自由度相对来说比类别词素的句法自由度要大。

3.2.2　半自由词素范畴化标记

本节所分析的半自由词素是指类别词素(class term),它与上述类别名词在范畴化方面有异曲同工的功能,只是它们的句法特征有时候不同于名词,就是说类别词素(下文标注为 CT)的句法自由度往往没有类别名词的句法自由度强,一般不单独出现在论元位置。有些类别名词发生语义扩展后,所产生的语言成分与原义有诸多不同,这些产生了某种变异的成分显示出较弱的句法功能,很多情况下已不能单用,只能作为构词的词素,故被很多学者如艾

肯瓦尔德（Aikhenvald 2000）、迪克森（Dixon 1986）、贝克威思
（Beckwith 2007）等人称为类别词。但是，正如前文所述，黏附
性的类别词素和自由运用的类别名词之间是一个连续统。例如英
语的语言成分-berry 表示各种各样的"浆果"或相关植物：

blueberry"蓝莓"、strawberry"草莓"、frameberry"树莓"
raspberry"木莓"、blackberry"黑莓"、waxberry"杨梅"

由类别词素 berry 所组成的结构是半开放性的结构，数量较
为有限。而英语的类别名词 man，如第 2.2.2.2 节所述，有时候也
已经虚化为类别词素，它只表示某类人，而已经不带有性别的
语义。

贝克威思（Beckwith 2007：142）和德兰西（DeLancey 1986：
440）将这些词族中虚化了的范畴化成分，如 man 和 berry 等，称为
class term（类别词素），认为这些类别词素的语法和语义功能与英
语中的后缀-er"-者"、-ess"女性……者"相同。他们将由它们所组
成的词 chairman、strawberry 叫作"类别名词"，即认为它们属于
man 和 berry 类，是一种语义上的聚类词族。而贝克威思和德兰
西所说的类别词素（class term）被艾肯瓦尔德（Aikhenvald 2000：
86）和毕桑（Bisang 1993：5）称作"类别名词"（class noun），认为它
们虽然是名词，但是它们经常用来组成其他的名词，有规律地构成
同一语义场的词族。本研究采用艾肯瓦尔德和毕桑的术语，因为
其解释力要强一些。类别词素是一个较为封闭的系统，由名词性
词根构成，它们其中的一部分属于弱"类别名词"，但其句法自由度
不如类别名词强。英语中的-er 语素则是一个黏附性的词尾，在句
子中不可独立运用，属于典型的"类别词素"，如：

speaker"说话者"、walker"行走者"、runner"跑步者"
singer"歌唱者"、analyzer"分析者"、builder"建设者"

英语后缀-ess 也属于类别词素。它也比-berry 的自由度小，表示各种各样的"女性施事者"。如：

stewardess"女空乘人员"、actress"女演员"、songstress"女歌手"
baroness"女男爵"、chiefess"女酋长"、doctress"女医生"

同样情况也见于汉语，如汉语的"老者""开创者"等中的"-者"不同于"老人""开创人"中的"-人"，它属于词尾，自由度不如"人"，不能受"的"之类的词修饰，黏附性较强，几乎可以跟所有的实词共现，如：

劳动者、消费者、当事者、造物者、旅游者、思想者、志愿者
无产者、第三者、流浪者、独行者、孤独者、独裁者、告密者

而汉语中的类别词素"-子"，其黏附度比"-者"还强，自由度则弱得多，与其他成分组成的名词，结构比较稳定，如：

胖子、瘦子、聋子、呆子、鼻子、鸽子、燕子、虫子、狍子
扣子、橘子、李子、豆子、锯子、剪子、包子、棒子、盖子

汉语类别词素"-手"也是一个表示具有某类专业技术的操作人员的标记，用法也比较固定，如：

老手、新手、选手、能手、里手、助手、帮手、写手、旗手
吹鼓手、多面手、刽子手、狙击手、刀斧手、坦克手、弓箭手

这些词中的类别词素"-子""-手"的用法比较固定，不能互相替换，比如个头矮的可叫"矮子"，但个头高的不能叫"高子"，作家可称作"写手"，但唱歌的不能叫"唱手"，一般只称作"歌手"。

这类名词范畴化标记在侗台语族语言中也存在,只是大多数不像英语的-er或汉语的"-子"那样黏附性那么强、词缀性那么明显。侗台语只有少数类别词素具有比较强的黏附性,而且这些黏附性相对较强一些的语言成分也是相关结构的中心语,这是因为侗台语族语言的体词结构的限定成分是右分枝的,中心成分在左,而附属成分在右(见第四章),所以侗台语族的类别词素也是在不同的语境下具有各种自由度。

罗美珍(1996:34)认为侗台、苗瑶有一类表示性状的标志成分,这些语言中的很多名词一般要带这些标志成分,如傣语中的 to¹pa¹"鱼"、to¹sə¹"虎"、to¹kai⁵"鸡"、to¹ŋan²"凶人"、to¹suŋ¹"高个儿"、to¹pɛŋ¹xau³"厨师",苗语黔东方言中的 tɕ¹¹ne⁵⁵"人"、tɕ¹¹qei³³"鸡"、tɕ¹¹tə⁴⁴"树"等,并认为将类似于 to¹¹、tɕ¹¹这样的前置语言成分看作冠词实为不妥,而将之称为性状类别词更为合适,因为这类结构使后面的词素修饰或限制前一词素。

类别词素虽然在一些特定的语境下能独立出现在句子中,但在多数句法环境中,其自由度相对来说较低,而与其他语言成分共现组成新概念的能力则较强,类别词素和类别名词都可用来构词,但前者属于词法构词,内部的各语言成分属于词法关系,而后者为句法构词,词内部的各语言成分之间接近句法关系。下面对一些侗台语族语言以句法自由度较弱的词素作为范畴化分类的实例做详细分析。

泰语的类别词素在句子中通常不自由运用[例外情况通常见于被 nùŋ"一"、nii"这"等所修饰的结构中,见例(180)—(181)和第4.5节例(19)—(20)],或者独立在句子中运用时,其语义与其作为构词成分时不一样。类别词素一般与动词、形容词等语言成分构成新词,指称某类施事者,如例(168)—(169)以及第2.1.3.1节例(13)—(14)。这个词素的同源成分在北部侗台语中仍然是一个可以自由运用的词素,如壮语中的 pou⁴、布依语的 pu⁴等,既可以用作构词的类别词素,也可以用作类别词[见第2.1.3.1节的例(23)—(25)及第2.2.2.2节]。

（168）pʰûu　　　rúu
　　　CT：者　知道
　　　"知情者"

（169）pʰûu　　　dii
　　　CT：者　好
　　　"绅士"

泰语的语言成分 mɛ̂ɛ 本义为"母亲"，后来发生语义扩展，也可指称具有"雌性动物、母体、部件总成、源头"等特点的"动物／工具／材料"范畴，"母亲"的语义在类似的这些结构中受到了不同程度的虚化，如下面例（170）—（173）便是这个语言成分从类别名词特征到类别词素特征的连续统：

（170）mɛ̂ɛ　　　bâan
　　　CN：母亲　家
　　　"主妇"

（171）mɛ̂ɛ　　　　kày
　　　CN：雌性动物　鸡
　　　"母鸡"

（172）mɛ̂ɛ　　　kun jɛɛ
　　　CT：母体　锁／钥匙
　　　"锁头"①

（173）mɛ̂ɛ　　　rɛɛŋ
　　　CT：部件总成　力量
　　　"千斤顶／吊机"

（174）mɛ̂ɛ　　　náam
　　　CT：源头　水
　　　"河流"

（175）mɛ̂ɛ　　　sǐi
　　　CT：源头　颜色
　　　"原色"

------

①　与之相对应的 lûuk kun jɛ̌ɛ（CT：子体_锁／钥匙）"钥匙"被类别词素标记为"子体"。

与上述例(172)相对应的 lûuk kun jɛɛ(CT：子体_锁/钥匙)"钥匙"被类别词素标记为"子体"。

泰语的一些类别词素虽然不能像类别名词那样独立使用，但它们既可经常用来作为词法层面的构词成分，又可出现在句法层面作为类别词单独使用，如：

(176) tua_pʰɵ̀ŋ　　　　　　　sǎam　tua
　　　CT：动物/身体_蜜蜂　三　　CL：动物/身体
　　　"三只蜜蜂"

(177) tua_tùn　　　　　　　　sǎam　tua
　　　CT：动物/身体_竹鼠　三　　CL：动物/身体
　　　"三只竹鼠"

但是正如前文所述，泰语有些类别词素只能做构词成分，出现在句法层面是受限的，如泰语的类别词素 pʰûu(CT：者)通常只用作词法维度的范畴化标记，一般不用作句法维度的范畴化标记，比如不出现在"数词＋聚类成分"的结构中。下面的例(178)和(179)在泰语中通常是不合语法的，至少是很罕见的：

(178) *pʰûu_yǐŋ　　sǎam　pʰûu
　　　CT：者_女性　三　　CL：人
　　　（三个女人）

(179) *pʰûu_cʰaay　sǎam　pʰûu
　　　CT：者_男性　三　　CL：人
　　　（三个男人）

泰语中的 pʰûu 用作句法范畴化标记的例外情况是它与数词 nùŋ"一"或者指示词 nii"这"、nán"那"等共现，如：

(180) pʰûu_yǐŋ　　　pʰûu　nii
　　　CT：者_女性　CL：人　这

　　　　"这个女人"

（181）pʰûu_cʰaay　　pʰûu　　nán
　　　　CT：者_男性　　CL：人　那
　　　　"那个男人"

　　以词法标记 pʰûu 所构成的名词,其句法标记通常是类别词
kʰon。类别词 kʰon 除了可以与数词 nùŋ"一"、指示词 níi"这"等
共现外,还可以与其他数词共现,如:

（182）pʰûu_yǐŋ　　　sǎam　　kʰon
　　　　CT：者_女性　　三　　　CL：人
　　　　"三个女人"

（183）pʰûu_cʰaay　　sǎam　　kʰon
　　　　CT：者_男性　　三　　　CL：人
　　　　"三个男人"

（184）pʰûu_sɯ̀ɯ kʰàaw　　sǎam　　kʰon
　　　　CT：者_传播_新闻　　三　　　CL：人
　　　　"三个记者"

（185）pʰûu_rúu　　　sǎam　　kʰon
　　　　CT：者_知道　　三　　　CL：人
　　　　"三个知情者"

　　泰语的名词范畴化系统中,有的成分可以用作名词、类别名词、
类别词,如 kʰon(人)、raan(店)等;有的只用作名词、类别名词而不用
作类别词,如 ŋuu(蛇)等;有的只用作类别词素和类别词而不用作名
词,如 duaŋ(圆形物)、lam(长状物)等;有的只用作类别词而不用作
名词、类别名词、类别词素,即只用作专职类别词,如 lêm(片状物)等
(见 Delancey 1986：439)。其实,还有些成分只用作类别词素和受
限的类别词,而不用作名词、类别名词,如 pʰûu(者)。
　　艾肯瓦尔德(Aikhenvald 2000：105)观察到喀麦隆和尼日利
亚的伊扎格汉姆(Ejagham)语中,"类别词而非名词是短语中的句

法中心语,因为是它触发了与数词的一致关系"。根据德兰西
(Delancey 1986),类别词素 pʰûu 代表一个复合词里的中心语义,
用来表示某种"人类",语义是"做某事的人",用在动词前,构成施
事者意义的名词,有时候相当于英语的-er、-ist 等,如:

(186) pʰûu　　pʰûut
　　　CT:者　说
　　　"发言人"

(187) pʰûu　　kʰǎay
　　　CT:者　卖
　　　"卖主"

(188) pʰûu　　ráay
　　　CT:者　恶毒
　　　"恶棍"

(189) pʰûu　　dii
　　　CT:者　好
　　　"绅士"

其实,pʰûu 不但可出现在动词和形容词前面,也可出现在其
他名词性成分前面,将此词标记为某一类人,如:

(190) pʰûu　　kʰon
　　　CT:者　人
　　　"人民群众"

如上所述,pʰûu 的句法自由度则比 kʰon(人)和 naaŋ(女人/
女士)弱得多,很少能独立接受数词的修饰(数词 nûŋ"一"和指示
词 níi"这"等例外),其他例外的情况是它出现在固定词组中,如
tʰúk pʰûu tʰúk naam"每一个人",接近成语的用法。然而,它与英
语的 berry 一样,仍然是一个范畴化成分,只是它出现在左边而非
右边,因为这符合了泰语体词限定成分右分枝的特征。下面将举

例说明其他一些主要用作专职类别词素的语言成分。

泰语中的 nák 用来表示热衷于某种事情的积极分子或专家，相当于汉语的"-者"或"-家"，它只用作词法维度的范畴化标记，而通常不用作句法维度的范畴化标记。由它所构成的名词一般指派 kʰon 为其句法维度的范畴化标记(如这类人士是领导或专家，则有时候用 naay 或 tʰân 来标记)，如：

(191) nák　　　fút bɔn　　sǎam　kʰon
　　　 CT：者　足球　　　三　　　CL：人
　　　 "三个足球选手"

(192) nák　　　leeŋ　bu rìi　　sǎam　kʰon
　　　 CT：者　牛人　烟/雪茄　三　　CL：人
　　　 "三个烟瘾者"

(193) nák　　　leeŋ　lâw　sǎam　kʰon
　　　 CT：者　牛人　酒　三　　CL：人
　　　 "三个嗜酒者"

(194) nák　　　mên　pɯɯn　sǎam　kʰon
　　　 CT：者　精准　枪　　三　　CL：人
　　　 "三个神枪手"

泰语的 naay 经常用作黏附词根，表示从事某种事的施事者，大约相当于英语的-er 或-ist，或者某种专家、雇主、老板，用在动词前，有时也可用在名词前。当其用作词法维度标记表示普通施事者时，它被指派为句法维度的范畴化标记 kʰon，如：

(195) naay jâaŋ　　　sǎam　kʰon
　　　 CT：者_雇佣　三　　CL：人
　　　 "三个雇主/老板"

(196) naay nâa　　　sǎam　kʰon
　　　 CT：者_前面　三　　CL：人
　　　 "三个代理商"

（197）naay ˈtʰun　　săam　　kʰon
　　　　CT：者_资金　三　　　CL：人
　　　　"三个资本家"

（198）naay pʰraan　săam　　kʰon
　　　　CT：者_猎人　三　　　CL：人
　　　　"三个猎人"

而当它在词法范围维度中表示专家、雇主、老板等意义时，在句法维度则可被标记为 naay 或 kʰon，用法根据语境而异，如：

（199）naay pʰon　　　　　　săam　　kʰon/naay
　　　　CT：主人/老板_兵　三　　　CL：人
　　　　"三位将军"

（200）naay pʰêɛt　　　　　　săam　　kʰon/naay
　　　　CT：主人/老板_医生　三　　　CL：人
　　　　"三位医师"

（201）naay rʉa　　　　　　　săam　　kʰon/naay
　　　　CT：主人/老板_船　三　　　CL：人
　　　　"三位船长"

（202）naay tʰa hăan　　　　　săam　　kʰon/naay
　　　　CT：主人/老板_军人　三　　　CL：人
　　　　"三位军官"

泰语的 naaŋ 可以用作黏附词根，起到类别词素的作用，表示"女士""女性施事者""女演员"等，用在动词前，有时也可用在名词前，构成施事者意义的名词，有时候相当于英语的-er 或-ist（此语言成分还可单用作自由词素，表示"她"），以此标记来指派的名词在句法中通常用范畴化标记 kʰon 来指派，如：

（203）naaŋ ra bam　săam　　kʰon
　　　　CT：女性_舞蹈　三　　　CL：人
　　　　"三个舞女"

(204) naaŋ sǎaw　　　sǎam　kʰon
　　　CT：女性_少女　　三　　CL：人
　　　"三个姑娘/小姐"

(205) naaŋ pʰayaa baan　sǎam　kʰon
　　　CT：女性_护理　　三　　CL：人
　　　"三个护士"

(206) naaŋ nom　　　sǎam　kʰon
　　　CT：女性_奶　三　　CL：人
　　　"三个奶妈"

而如果由这个语言成分构成的词,其所指属于神仙、皇家范畴的话,则用 oŋ 来指派,如:

(207) naaŋ fáa　　　sǎam　oŋ
　　　CT：女性_天　三　　CL：人
　　　"三个仙女"

(208) naaŋ pʰa yaa　sǎam　oŋ
　　　CT：女性_国王　三　　CL：人
　　　"三个皇后"

如果由这个标记所构成的词属于戏里的一种角色的话,则用 tua 来指派,如:

(209) naaŋ ˈèek　　　sǎam　tua
　　　CT：女性_首要　三　　CL：动物/身体
　　　"三个女主角"

对泰语中句法维度的范畴化策略的详细分析请见第3.3节。

如上述,泰语的 dèk(孩子)可用作类别名词,用来标记幼年人类范畴。实际上它也用在动词前,有时也可用在名词前,构成施事者意义的名词,有时候相当于英语的-er,如:

(210) dèk　　　dəən　tóʔ
　　　CN：孩子　走　桌
　　　"餐馆侍应生"

(211) dèk　　　kʰon　cʰáy
　　　CN：孩子　人　　使用
　　　"服务生"

恩菲尔德(Enfield 2007：147)认为，老挝语的 class terms(类别词素)从名词的语法化发展而来，在声调上发生了一定变化，它们作为类别词素出现时，将失去原声调，而变成弱调。如 paø"鱼"的后面加上修饰语，表明鱼的种类：

(212) paø-duk²
　　　CT：鱼-sp.：鲇
　　　"鲇鱼"

(213) paø-tʰuu²
　　　CT：鱼 - sp.：鲭
　　　"鲭鱼"

(214) paø-mùk¹
　　　CT：鱼 - sp.：墨
　　　"墨斗鱼"

(215) paø-kʰam²
　　　CT：鱼 - sp.：金
　　　"金鱼"

老挝语的 pʰ ùː，其形容词的意义是"男性、雄性"，这里作为范畴化标记是用来指称从事某种职业的人，已经失掉了原来所隐含的性别意义，而扩展到指两性中任何一性别，如：

(216) pʰ ùː　　sɔ̌ːn
　　　CT：人　教

"老师"

(217) pʰù: sānā
CT：人 征服
"征服者"

(218) pʰù: fáŋ
CT：人 听
"倾听者"

(219) pʰù: ɲíŋ
CT：人 女性
"女子"

正如第 3.2.1 节所述,老挝语名词 pʰɔ:"父亲"经常用作类别名词来作为构词成分,表示"做某事的男子",用在动词前,有时也可用在名词前,构成施事者意义的名词,有时候也发生虚化现象,失去"亲属关系"的语义项,只保留原来的[＋男性]的义项,其黏附性相当于英语的-er,如:

(220) pʰɔ: kʰâ: pʰê:t pʰɔ́:y
CT：男性 做生意 宝石
"首饰商"

(221) pʰɔ: kʰâ:
CT：男性 做生意
"商人"

(222) pʰɔ: kʰúa:
CT：男性 厨房
"厨师"

(223) pʰɔ: ná:
CT：男性 田
"农夫"

老挝语中以 mē:"母亲"构成的词主要用来指称成年女性,如例(224)和(225)。它通常也可发生语义变化,丢失[＋人类]的义素,只保留[＋雌性]的义素,被用来指称雌性动物,如例(226)和(227)。

（224）mē:　　yâ:o
　　　　CN：母亲　家
　　　　"家庭主妇"

（225）mē:　　há:ŋ tām
　　　　CN：母亲　接生
　　　　"接生婆"

（226）mē:　　pʰə̂:ŋ
　　　　CN：母亲　蜂
　　　　"蜂王"

（227）mē:　　kāy
　　　　CN：母亲　鸡
　　　　"母鸡"

根据恩菲尔德(Enfield 2007)的研究,老挝语的很多名词都可发生语义的扩展,并发生一定程度的虚化,变成构词成分,起到类别词素的作用,将同处在一个语义场的名词归类为在语义上具有共同特点又有细微区别的词族。表 3.1 是恩菲尔德(Enfield 2007：147)列出的一些常用的老挝语类别词素。

表 3.1　老挝语常见的类别词素

类别词素 Class term	名词原义 Meaning as a noun	名词所指 Referents
paø-	paa[3] "鱼"	鱼类
mèngø-	mèèng[2] "昆虫"	昆虫类
makø-	maak[5] "果实"	果类
namø-	nam[4] "水"	液体
majø-	maj[4] "树木"	树木类

类别词素 Class term	名词原义 Meaning as a noun	名词所指 Referents
kʰawø-	kʰaw⁵ "米/饭"	米饭类
manø-	man² "薯"	薯类

壮语中很多类别词素的功能既可以是聚类,也可以是结构中的施事者,如以下的范畴化标记对其所出现的结构进行了范畴化,将它们指称为"动物"范畴,有时候表示这种结构的所指是某种"施事者":

(228) tu²　　　　mou¹
　　　CT：动物　猪
　　　"猪"

(229) tu²　　　　kai⁵
　　　CT：动物　鸡
　　　"鸡"

(230) tu²　　　　bin¹
　　　CT：动物　飞
　　　"飞的动物"

(231) tu²　　　　tam³rok⁷
　　　CT：动物　纺织
　　　"纺织娘(昆虫)"

这类自由度不如类别名词的语言成分仍然是结构的中心语,受其他成分,如名词短语、动词短语、形容词短语、主谓结构等的修饰:

(232) pou⁴　　mi²ŋan²
　　　CT：人　有钱

"有钱人"

（233）pou⁴　　　a:k⁷
　　　CT：人　厉害
　　　"能人"

（234）pou⁴　　　huŋ¹
　　　CT：人　大
　　　"大人"

（235）pou⁴　　　ta¹fa:ŋ²
　　　CT：人　眼瞎
　　　"盲人"

（236）ko¹　　　　fai⁴
　　　CT：植物　树
　　　"树"

（237）ko¹　　　　kjɔi³
　　　CT：植物　芭蕉
　　　"芭蕉树"

（238）ko¹　　　　ma:k⁷　ɕa:u³
　　　CT：植物　果　枣
　　　"枣树"

（239）ko¹　　　　ma:k⁷　ta:u²
　　　CT：植物　果　　桃
　　　"桃树"

　　布依语的范畴化标记 pu⁴（CT：人类）与本语族的很多语言的相应成分类似,其后面的成分可以是形容词、动词短语、名词短语、主谓结构等,如:

（240）pu⁴　　　　sa:i¹
　　　CT：人类　男性
　　　"男人"

（241）pu⁴　　　　tɯk⁷　pja¹
　　　CT：人类　打　　鱼
　　　"渔夫"

(242) pu⁴   na³   mo⁵
       CT：人类   脸   新
       "生人"

(243) pu⁴   pa⁵   ʔbit⁷
       CT：人类   嘴   歪
       "歪嘴子"

布依语用来指称"植物"的范畴化标记常用来构成表示某类植物的名词，如：

(244) ko¹   xau⁴
       CT：植物   稻子
       "稻子"

(245) ko¹   li²
       CT：植物   梨
       "梨树"

(246) ko¹   man³
       CT：植物   李子
       "李树"

(247) ko¹   ta:u²
       CT：植物   桃
       "桃树"

布依语望谟话中的 tuə²（CT：动物）用来表示动物范畴的名词：

(248) tuə²   ʔdiəŋ¹
       CT：动物   狼
       "狼"

(249) tuə²   na⁵
       CT：动物   刺猬
       "刺猬"

(250) tuə²   ȵan¹
       CT：动物   野猫

"野猫"

(251) tuə² ŋɯə²

　　CT：动物　草蛇

　　"草蛇"

（引自：周国炎、刘朝华 2018：158）

　　侗语名词 la:k¹⁰ 本义为"子女""孩子""幼兽"等,后来发生语义扩展为指称"幼苗""果实",起到了一个类别词素的作用,将由它所标记的名词归纳为某种"后代"的范畴,如：

(252) la:k¹⁰ pai⁴

　　CT：子　女孩

　　"女儿"

(253) la:k¹⁰ ma⁴

　　CT：子　马

　　"马驹"

(254) la:k¹⁰ ma¹

　　CT：子　菜

　　"菜秧"

(255) la:k¹⁰ lja:n⁶

　　CT：子　辣

　　"辣椒"

（引自：杨通银 2016）

　　这个范畴化标记 la:k¹⁰ 后来语义又扩展为表示三维空间团状物体积较小的外部身体部位,如：

(256) la:k¹⁰ taŋ¹ ta⁵

　　CT：子　指　中间

　　"中指"

(257) la:k¹⁰ ȵən²

　　CT：子　人

"瞳仁"

这个表示具有三维空间特征的团状物体的类别词素进一步发生语义扩展,被用来指称工具,如:

(258) la:k¹⁰　　ɕa³′
　　　CT:子　　纱
　　　"纱锭"

(259) la:k¹⁰　　pa²
　　　CT:子　　耙
　　　"耙齿"

侗语的 la:k¹⁰ 所表示的这种三维空间团状物体的特征又被用来标记气象和天体,这些词已经不再带有"后代"的语义特征,如:

(260) la:k¹⁰　　pja³
　　　CT:子　　雷
　　　"雷公"

(261) la:k¹⁰　　ɕət⁷
　　　CT:子　　星星
　　　"星宿"

从这些例子可看出,以 la:k¹⁰ 来标记的名词好像找不到一个语义上的共同点,但是它们跟相邻的范畴却有共同之处,这就是维特根斯坦(Wittgenstein 1953/1986:31－32)所说的家族相似性的认知理据在起作用。

水语的 ni⁴ 本义是"母亲",但它发生了语义扩展,失去了"亲属"的义项,用来指称具有某种特点的成年女性,如:

(262) ni⁴ jet⁷
　　　"前妻"

（263）ni^4 ɬu^5

　　　"情妇"

（264）ni^4 ɬi^1 ȵui^6

　　　"妓女"

（265）ni^4 tip^7 duk^7

　　　"女裁缝"

（266）ni^4 ʔȵa:m^1

　　　"泼妇"

另外,水语中对失去配偶或父母者称为 qun^3（鳏、寡、孤）,要对它进行范畴化加工的话,可加上类别词素 ai^3、ni^4、la:k^8,这些类别词素的范畴化加工过程由此可见一斑,如:

（267）ai^3　　　　qun^3

　　　CT：人　鳏／寡／孤

　　　"鳏夫"

（268）ni^4　　　　qun^3

　　　CT：母亲　鳏／寡／孤

　　　"寡妇"

（269）la:k^8　　　　qun^3

　　　CT：孩子　鳏／寡／孤

　　　"孤儿"

毛南语的类别名词 zən^1（CN：人）和类别词素 la:k^8（CT：孩子）虽然都可以跟其他语言成分构成新词,但是 zən^1 的句法自由度较强,其原始义项保留较好,所有由它指派的名词都仍属于"人"的范畴,如:

（270）zən^1　　　da:i^2

　　　CN：人　好

　　　"好人"

(271) zən¹　khə³
　　　CN：人　坏
　　　"坏人"

(272) zən¹　kwɔk⁷　khje¹
　　　CN：人　国　其他
　　　"外国人"

(273) zən¹　ta:u¹　khje¹
　　　CN：人　地方　其他
　　　"异乡人"

而 la:k⁸ 这个语言成分则黏附性较强，语义也发生了较大的扩展，从表示"孩子"等意义发展出了具有某种特点的"青年男子"的意义，又进一步扩展出不带性别标记的"年轻人"等意义，如：

(274) la:k⁸　tɔk⁸
　　　CT：孩子　独
　　　"独子"

(275) la:k⁸　tsɔ²
　　　CT：孩子　青年
　　　"青年男子"

(276) la:k⁸　ɦa:k⁸
　　　CT：孩子　学
　　　"学生"

这个类别词素从其所隐含的"后代"的义项扩展到表示"果实"的意义，从而把这类名词归纳为"果实"的范畴，如：

(277) la:k⁸　ta:u²
　　　CT：果实　桃子
　　　"桃子"

(278) la:k⁸　tau¹
　　　CT：果实　西红柿

“西红柿”

（279）la:k⁸　　　tuŋ³
　　　CT：果实　橙子
　　　“橙子”

这个语言成分又从“果实”的意义进一步发展出了“小物件”等意义，这便是典型的莱考夫（Lakoff 1986：17）所说的“链锁加工”（chaining process），如：

（280）la:k⁸　　　kʰau⁵
　　　CT：小物件　扣子
　　　“扣子”

（281）la:k⁸　　　ki²
　　　CT：小物件　棋
　　　“棋子”

（282）la:k⁸　　　kja:ŋ⁵
　　　CT：小物件　陀螺
　　　“陀螺”

拉珈语 lak⁷ 的语义为“人”，如拉珈人的自称 lak⁷kja³ 即为“森林人”的意思。这个语言成分的语义和句法功能与壮语的 pou⁴、泰语的 kʰon 等成分类似，即可出现在词法层面的结构中，也可出现在句法层面中。换言之，它可用作类别词素也可用作类别词。只是壮语的 pou⁴ 和泰语的 kʰon 不能像拉珈语的 lak⁷ 那样被用来指称非人类范畴（见下文），如：

（283）lak⁷ tsẽŋ³ tsuə:n²
　　　“船夫”

（284）lak⁷ ta:m⁶ fa:ŋ¹
　　　“石匠”

（285）lak⁷ la⁴ phla¹

　　　　"渔夫"

（286）lak⁷ phi:n⁵ ŋjŭn²

　　　　"骗子"

　　表示人类的 lak⁷ 有时会有语义的扩展,被用来指称植物的"果实"。也许原先拉珈语的 lak⁷ 与壮语的 lɯk⁸、泰语的 lûuk、毛南语的 la:k⁸ 一样,也表示"孩子""后代"之类的意思,但后来的语言发展使拉珈语这个语言成分丢失了这个意思,而改用 nuŋ⁴ 来表示"子女",如 nuŋ⁴ kjā:u³ "女儿"、nuŋ⁴ kjei¹ "儿子"等。但 lak⁷ 跟壮语的 lɯk⁸ 以及其他侗台语族语言相应语言成分一样,也被用来指称"果实"范畴,如:

（287）lak⁷ faŋ¹

　　　　"桃子"

（288）lak⁷ fuŋ¹

　　　　"杏"

（289）lak⁷ ka:m⁵

　　　　"橘子"

（290）lak⁷ pak⁷

　　　　"萝卜"

　　也许是由于"果实"具有三维空间团状物体特征的特点,类别词素 lak⁷ 也转而被用来指称接近圆形或立方体的"小物件",如:

（291）lak⁷ fak⁷

　　　　"塞子"

（292）lak⁷ tsi⁵

　　　　"果核"

（293）lak⁷ ŋjaːn²

　　　"仁儿"

（294）lak⁷ kja⁵

　　　"瓜瓢"

　　这个语言成分进一步发生范畴扩展，甚至不具有这个特点的其他物件也被归入 lak⁷ 的范畴，如：

（295）lak⁷ tsik⁷

　　　"晒席"

（296）lak⁷ kwak⁷

　　　"钩子"

（297）lak⁷ fieːŋ⁵

　　　"相片"

　　布央语的类别词素 maːk⁰ 由 maːk¹¹ 发展而来，所表意义皆为植物的"果实"，属于词法层面的范畴化标记，如富宁峨村布央语：

（298）maːk⁰ liu¹¹

　　　"橘子"

（299）maːk⁰ maŋ⁵⁴

　　　"假槟榔"

（300）maːk⁰ va¹¹

　　　"牛奶果"

（301）maːk⁰ khwe³¹

　　　"桐子"

（引自：李锦芳 2000：38）

　　由于其三维立体空间的特征又被用来指称"团状物"，甚至扩

名词范畴化视野下的侗台语族类别词研究

展为指称"物件",即使它们的外形不是团状,如:

（302）ma:k⁰ qa:ŋ²⁴

　　"下巴"

（303）ma:k⁰ qou⁵⁴

　　"（牛）角"

（304）ma:k⁰ ɕa:p¹¹

　　"铡刀"

（305）ma:k⁰qhi⁵⁴

　　"禾剪"

（引自：李锦芳 2000：38）

根据李锦芳等（Li et al. 2010）的研究，布央语 mɑ⁵⁵/mɑ⁰（估计是 ma:k¹¹、ma:k⁰的变读）所指称的范畴为植物、身体部位，如:

（306）mɑ⁵⁵ gə³³

　　"茄子"

（307）mɑ⁵⁵ dɑ³²²

　　"眼睛"

（308）mɑ⁵⁵ tɑɑŋ¹¹

　　"屁股"

（309）mɑ⁵⁵ lɑn³¹

　　"背后"

可能由于身体部位具有方位的特征,这个语言成分还进一步虚化为指称方位意义,声调也虚化为轻声,如:

（310）mɑ⁰ qɔn³²²

　　"前面"

（311）mɑ⁰mit¹¹

　　"右边"

　　布央语的类别词素 la:k⁰ 由 la:k¹¹"孩子"虚化而成，表"小孩""年轻人"，也扩展用来指称"成年人"，如富宁峨村布央语：

（312）la:k⁰qen⁵⁴

　　"曾孙"

（313）la:k⁰iŋ²⁴

　　"女儿"

（314）la:k⁰qha:u¹¹

　　"小伙子"

（315）la:k⁰ɕɛ⁵⁴

　　"男人"

　　　　　　　　　　　　　　　　　　（引自：李锦芳 2000：37）

　　由于语言成分 la:k⁰ 本身具有[＋后代]的语义特征，它也被用来指称"动物崽子"范畴，如：

（316）la:k⁰ʔbɛp¹¹

　　"羊羔"

（317）la:k⁰qoi²⁴

　　"小狗"

　　另外，拉珈语的类别词素 la⁰ 可能由 la:k⁰ 进一步弱化而来，因为被它指派的语言成分包括了动物名词和植物名词，la:k⁰ 又进一步发生了语义的扩展，被用来指称非生命性名词，如：

（318）la⁰va³¹²

　　"水牛"

（319）la^{0}pak^{54}

　　　"冬瓜"

（320）la^{0}muk^{11}

　　　"云"

（321）la^{0}van^{312}

　　　"风"

　　　　　　　　　　　　　　　　（引自：李锦芳 2000：37）

　　布央语巴哈话的类别词素 pa^{33} 被用来指称有关"人"的范畴，相当于壮语的 pou^4 和布依语的 pu^4，将由它所指派的名词归类为某类人，如：

（322）pa^{33}ha^{33}

　　　"巴哈人"

（323）pa^{33}au^{33}

　　　"男人"

（324）pa^{33}mai^{11}

　　　"女人"

　　　　　　　　　　　　　　　（引自：李锦芳 1998：42,193）

　　这个语言成分也有语义扩展现象，被用来指称"类人形"事物或其他抽象事物，如：

（325）pa^{33}kha:u^{322}

　　　"鬼"

（326）pa^{33}mui^{322}

　　　"天"

（327）pa^{33}ka^{45}

　　　"路"

　　　　　　　　　　　　　　　（引自：李锦芳 1998：42,193）

仡佬语的类别词素 ma^{55}通常被指派到表示"人"的名词上,将这里名词归类到具有某种特征的人的范畴,如:

(328) ma^{55}blaŋ^{55}

　　　"寡妇"

(329) ma^{55}qa^{55}

　　　"长工"

(330) ma^{55}ʑi^{55}

　　　"嫂"

(331) ma^{55}ʔlo^{55}

　　　"女人"

（引自：张济民 1993：486 – 496）

根据李锦芳(2001：67)的研究,茶洞语中本义为"母亲"的语言成分 ni^2,可用来指称昆虫中的"成虫"。也许这是一个区域特征,因为壮语、毛南语等也有这种现象。仡佬语的 ma^{55}也是扩大了其指称的范畴,用这个语言成分指派的名词可以用来指称"动物",如:

(332) ma^{55}tsɯ^{33}tsɑ^{53}

　　　"喜鹊"

(333) ma^{55}liɯ^{31}

　　　"鱼"

(334) ma^{55}gu^{55}

　　　"蚂蚁"

(335) ma^{55}ɛ^{31}

　　　"蜜蜂"

语言成分 ma^{55}进一步发生语义扩展,丢失了[＋生命性]的义

名词范畴化视野下的侗台语族类别词研究

项,被用来指称非生命性的"用具"类,如:

（336）ma⁵⁵ke³⁵

　　"秤"

（337）ma⁵⁵thu⁵⁵

　　"床"

（338）ma⁵⁵lɯ⁵⁵vei⁵⁵

　　"船"

（339）ma⁵⁵vu³¹

　　"簸箕"

张济民(1993：35)认为,仡佬语的 mɒ²¹ 本义为母亲,有时也丢掉[＋长辈]的义素,扩展为指称普通的"女性",如:

（340）mɒ²¹lɒ¹³

　　"干妈"

（341）mɒ²¹tɑu¹³

　　"姨妈"

（342）mɒ²¹en⁵⁵

　　"妹妹"

目前不能确定 mɒ²¹ 是否与 ma⁵⁵ 有同源关系,二者的语义扩展路径颇为相似,都是从人类扩展到动物,又从动物扩展到非生命性的物件,如:

（343）mɒ²¹tsɑŋ¹³pu⁵⁵

　　"蝉"

（344）mɒ²¹zɑ¹³u

　　"乌鸦"

（345）mɒ²¹sʅ¹³

　　"喜鹊"

（346）mɒ²¹tɕi⁵⁵

　　"蝇子"

（引自：张济民 1993：36）

　　仡佬语的 pɯ⁵⁵ 与泰语的 pʰûu、壮语的 pou⁴ 类似，都含有"雄性"的意义，也可以用作类别词素将其指派到其他语言成分上，表示汉语的"-者"或英语的"-er"的意义，将它们归入某种职业或者某类特征的人的范畴，如：

（347）pɯ⁵⁵qei⁵⁵

　　"跛子"

（348）pɯ⁵⁵zə³³

　　"疯子"

（349）pɯ⁵⁵qɯ⁵⁵mpɑ³³

　　"阉匠"

（350）pɯ⁵⁵pi⁵ɕi¹³

　　"鞋匠"

（引自：张济民 1993：36）

　　仡佬语的 qə³³ 用作圆形物的标记，但是也可用来指派到带贬义的指人类的名词上，而一般的人类是用 pɯ⁵⁵ 来指称的，如：

（351）qə³³nquŋ¹³

　　"疙瘩"

（352）qə³³ə³³

　　"岩头"

（353）qə³³tshə¹³³

· 139 ·

"拳头"

(354) qə^{33} tsə^{21}

"傻子"

（引自：张济民 1993：37）

茶洞语 la:k^8 的原型语义是"儿子""后代"，但也可发生语义扩展，失掉义项[＋幼小]而被用来指称人类范畴，如：

(355) la:k^8 bi:k^6

　　"女孩"

(356) la:k^8 bi:k^8 kha:n^1

　　"孙女儿"

(357) la:k^8 hau^2 seŋ^1

　　"男青年"

(358) la:k^8 pan^4

　　"傻子"

(359) la:k^8 kin^1

　　"讲官话的汉族"

（引自：王怀榕 2015）

而由于其"后代"的意义，茶洞语 la:k^8 也常被扩展用来表示非人类范畴，如动物的"幼崽"：

(360) la:k^8 ka:i^5

　　"小鸡"

(361) la:k^8 ji:ŋ^2

　　"羔羊"

(362) la:k^8 kwi^2

　　"水牛犊"

（363）la:k^{8}po^3

"黄牛犊"

（引自：王怀榕 2015）

la:k^{8}也因其"后代"以及"团状物"的特点，还被用来指派到表示"果实"的范畴，如：

（364）la:k^{8}ka:m^1

"橙子"

（365）la:k^{8}mən^2

"李子"

（366）la:k^{8}pok^6

"柚子"

（367）la:k^{8}ta:u^2

"桃子"

（引自：王怀榕 2015）

语言成分 la:k^{8}还由于其表示"后代""果实"的特点，扩展到指称某种"团状物"，又扩展到非团状物的物件，如：

（368）la:k^{8}yt^7

"三角粽"

（369）la:k^{8}lən^2

"铃"

（370）laak^{23}lut^{23}

"线轴"

（371）laak^{23}piŋ^{53}

"酒曲"

一个范畴往往通过链锁性的联系而转移到另外一个范畴，la:k^{8}又从表示非生命体的物件扩展到指称地貌名词,如:

(372) la:k^{8}ni^1

　　"小河溪"

李锦芳(2001:69)和吴俊芳(2014:30)指出,茶洞语 ni^{4}的原义为"母亲"和"雌性",被用来指称有类似意义的人类或动物,如:

(373) ni^{23}n̥iŋ^{35}

　　"养母"

(374) ni^{4}ma^4

　　"母马"

(375) ni^{4}mu^5

　　"母猪"

这个语言成分还发生语义扩展,并同时失掉[＋人类]、[＋雌性]的义素,从而被用来指称非人类的动物,不分雌雄,如:

(376) ni^{4}kwai^3

　　"蚂拐"

(377) ni^{4}n̥o^3

　　"老鼠"

(378) ni^{4}na:ŋ^5

　　"虾"

(379) ni^{4}mat^7

　　"跳蚤"

茶洞语的 ni^{4}还被用来表示天体概念。跟毛南语将"太阳"归

入 la:k⁸（孩子）范畴而将"月亮"归入 ni⁴（母亲）范畴（见第 7.1.2
节）有所不同的是,茶洞语的 ni⁴ 用来指称"太阳",这方面的认知差
异有待研究:

（380）ni⁴ fai⁵

　　　"太阳"

茶洞语的 na³ "脸"用作类别词素时表示"前方、前部"等意义,
被指派到一些位于前方的身体部位或空间位置,如:

（381）na³ kun⁵

　　　"前面"

（382）na³ tak⁷

　　　"胸"

（383）na³ pja:k⁷

　　　"额头"

（384）na³ tθa:u⁶

　　　"厨房"

综上,侗台语族语言通常用类别词素指派到名词左边的方法
来进行名词范畴化加工。类别词素和类别名词有时候是一种交
叉的关系,有些类别名词衍生出了新的意义,这些已经产生了衍生意
义的语言成分,已失掉原型意义的成分,几乎变成了某种构词的语
法成分,它们通常不作为独立的句子成分出现。从下文的分析还
可看到,类别词素、类别名词、类别词在功能上也存在模糊区和重
叠区,也有交叉关系,这些语言成分有部分可出现在词法层面,也
可出现在句法层面,形成了词法维度和句法维度范畴化的连续体
（见表 3.14 中德兰西对这个连续体的分析）。

虽然类别词素和类别名词的自由度各自不同,与它们结合的

可以是各种成分,如形容词、动词、动词短语等,但它们却是结构中的范畴语义中心,起着范畴化的作用,表示"某类事物"的意思。由于汉语和英语的黏附成分比较丰富,黏附词素可位于词干的左边或右边。而下面我们将看到,侗台语的词缀系统比较简约,而且其体词性修饰结构是右分枝的,所以此范畴化标记位于左侧。正因为如此,本研究将国际上所通用的术语 class term 称作"类别词素"而不是"类别词缀"。"词缀"(affix)通常专指附属成分而非中心成分,而"词素"(morpheme)则不受此限制,它可指词根、词缀等。以此观之,覃晓航(2005)所说的壮语中的 pou⁴、ko¹ 等"词头"实际上是德兰西(Delancey 1986:439)所说的"类别词素"(class term),它们的句法特征类似于泰语的 pʰûu、nák 以及老挝语的 pʰù:等,句法自由度较小,黏附性很强,本身有一定的句法自由度,经常作为名词出现在句子中。但它们又经常与其他名词组合,起到分类即范畴化的作用,而且是语义和语法的中心。关于壮语"词头"的讨论见第八章。

3.3 句法维度范畴化标记

前文分析了侗台语族语言在词法维度上的名词范畴化策略,这些策略使用了句法自由度较强的类别名词和句法自由度相对较弱的类别词素,而且所陈述的这些语法手段属于构词法。而本节所涉及的类别词主要是指句法维度的名词范畴化标记,其语法手段属于构句法。句法维度范畴化加工是以句法形式来实现的名词范畴化,具体来说就是类别词的运用,以类别词(下文将标注为CL)来进一步限定名词的语义范畴,使之有界化。

与传统的汉语量词相比,侗台语族的类别词的涵盖面要窄得多。侗台语族的类别词不包括度量衡的量词。以往的研究将汉语的量词区分为个体量词、集合量词、部分量词、容器量词、临时量词、度量量词、自主量词、动量词、复合量词等,侧重于对量词本体的范畴化研究,即聚焦于量词种类的划分,而对量词的名词次范畴化功能的研究则少得多。就是说重视量词的次范畴研究,而轻视名词的范畴化策略的研究。迄今对汉藏语系的量词所作的研究大多是在探讨一个"数"和一个"量"的命题。实际上,数范畴是对离散个体数目的计量,而量范畴则还对非离散事物的外延的形状及性状进行计量。本研究所涉及的基于文化、社会及认知意义上的侗台语族类别词与汉语的量词有诸多不同。侗台语族也存在一个"度量词"(measure words)系统,与汉语的相应成分相类似,是一个封闭性系统,其认知过程与类别词范畴化的认知不甚相同,本研究对此将不作重点论述。

如第 1.1.1 节所述,部分汉语学者从认知和范畴化角度分析了汉语量词。沈家煊(1995)根据事物"有界"和"无界"的特征来认定汉语量词选用的制约因素。何杰(2000)深入探讨汉语量词次范畴划分及分布特征问题,探究量词次范畴分类的标准,量词理据的选择与量词的形象色彩等方面的内容。石毓智(2001)用物体的维度来解释汉语的量词,认为维度之间的比例为量词选用的首要认知基础。宗守云(2011;2012)通过原型及边缘的分析从认知论及类型学的视角以范畴化的角度对汉语的集合量词和个体量词做了探讨。其实,多数量词或者类别词的选用与有关论元的有定性或具体性有密切关系。名词未进入句子之前和未进入句子的动词一样,都是一种不定的形式。它们进入句子时通常都带上各种句法标记使之有定化或具体化。比如英语的动词 go"去"未进入句子之前是字典里的不定式 go,当其进入句子叙述一个"事件"(event)或"状态"(status)时,根据语境可以表现为有定的 go、goes、went、gone、going,以不同形式分别带上了人称、时、体等标记。同理,在对一个事件的表述里,其中的名词也经常是有定的,类似于"*Student enjoy reading book."这样的句子似乎是在表述一个事件或状态,但其中的两个名词是光杆名词,属于无定和非具体性概念,故句子不成立。要有效地表述一个事件或状态的话,英语语法要求将这两个名词个体化或具体化，比如加上数范畴标记、定指标记等，如"Students enjoy reading books.""The students enjoy reading the book.""The student enjoys reading the books.""A student enjoys reading the book."等。即使缺乏形态变化的汉语的动词投射到表层结构的方法也与英语类似。比如汉语字典中光杆的"吃"是无定的，甚至类似于"我吃"这样的句子在无语境的情况下，其意义也是不明确的，因为这并不足以表示一个事件或一种状态。要将它作为一个事件或一种状态来表述时，它是以有定的方式进入句子的。只是汉语的有定标记策略不是通过形态变化，而是通过分析手段添加助动词、副词、体标记、语气词等其他语言成分来实现，比如"我吃了""我想吃""我没吃""我吃过了"等。同理，汉语的名词进入句子中表示具体而有定的受事者(patient)或客体(theme)等论元成分时也是通过某种手段使之有定化或具体化的，如"我看书"中的"书"并非一个具体的客体，而"我看一本书""我看这本书"等才是带有个体性和具体性表述的事件。侗台语族语言的名词进入句子表示具体的受事者或客体等时，多数情况下也是需要个体化和具体化的，而实现这些的手段除了上文所说的词法维度的范畴化之外，还有句法维度的名词范畴化策略。

　　虽然侗台语族中各语言的类别名词和类别词素都出现在相关体词结构的左边，但其类别词出现的句法位置却因南北类型差异而有所不同。类别词相对于名词的位置，有的语言是左置，有的语言是右置。北方类型的侗台语主要是左置(见第4.3节)，南方类型的侗台语主要是右置。侗台语族中最典型的类别词与名词共现结构通常有："数词＋类别词＋名词"(北部类型)，"类别词＋名词＋指示词"(北部类型)，"名词＋数词＋类别词"(南部类型)，"名词＋类别词＋指示词"(南部类型)等。类别词右置可能是东亚和东南亚除汉语以及受之影响的语言之外类别词语言的地区特征，如南方类型侗台语的类别词为右置，这与日语的词序相类似，日语借用了大量的汉语词汇，但句法受到汉语的影响则相对较少，故其

"助数词"仍出现在主要名词的右边,若出现在左边则一般需加助词の;韩语的"分类词"也是出现在主要名词的右边居多,出现在左边时也通常加助词의。而汉语以及受其影响较深的北方类型侗台语和越南语等,其类别词的左置属另外一个区域特征。下面将分别就侗台语族语言句法维度范畴化的左置和右置策略进行详细分析。

第3.2节分析了泰语常用的词法维度的范畴化策略,而句法维度的范畴化标记主要是与数词、指示词等语言成分共同出现在主要名词的右边。比如泰语常见的表示人类的类别名词 pʰɔɔ(CN:父亲)、mɛ̂ɛ(CN:母亲)、dèk(CN:孩子)、naay(CN:主人／老板)、cʰâaŋ(CN:技工)、kʰon(CN:人)等,其所指派的语言成分在句法中大多被指派为 kʰon"人"的范畴,即在行文或说话中采用类别词 kʰon 来指称或计数[①]。例如:

(385) kʰon　　kʰàp　rót　săam　kʰon
　　　CN:人　驾驶　车　三　　CL:人
　　　"三个司机"

(386) cʰâaŋ　　　tàt　pʰŏm　săam　kʰon
　　　CN:工匠　剪　头发　三　　CL:人
　　　"三个理发师"

(387) naay　　　　pʰɛ̂ɛt　săam　kʰon
　　　CN:主人／老板　医生　三　　CL:人
　　　"三个医师"

(388) dèk　　　kʰon　cʰáy　săam　kʰon
　　　CN:孩子　人　使用　三　　CL:人
　　　"三个服务生"

(389) mɛ̂ɛ　　　bâan　săam　kʰon
　　　CN:母亲　家　三　　CL:人
　　　"三个主妇"

---

① 以类别词素 naay 来构成的含有施事者等意义的名词视所指的受尊重程度情况而采用类别词 naay 或 kʰon。

(390) pʰɔ̌ɔ   kʰáa   sǎam   kʰon
        CN：父亲   做生意   三   CL：人
    "三个商人"

正如第 3.2.1 节以及其他有关章节所述,侗台语族语言无论南部或北部类型的词法范畴化策略通常都是将范畴化标记左置,如泰语的 pʰûu kʰǎay(CT：者_卖)"商人"、壮语的 pou⁴ ɕuːŋ⁶(CT：者_壮族)"壮族人"等,而句法维度的范畴化标记,其分布位置在南部和北部侗台语中则有所不同。具体来说,北部类型的侗台语壮语将词法维度的范畴化标记和句法维度的范畴化标记皆置于名词短语左边(具体分析见第 4.3 节)。而像泰语这样的南部侗台语是将词法维度的范畴化标记置于左边,但却将句法维度的范畴化标记置于名词短语右边,词法维度标记和句法维度标记呈现出一左一右互不重叠的分布局面。图 3.1 显示了泰语词法维度的范畴化标记 cʰâaŋ(CN：技工)与句法维度的范畴化标记 kʰon(CL：人)分置于主要名词 máay(木头)两头的情形。

"三个木匠"

图 3.1　泰语词法维度与句法维度范畴化标记分置左右示意图

图 3.1 中"木匠"一词,其左侧的类别词素 cʰâaŋ(CN：技工)将 cʰâaŋ máay 标记为某类拥有某种手艺的"施事者",而这个词进入句子后又被个体化,从无界概念变成有界概念,被再次范畴化为 kʰon(CL：人),赋之以"可数"的特点。

因为名词范畴化加工最重要的基础是语义,所以句法层面范畴化标记的选用不但受制于词法层面上范畴化类别标记的语义,如上述的 kʰon、cʰâaŋ、naay、dèk、naaŋ、mɛ̂ɛ、pʰɔ̌ɔ、lûuk、pʰûu、nák

等本身的语义,也受到整个体词结构的现实所指的语义制约。就是说,同样的词法结构因其所指的语义差异而选择不同的句法范畴化策略,即选择不同的类别词。如在泰语中同样以词法维度范畴化标记 mɛ̂ɛ(CN:母亲)而构成的一系列名词,本来在句法层面上理应都用类别词 kʰon(CL:人类)来具体指称或计数,其实不然,它们根据其现实世界所指的不同而被不同的类别词重新范畴化为 kʰon(CL:人类)、tua(CL:动物类)、dɔ̀k(CL:花朵)、an(CL:三维空间团状物体)、sǎay(CL:带状物体)等,分别被归入人物、动物、植物、非生命体等次范畴,这是因为这些范畴都有维特根斯坦(Wittgenstein 1953/1986)所说的"家族相似性"(family resemblance),这些相似性可通过一种"链锁"(chaining)加工引发原型意义产生新的扩展意义,使得指称范围被重新归类,使之转而界定新的现实(Langacker 2006:29)。从例(391)到(396)中的mɛ̂ɛ已发生了一系列的链锁性语义转化,在很多结构中只保留了它多个语义特征中的某一种特征(进一步的分析见第7.1.1节)。因其所分化出的多种语义的变体使这个词素具有很强的构词能力,于是所产生出的相同的词法维度的形式便选择了不同的句法维度的范畴化策略。例如下面的几个例子中都标记为mɛ̂ɛ,但是只有例(391)的范畴化标记保留了比较强的原型意义,将 mɛ̂ɛ kʰrua"厨娘"这个概念标记为"成年女性"的范畴,所以在句法维度被标记为 kʰon(CL:人类)。例(392)中的 mɛ̂ɛ 将动物 mɛ̂ɛ kày"母鸡"标记为"雌性动物",而未保留[+人类]的义项,所以在句法维度中进一步被标记为 tua(CL:动物类)。例(393)中的mɛ̂ɛ 将mɛ̂ɛ kun jɛɛ(CT:母亲_锁/钥匙)"锁头"标记为某种"母体"[与之呼应的 lûuk kun jɛɛ(CT:孩子_锁/钥匙)"钥匙"被标记为"子体"],而不是标记为"人类"或"动物类",丢失了源义的主要义素[+雌性]、[+人类]、[+动物],几乎变成了黏附性很强的表示非生命性的构词词素,所以在句法维度上使用指称花朵、香炷、箭支等的类别词 dɔ̀k(CL:朵/枝)来标记,被指派为非动物范畴。例

(394)的mêɛ将mêɛ rɛɛŋ(CT：母亲_力量)"千斤顶"标记为某种"部件集成体"，将之指派为非人类和非动物的物体范畴，所以在句法维度上将之标记为an(CL：类团状物体)。例(395)和(396)的mêɛ都分别标记为某种"源头"，所以在句法维度中也未采用人类或动物的范畴标记。其中(395)的mêɛ náam(CT：母亲_水)"河流"根据其长条形状而被标记为săay［CL：带状物体］，而(396)的句法范畴化策略与它前面的几个例子有所不同，因为mêɛ sǐi(CN：母亲_颜色)"原色"则属于较为抽象的概念，而一般较抽象的概念往往使用"反响型类别词"来标记，详情请见第4.7节。

> (391) mêɛ　　　kʰrua　　săam　kʰon
> 　　　CN：母亲　厨房　　三　　CL：人类
> 　　　"三个厨娘"
>
> (392) mêɛ　　　kày　săam　tua
> 　　　CN：母亲　鸡　三　　CL：动物类
> 　　　"三只母鸡"
>
> (393) mêɛ　　　kun jɛɛ　săam　dɔk
> 　　　CN：母亲　锁/钥匙　三　　CL：朵/枝
> 　　　"三把锁头"
>
> (394) mêɛ　　　rɛɛŋ　săam　an
> 　　　CT：母亲　力量　三　　CL：立方状物体
> 　　　"三个千斤顶"
>
> (395) mêɛ　　　náam　săam　săay
> 　　　CT：母亲　水　　三　　CL：带状物体
> 　　　"三条河流"
>
> (396) mêɛ　　　sǐi　săam　sǐi
> 　　　CT：母亲　颜色　三　　颜色
> 　　　"三种原色"

在句法维度范畴化方面，泰语类别词的使用与否与是否将名词的所指进行个体化或具体化有关，总体概念不使用类别词，如(397)；而个体化的概念则使用类别词，如(398)；泛指的不用类别

词,如(399);特指的则使用类别词,如(400):

(397) nók   lék
      鸟   小
      "小鸟"

(398) nók   tua   lék
      鸟   CL:动物   小
      "一只小鸟"

(399) nók   níi
      鸟   这
      "这只鸟"

(400) nók   tua   níi
      鸟   CL:动物   这
      "这一只鸟"

(引自:Singhapreecha 2001:260－261)

表 3.2 是泰语一些常用的句法维度的范畴化标记,它们在句法层面对名词所表示特定的某类所指分别进行范畴化加工(Iwasak 等 2005:76－78;Noss 1964:42,106)。这个系统的明显特点是将人类、动物、植物、非生命性事物划归为四大类,它们的句法选择受到多种语义的制约,包括形状、生物性、功能、社会因素、文化因素、法令因素等(具体分析见第 6.1 节和第 7.1 节)。在非生命性这个大范畴之下细化的范畴尤为众多(见第 6.1.1、6.1.3 等小节)。

表 3.2 泰语句法维度范畴化标记示例

句法范畴化标记	范畴	典型所指
kʰon	人类	工人、农民、学生
tua	动物	具有类人形特点(胳膊、腿等)的非人类事物,如动物、外衣、裤子、桌子、椅子

句法范畴化标记	范　畴	典　型　所　指
tôn	植物	树、草、蔬菜
an	除了人类和动物外的几乎所有物体及多数抽象事物	刷子、卷尺、指甲钳、梳子
pʰèn	片状物	纸张、CD、肉块
lêm	锐物、细长物	刀子、长矛、书、笔记本
sên	细长管状物	绳子、导线、头发
mét	小而圆的粒状物	辣椒、药粒、丘疹
lûuk	小而圆的物体	水果、木瓜、肉丸子、球、气球
kôon	不规则块状物	石头、豆腐、肥皂
muan	香烟状物体	香烟、雪茄
múan	卷状物	胶卷、手纸
kʰan	有把柄类用具	小轿车、巴士、的士、叉子、勺子
bay	容器、片状物	碟子、杯子、衣柜、碗柜、帽子、票、鸡蛋
lam	长形管状物	船只、飞机
ruan	容器状用具	挂钟、手表
lǎŋ	脊背状物体	房子
dǎam	有把用具	钢笔
tʰêŋ	杆状物	铅笔、铁棒
sǎay	带状物	河流、道路
fɔɔŋ	泡状物	鸡蛋

续　表

句法范畴 化标记	范　畴	典型所指
dɔɔk	小型植物	钥匙
pʰuaŋ	串状物	钥匙、葡萄

老挝语的名词次范畴系统与泰语的有很多共同点,也是将词法维度范畴化标记和句法维度范畴化标记分置于体词短语的两头,在句法维度的名词次范畴策略方面,显示了其南方类型侗台语言的特点。例(401)—(406)显示了老挝语将句法维度的名词范畴化标记置于中心语的右侧的情形,这个标记经常与数词或指示词共现:

（401）pa: só:ŋ to:
　　　鱼　二　　CL:动物
　　　"两条鱼"

（402）kāy säːm to:
　　　鸡　三　　CL:动物
　　　"三只鸡"

（403）kʰú: só:ŋ kʰón
　　　老师　二　CL:人
　　　"两个老师"

（404）nāk híːan pɛ̌ːt kʰón
　　　CT:者　学习　八　CL:人
　　　"八个学生"

（405）lōt só:ŋ kʰán
　　　汽车　二　CL:辆/把
　　　"两辆车"

（406）sɔ̄:n só:ŋ kʰán
　　　勺子　二　CL:辆/把
　　　"两个勺子"

（引自:Enfield 2007:120,123;张良民 2002:161)

在很多情况下,老挝语表示人类范畴的 pʰ ǔ: 与 kʰ ón 一样可以与数词等共现,用作类别词,如:

(407) pʰ ǔ:ɲíɲ　　pʰ ǔ:　　nɪ̄ŋ
　　　CT:女人　CL:人　一
　　　"一个女人"

(408) pʰ ǔ:ɲíɲ　　kʰ ón　　nɪ̄ŋ
　　　CT:女人　CL:人　一
　　　"一个女人"

(409) lɯ̂:k　　pʰ ǔ:　　nɪ̄ŋ
　　　孩子　CL:人　一
　　　"一个孩子"

(410) lɯ̂:k　　kʰ ón　　nɪ̄ŋ
　　　孩子　CL:人　一
　　　"一个孩子"

但 pʰ ǔ: 与 kʰ ón 这二者中只有 kʰ ón 可以跟大于"一"的数词共现,如例(411),而例(412)是错误的,因为其中的 pʰ ǔ: 跟数词 só:ŋ "二"共现。如前所述,与泰语一样,老挝语的 pʰ ǔ: 只能跟 nɪ̄ŋ "一"共现。

(411) lɯ̂:k　　só:ŋ　　kʰ ón
　　　孩子　二　CL:人
　　　"两个孩子"

(412) *pʰ ǔ:　　ɲíɲ　　só:ŋ　　pʰ ǔ:
　　　CT:人　女性　二　CL:人
　　　"两个女人"

正如上文所述,词法维度的范畴化和句法维度的范畴化策略在这里呈现一种互动关系:词法维度的语义性质往往决定了对何种句法维度标记的允准,而对句法维度的范畴化标记的不同选择也可决

定词法维度次范畴的不同语义内容。恩菲尔德(Enfield 2007:125)
列出了老挝语的一些类别词与名词所指的搭配关系(见表 3.3)。从
表中可看到老挝语与其他本语族语言一样,其常用句法维度的范畴
化标记多数是以物体的形状作为参照来对名词进行范畴化加工的。
这体现了人类从具体到抽象、从客观到主观的认知过程。

表 3.3 老挝语常用句法维度范畴化标记示例

句法范畴化标记	名词原义	所　　指
kòòn[4]	lump"块"	自然界的块状物,如冰块、石块
sên[5]	line"条"	丝/带/绳状物,如道路、导线
kʰon[2]	person"人"	人,不包括和尚,如教师、小孩、大人
too[3]	body"身体"	带有"身体"的物品,如狗、蛇、衬衫
ton[4]	plant"植物"	有生命的植物,如树丛、灌木、树木
tòòn[1]	piece/hunk"块""片"	切出来的软片,如一块肉
nuaj[1]	unit"个"	圆形物体,装配物,如苹果、椅子、山
pʰùùn[3]	soft sheet"软片"	布料或者相似物,如台布、裙子、雨衣
pʰèèn[1]	stiff sheet"硬片"	硬薄片,如干面条、唱片
kʰan[2]	handle"把柄"	用手操作带把柄的东西,如车辆、雨伞
mêt[1]	grain"粒"	小颗粒,如种子、小斑点
laŋ[3]	back"背后"	房子、某类捕鱼用具
hua[3]	head"头"	书籍、球状根茎蔬菜
qan[3]	—	可用手抓住的小型物品

表 3.3 的很多词实际上是一些兼任的句法范畴化标记,就是

说,除了范畴化标记,它们还经常用作别的语法成分,比如 $k^h an^2$ "把柄"、$lang^3$ "背后"、hua^3 "头"等既可以用作名词,用作句子的各种成分,同时也可以用作句法维度的范畴化标记,直接受到数词、指示词的修饰。而表3.4中所列出的例子是老挝语的专用句法维度的范畴化标记,它们通常只与某一个名词共现(Enfield 2007:125):

表3.4 老挝语专用句法维度范畴化标记示例

句法范畴化标记	名词原义	所　　指
$daang^3$	方形渔网	网状实物(渔网、蚊帐)
$lêm^5$	—	牙齿
$qong^3$	—	和尚
taa^3	眼睛	秧苗苗圃
$maan^2$	谷穗	玉米棒、稻穗

　　壮语的句法维度的范畴化标记方法采用了与泰语和老挝语不同的策略,它并非将句法标记置于与词法维度的标记相反的方向,而是将词法维度范畴化标记和句法维度的标记一起共同置于体词短语的左边,如例(413)—(415)所示。与其他侗台语族语言类似,壮语的类别词可以直接受到数词、指示词、形容词等所修饰。根据多位学者的研究(袁家骅 1979;晋风 1982;薄文泽 2003b;Enfield 2007;Lu 2012),侗台语族很多语言的类别词在句法维度中是处于其所在名词短语的中心,而名词直接受到指示词、数词修饰的反而不如类别词受它们修饰的常见。

　　(413) $sa:m^1$　　tu^2　　　　　pit^7
　　　　　三　　　CT:动物　鸭
　　　　　"三只鸭子"

（414）sa:m¹　　pou⁴　　piŋ¹
　　　　三　　　CT：人类　兵
　　　　"三个军人"

（415）sa:m¹　　ko¹　　fai¹
　　　　三　　　CT：植物　树
　　　　"三棵树"

如上述，北部类型的侗台语的词法维度和句法维度范畴化标记最常见的结构类型是"名词次范畴句法标记＋名词次范畴词法标记＋名词"，如武鸣壮语：

（416）sa:m¹　　tu²　　　　　ɣɔk⁸ka¹
　　　　三　　　CL：动物　　CN：乌鸦
　　　　"三只乌鸦"

（417）sa:m¹　　an¹　　　　　　ma:k⁷ta:u²
　　　　三　　　CL：团状物体　CN：果桃
　　　　"三个桃子"

在例（416）中，词法维度的类别名词 ɣɔk⁸ 作为一个次范畴标记将 ɣɔk⁸ka¹ 标记为"鸟类"范畴，而在进入句子后在句法维度再次被范畴化为 tu²（CL：动物），即"属于动物范畴的鸟类次范畴"，此句法范畴化标记对鸟类再次进行了个体化加工，使之成为可以计数的个体。同理，例（417）类别名词 ma:k⁷ 作为一个词法次范畴标记将 ma:k⁷ta:u² 标记为"果类"范畴，而在进入句子后再次在句法维度被范畴化为 an¹（CL：团状物体），即"属于团状物体范畴的果类次范畴"，此句法范畴化标记对果类再次进行了个体化加工，使之成为可以计数的个体。侗台语中有的语言成分可兼任类别名词、类别词素、类别词的语法功能，有的则主要具备一种或两种功能，其他功能则受限。如上述泰语的 kʰon（人）就可以用作普通名词、类别名词、类别词素、类别词，而 cʰâaŋ（匠）则只可以用作名词、类别词素等，而不能用作类别词。pʰûu(CT：人)主要用作类别词素，而不用作独立运用的名词（用作形容词表示"雄性"时除外），用作类别词也受一定程度的限制。有关动物、人物、植物、非生命性等的名词，其选择名词范畴化标记的依据大多情况下主要是语义，无论是在词法维度或是句法维度方面都是这样。所以在壮语中与例(416)和(417)有所不同的是，用作句法维度范畴化标记的类别词有时候会与用作词法维度的范畴标记的类别名词或类别词素为同一形式。在此种情形下，句法维度和词法维度的名词范畴化标记通常会合二为一，合并了的形式呈现出张元生(1993：80)所说类别量词的"双重性质的作用"，以

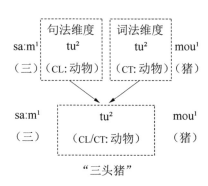

"三头猪"

图3.2 壮语词法维度与句法维度范畴化标记合并示意图

及薄文泽(2003a：11)所说的壮语"量词语法的双重性"。图3.2显示了壮语词法维度的范畴化标记 tu²(动物范畴)与句法维度的范畴化标记 tu²(动物范畴)发生重叠而合二为一的情形。壮语的 mak⁷(果)是可以独立使用的名词或者可用来构成新词的类别名词，但它不能直接用作类别词。

所以，在壮语中两个相同形式的范畴化标记是不能并列出现的，比如壮语中没有类似例(418)和(419)这样的说法，因为虽然句法层面的名词范畴化成分，亦即类别词 tu²(CL：动物)和pou⁴(CL：人类)，可以直接跟数词结合，但相邻的句法范畴化成分和词法范畴化成分因其形式相同而不能共现。它们与例(417)中的 sa:m¹ an¹ ma:k⁷ ta:u² "三个桃子"的语义结构层次是不一样的，虽然例(417)中的短语也是一个句法范畴化标记和一个词法范畴化标记并列，但它们却是不同形式和不同级别的范畴标记，an¹是大类名，ma:k⁷是小类名，同理，sa:m¹ tu² ɣɔk⁸ lai³ "三只麻雀"、sa:m¹ pou⁴ ɕa:ŋ⁶ ju¹ "三个医生"等也属于句法范畴化标记和

词法范畴化标记并列的短语,是一种大类名和小类名的并列结构(大类名和小类名的重点分析请见第 4.4 节)。

(418) *sa:m¹　tu²　　　　tu²　　　　　　mou¹
　　　 三　　 CL：动物　CT：动物　猪
　　　 "三头猪"

(419) *sa:m¹　pou⁴　　　 pou⁴　　　　　la:u⁴
　　　 三　　 CL：人类　CT：人类　老
　　　 "三个老人"

另外,壮语含有范畴化标记的体词结构,如受到指示词修饰的话,也是只出现一个层面的范畴化标记。当范畴化标记后面跟着名词时是如此,如例(420)—(422):

(420) pou⁴　　　　　vun²　nei⁴
　　　 CL/CT：人类　人　　这
　　　 "这个人"

(421) tu²　　　　　　 meu²　nei⁴
　　　 CL/CT：动物　猫　　这
　　　 "这只猫"

(422) ko¹　　　　　　 ma:k⁷ ŋa:n⁴
　　　 CL/CT：植物　龙眼
　　　 "这棵龙眼树"

或者是范畴化标记后面跟着的是其他的语法成分的情况下,也是将词法维度的范畴化标记和句法维度的范畴化标记合二为一,如例(423)—(425):

(423) pou⁴　　　　　　 sa:ŋ¹　nei⁴
　　　 CL/CT：人类　高　　这
　　　 "这个高个儿"

（424）tu² kɯn¹ pja¹ nei⁴
CL/CT：动物　吃　鱼　这
"这只吃鱼的"

（425）ko¹ bou³ mi² baɯ¹ nei⁴
CL/CT：植物　不　有　叶子　这
"这棵没有叶子的（植物）"

表 3.5 是韦达（2005：271-273）和覃晓航（2008：123-125）所列出的壮语常用句法维度的范畴化标记。它们包括了大部分常见的语义范畴，有语义层次较高的人类、动物、植物、非生命体，以及语义层次较低的表示人类性别范畴、具有各种三维空间范畴的物体等（见第 6.1.1 节）。

表 3.5　壮语常用句法维度范畴化标记示例

句法范畴化标记	范　畴	典　型　所　指
pou⁴	人类	大人、小孩、男人、女人、工人、农民、士兵、教师
ko¹	植物	树木、草、蔬菜、菌类
tu²	动物	猪、狗、鸡、鸭、鸟、鱼、蛇、蚂蚁、小孩
an¹	三维立体物及抽象物	水果、球、锅、碗、瓢、盆、房子、工厂、国家
fa:k⁸	有刃有柄工具	刀子、斧子、凿子、剪子、锥子、钥匙、钳子、锯子
ɕa:ŋ⁶	职业	菜贩子、屠夫、医生、铁匠、木匠、理发师、拳师
tak⁸	年轻男性	男孩、男青年
koŋ¹	老年男子	祖父、年长男官员
ta⁶	年轻女子	女学生、女青年
me⁶	老年女子	年长女教师、年长女歌手

句法范畴 化标记	范　畴	典　型　所　指
ŋeu⁵	小型立体物	小石头、狗粪
ŋau⁵	大型立体物	大石头、大土块
ŋi⁵	微小立体物	米粒、碎屑
dak⁷	大型重物	大铁块、大石头
dik⁷	水滴状液体	雨点、泪水
ŋit⁸	小型物体	食物碎屑、小孩
jep⁸	小撮粉状物	盐、糖、味精、淀粉
veŋ⁵	小型片状物	眼镜片、碎玻璃
va:ŋ⁵	大型片状物	玻璃镜子、大瓦片
pep⁷	小型黏稠片状物	小块稀泥
pa:p⁷	大型黏稠片状物	大块稀泥

很多这些既能用作句法范畴化标记的类别词也可以用作词法范畴化标记，如原义为"母亲"的 me⁶，可以用在 me⁶ ko¹ "姑母"、sa:m¹ me⁶ vun² "三个女人"等词法和句法结构中；表示"青年男性"的 tak⁸，可以用在 tak⁸ pi² "胖男孩"、sa:m¹ tak⁸ luɯk⁸ "三个儿子"等词法和句法结构中；表示"青年女性"的 ta⁶，可以用在 ta⁶ pi² "胖女孩"、sa:m¹ ta⁶ luɯk⁸ "三个女儿"等词法和句法结构中。但有些语言成分的主要功能是用作句法层面的范畴化标记，如 ŋeu⁵、ŋau⁵、ŋi⁵、veŋ⁵、va:ŋ⁵、pep⁷、pa:p⁷ 等，它们作为词法维度的范畴化标记是经常出现在指称现实世界中的物体或回指的语境中。

布依语也是存在着两个维度的范畴化加工的策略，比如以

pjak⁷这个词法范畴化标记来指称"菜"类植物，如 pjak⁷ po⁶ tshaːi¹ "菠菜"、pjak⁷ liɛn⁴ xua⁶ pe⁴"包心菜"、pjak⁷ ju²"油菜"等，而在句法上则用句法范畴化标记 ko¹来指称。就是说，这个范畴化过程是在词法维度上先将它们范畴化，指称为某类可食用的草本植物，然后在句法维度再将之范畴化为植物。例(426)中用句法维度的范畴标记 ko¹表示这个体词结构所表示的所指是属于植物范畴。

(426) saːm¹   ko¹   pja?⁷   yaːu¹
　　　三   CL：棵   菜   白
　　　"三棵白菜"

（引自：喻翠容 1980：30）

另外，布依语也是像壮语一样将词法维度的范畴化标记和句法维度的范畴化标记合二为一的情况[见例(420)—(425)]，如例(427)所示。

(427) pu⁴   vɯn²   ni⁴   mɯŋ²   mi²   yam⁵   mi²   kaːŋ³
　　　CL/CT：人   人   这   你   不   问   不   讲
　　　"这个人你不问他就不讲。"

（引自：喻翠容 1980：59）

例(428)—(437)是布依语中其他表示人类、动物、非生命性物体等范畴化策略中，将词法维度标记和句法维度标记合二为一的一些例子。

用 pu⁴指称人类范畴：

(428) tsip⁸   pu⁴
　　　十   CL/CT：个   人
　　　"十个人"

（引自：喻翠容 1980：27）

（429）suaŋ¹　　pu⁴　　　　se³ja:n⁴
　　　　两　　CL/CT：个　社员
　　　　"两个社员"

（引自：喻翠容 1980：43）

用 tu² 指称动物范畴：

（430）si⁵　tu²　　　　kai⁵
　　　　三　CL/CT：只　鸡
　　　　"三只鸡"

（引自：喻翠容 1980：30）

（431）tu²　　　　ku²⁷　diau¹
　　　　CL/CT：只　虎　一
　　　　"一只老虎"

（引自：喻翠容 1980：50）

用 dan¹ 指称非生命性物体范畴：

（432）sa:m¹　dan¹　　　za:n²
　　　　三　　CL/CT：个　房子
　　　　"三间房子"

（引自：喻翠容 1980：31）

（433）dan¹　　　　kwa¹　diau¹
　　　　CL/CT：个　锅
　　　　"一口锅"

（引自：喻翠容 1980：43）

用 va:ʔ⁸ 表示带把的工具范畴：

（434）va:ʔ⁸　　　　tɕiau²　diau¹
　　　　CL/CT：把　剪刀　一
　　　　"一把剪刀"

（引自：喻翠容 1980：30－31）

（435）va:ʔ⁸　　　　tɕai¹　diau¹
　　　　CL/CT：把　犁　一

· 163 ·

"一张犁"

（引自：喻翠容 1980：30 - 31）

用 san[3] 来指称硬条状物范畴：

（436）suaŋ[1]　san[3]　　　tuŋ[4]
　　　　二　　　CL/CT：根　棍子
　　"两根棍子"

（引自：喻翠容 1980：31）

用 tɕɔŋ[5] 来指称衣物范畴（布依语望谟话）：

（437）soŋ[1]　tɕɔŋ[5]　　　pɯə[6]
　　　　二　　　CL/CT：件　衣服
　　"两件衣服"

（引自：周国炎、刘朝华 2018：142）

表 3.6 为布依语常用句法范畴化标记。从表中可看到，人类、动物类、植物类是与其他范畴分列出来的。ʔdan[1]（三维固体团状物）是常用的标记非生命物体的范畴化标记，其语义外延比其他的非生命性物体要广。而其他的范畴化标记的语义外延则较小，如ʔdak[7]表示的是"中型三维固体团状物"，nat[8]与之相对而言表示的是"小型三维固体团状物"等。

表 3.6　布依语常用句法维度范畴化标记示例

类别词	范　畴	典　型　所　指
pu[4]	人类	人、农民、学生、客人、强盗、商人、大人、小孩
tuə[2]	动物类	马、牛、鸡、鸟、蜈蚣、乌龟、蟑螂、蚊子
ko[1]	植物类	树、草、秧苗、花、菜
ʔdan[1]	三维固体团状物	车、房子、桌子、桥、锁、鸡蛋、灯

类别词	范 畴	典 型 所 指
ʔdak⁷	中型三维固体团状物	香皂、块根、石头、炮弹、木头、铁块、骨头、白薯
nat⁸	小型三维固体团状物	珠子、米、扣子、种子、糖果、汗水、子弹
san³	固体条状物	绳子、扁担、笔、檩条、拐杖、竹竿、蜡烛
teu²	条形物体	鱼、蛇、河、路、歌曲、故事
ku⁶	成双状物件	鞋、箱子、筷子、袜子
fu⁵	成套对称物体	眼镜、眼睛、双腿、棺材、电池
ɕoŋ⁶	带孔物体/身体部位	嘴、阴道、肛门、山洞、窗子、厕所
fa⁶	长形工具	刀、剑、针、锥子、钳子
kaːi⁵	块状物	镜子、扫帚、肉
ʔbaɯ¹	叶状物体	纸、叶子、旗子、头巾、图画、状子
pen⁵	片块状物	树叶、石头、镜子、毛巾、扇子
na³	片状柔软物体	旗、床、布
tɕoŋ⁵	衣物/纺织品类	衣服、裤子、被子
toi⁵	成对物体/动物	兔子、眼睛、衣服

（引自：周国炎 2016）

侗语的句法维度的范畴化策略为侗台语北部类型，也是将类别词置于体词结构的左边，如例(438)—(452)所示：

(438) ja¹¹　muŋ³¹　ŋən¹¹
　　　二　　CL：个　人
　　　"两个人"

(439) ja¹¹　tu¹¹　　nai³¹　a：i⁵³
　　　二　　CL：只　母　鸡
　　　"两只母鸡"

(440) i⁵⁵　　oŋ⁵⁵　　mai³¹　tui⁵⁵
　　　一　　CL：棵　树　桃子
　　　"一株桃树"

(441) ja¹¹　oŋ⁵⁵　　mai³¹　jəi¹¹
　　　二　　CL：棵　树　梨
　　　"两棵梨树"

(442) u⁵⁵　　mai³¹　ʨa³³　me¹¹　sa：m⁵⁵　tu¹¹　　nok¹¹
　　　上面　树　　那　有　三　　CL：只　鸟
　　　"树上有三只鸟。"

(443) ja¹¹　ma：ŋ⁵³　mja¹¹　ja：u¹¹
　　　二　　CL：只　手　　我
　　　"我的两只手"

(444) sa：m⁵⁵　pən³³　le³²³　ma：u³³　ti⁵⁵　taŋ⁵⁵　ʨa³³
　　　三　　CL：本　书　他　　寄　来　　那
　　　"他寄来的三本书"

(445) ja：n¹¹　ʨiu⁵⁵　sa：ŋ³¹　i⁵⁵　tu¹¹　　sai³²³　a：i⁵³
　　　家　　我们　养　　一　CL：只　公　　鸡
　　　"我们养了一只公鸡。"

(446) ja：n¹¹　ma：u³³　me¹¹　ja¹¹　la：k³¹un³³
　　　家　　他　　有　二　CL：个小孩
　　　"他家有两个小孩儿。"

(447) ɕeŋ⁵⁵　ȵət¹¹　sa：m⁵⁵　muŋ³¹　ŋən¹¹　la：u³¹　ʨa³³
　　　生日　　三　　CL：个　人　　老　　那
　　　"那三个老人的生日"

(448) me¹¹　tu¹¹　　meu³¹　pəp¹¹　u⁵⁵　ɕoŋ⁵³　ʨa³³
　　　有　CL：只　猫　　趴　　上面　桌子　那
　　　"有只猫趴在凳子上。"

（449）toŋ⁵³　　mai³¹　la:u³¹　nai³³
　　　　CL：段　木头　　大　　这
　　　　"这根大木头"

（450）u⁵⁵　　kha:i⁴⁵³　ȶa³³　ȶeu⁵³　i⁵⁵　ȶa:ŋ⁵⁵　wa²⁴
　　　　上面　墙　　　那　　挂　　一　CL：张　画
　　　　"墙上挂着一幅画。"

（451）nan⁵⁵　sɿ⁵⁵　na:i⁵⁵
　　　　CL：个　事　这
　　　　"这件事"

（452）i⁵⁵　a⁵³　　mo¹¹tho¹¹ȶhe³³
　　　　一　CL：辆　摩托车
　　　　"一辆摩托车"

（引自：杨通银 2016）

根据石林（1997：42,114）的研究，侗语北部方言第一土语的量词可独立用作主语、宾语、谓语，例如：

（453）ɕau¹′　wəu¹　zən¹′
　　　　你们　个（人）　个
　　　　"你们一个人一个。"

（454）jau²　wu⁵′　zən¹′
　　　　我　口　　个
　　　　"我一口一个。"

（455）to²　na⁵′　pi²　to²　jun¹　i¹
　　　　只　睡　肥　只　站　一
　　　　"睡的那只比站的那只肥一些。"

（456）to²　paŋ¹′　ȶe¹　wəi⁵′　to²　jəm¹　ȶaŋ²
　　　　只　高　吃　快　　只　瘦　些
　　　　"那只高的比那只瘦的吃得快些。"

（457）wəu¹　ȶe¹′　zən¹′
　　　　个（人）　吃　个
　　　　"一个人吃一个。"

（458）ja⁵   ti¹   nai⁶   wəu¹   zən¹′
　　　　些　李子　这　　个（人）个
　　　　"这些李子一个人一个。"

（引自：石林 1997）

表 3.7 是一些常用的侗语句法范畴化标记，它们显示了侗台语句法范畴化标记类似的特点，即将人类、动物、植物分成三大类，而非生命性事物根据其形状或特点等再进行细分。

表 3.7　侗语常用句法维度范畴化标记示例

句法范畴标记	范　畴	典　型　所　指
muŋ³¹	人类	客人、官员、工人、农民
tu¹¹	动物	牛、马、鸟、鸡、蛇、鱼、蚊子
oŋ⁵⁵	植物	秧苗、树
nan⁵⁵	非生命性固体物质	碗、灯、鸡蛋、嘴、洞
nat⁵⁵	粒	米、珠子
pa:k³³	把	菜刀、父子、锄头、扫帚、锁
pa:ŋ³³	张	木板、钢片、桌子
ɬiu¹¹	根	扁担、毛笔、河、路、绳子
khwa:i⁴⁵³	块	地、石头、树叶、镜子、面
hu⁴⁵³	搭配好的物件	眼镜、中药、对联
ɬa:ŋ⁵⁵	张	纸、旗
pən³³	本	书
ɬəu³³	双	鞋

续　表

句法范畴标记	范　畴	典　型　所　指
mai³¹	件	衣服
en⁵⁵	间	房子、卧室、厨房
a⁵³	辆	车
ɬaːŋ⁵³	把	刀
ɕoŋ¹¹	座	房子、山、成套衣服
thik³²³	滴	油
ɬin³¹	件	事情
to¹¹	块	香皂、饭团、花

（引自：欧亨元 2004；杨通银 2016）

　　水语的句法范畴化标记与其他北部类型的侗台语一样出现在重要名词的左边，如果修饰成分为数词的则出现在数词右边：

（459）ɣa² 　ni⁴ 　　miu¹
　　　　两　　CL：位　苗人
　　　　"两位苗族妇女"

（460）haːm¹ 　ai³ 　　zən¹
　　　　三　　　CL：位　人
　　　　"三个人"

（461）ɕi⁵ 　to² 　　tak⁸ kui²
　　　　四　　CL：只　公水牛
　　　　"四只公牛"

（462）ɣa² 　to² 　　ni⁴ 　fa² 　naːi⁶
　　　　二　　CL：只　母　羊　这

　　　　　"这两只母羊"

（463）ti³　　sum⁵　　dwa¹
　　　　一　　CL：撮　　盐
　　　　"一撮盐"

（464）ɣa²　　iu³　　　fa:n⁶
　　　　二　　CL：缕　　线
　　　　"两缕线"

（465）ɕi⁵　　to²　　　ep⁷
　　　　四　　CL：只　　鸭
　　　　"四只鸭"

（466）qa³　　to²　　　mu⁵　　na:i⁶
　　　　些　　CL：只　猪　　这
　　　　"这些只猪"

（467）tai²　　ti³　　tiu²　　mai⁴　　taŋ¹
　　　　拿　　一　　CL：条　棍子　　来
　　　　"拿一条棍子来。"

（468）ɣa²　　la:k⁸　　　　　　tsa⁵　　la:u⁴　　taŋ¹　　lja²
　　　　两　　CL：个（孩子）　那　　大　　　来　　　啦
　　　　"那两个孩子长大啦。"

　　　　　　　　　　　　　　　　　　　（引自：张均如 1980：31－44）

　　如果句法维度的范畴化标记被指示词修饰的话,指示词则出现在整个结构的右边。如例（466）和（468）所示。表示动物的 to²在有些结构中发生了虚化,组成了 to²字结构。这种结构如受到不定量数词 qa³"若干"修饰的话,qa³ 则修饰整个 to² 所构成的短语,如:

（469）qa³　　to²　　na:i⁶
　　　　若干　的　　这
　　　　"这些"

（470）qa²　　to²　　nu⁴　　tsa⁵
　　　　若干　的　　弟弟　那

"弟弟的那些"（注：to^{2}语法化为"领属标记"）

（引自：张均如 1980：55）

表 3.8 为水语较常见的句法维度的范畴化标记。

表 3.8　水语常用句法维度范畴化标记示例

ai^3	个	人	tiu^2	条	绳子/棍子
ɕim^3	个	碗	va^5	张	纸
ni^4	棵	树	ȵui^6	粒	米
to^2	只	鸡	tom^5	滴	水
pa:k^7	把	刀	la:k^8	件	衣服

（引自：张均如 1980）

毛南语的句法范畴化标记出现在体词结构的左边，如果其修饰语是数词的话，则数词出现在句法维度范畴化标记的左边，属于北部类型侗台语的句法类型。但是，当表示数字"一"的概念时，这个语言成分出现在句法范畴化标记的右边（有关表示数词"一"概念的语义及语法更详细的分析请见第4.5节）。

（471）ʔju^{42}　　mai^{24}　　mɛ^{231}　　sa:m^{42}　　tɔ^{231}　　　　nɔk^{23}
　　　　上　　　树　　　有　　　三　　　CL：类（动物）　鸟
　　　"树上有三只鸟。"

（472）s:m^{42}　　ni^{24}　　kwi^{231}　　ni^{24}
　　　　三　　　CL：头　牛　　　母
　　　"三头母牛"

（473）sa:m^{42}　　pa:k^{55}　　mbja^{51}
　　　　三　　　CL：嘴　柴刀
　　　"三把柴刀"

（474）ja⁴² zɔŋ²³¹ la:k²⁴li²³¹
两 CL：类（植物） 梨子
"两株梨树"

（475）sa:m⁴² pən⁵¹ lɛ⁴² ka⁴⁴
三 CL：本 书 那
"那三本书"

（476）ja⁴² tɔ²³¹ ka:i⁴⁴ ja:ŋ⁴⁴
二 CL：类（动物） 鸡 母
"两只母鸡"

（477）zɔŋ²³¹ la:k²⁴ta:u²³¹ ʔdɛu²³¹
CL：类（植物） 桃子 一
"一株桃树"

（478）tɔ²³¹ ka:i⁴⁴ sai⁵¹ ʔdɛu²³¹
CL：只 鸡 公 一
"一只公鸡"

（479）tɔ²³¹ ma⁴² tak²³ ʔdɛu²³¹
CL：类（动物） 狗 公 一
"一只公狗"

（480）tɔ²³¹ ma⁴² ni²⁴ ʔdɛu²³¹
CL：类（动物） 狗 母 一
"一只母狗"

（481）tɔ²³¹ la:k²⁴mba:n⁴² ʔdɛu²³¹
CL：类（动物） 男孩 一
"一个男孩"

（482）tɔ²³¹ la:k²⁴bi:k²⁴ ʔdɛu²³¹
CL：类（动物） 女孩 一
"一个女孩"

（483）man²³¹ mɛ²³¹ tshɔŋ²³¹ kjun²³¹ la:n⁵¹ ʔdɛu²³¹
她 有 CL：件 裙 红 一
"她有一条红裙子。"

　　表 3.9 是毛南语中常用的句法范畴化标记。这些范畴化标记也分为人类、动物、植物、非生命性物体这四个典型的侗台

语分类类别。

表 3.9　毛南语常用句法维度范畴化标记示例

句法范畴标记	范　畴	典　型　所　指
ʔai¹	人类	男人、客人、庄稼人、老师、士兵、职业妇女
to²	动物	牛、马、鸡、鸟、蚊子、鱼、蛇、妇女、儿童、盗贼①
zoŋ²	植物类	树木、稻子、蔬菜、草
ʔdat⁸	三维立体状	锅、碗、瓢、盆、锁、村、房子、桥梁、鸡蛋、灯、黄瓜、桃子
ba²	薄片状	被子、席子、扫帚、毛巾、手绢儿、窗帘、地毯
fo⁵	成双的工具/体位/动物	眼镜、棺材、兔子、鸽子、兄弟、手掌、脚、眼睛、鼻子、手套
tsau⁶	成双的穿着物等	鞋、袜子、棺材
khwaːi⁵	扁平块状物体	镜子、香皂、钱
ni⁴	大型工具或机器/成虫	桌子、车、飞行虫子、大动物、蚂蚁
ȵuːi⁶	颗粒状物体	珠子、米
paːk⁷	有刃或尖锐状工具	刀、锥子、锯子、犁
tjeu²	长条形物体及扩展概念	扁担、绳子、河、路、歌曲、舞蹈
tsoŋ²	衣物	外衣、衬衣、棉衣、裤子
va⁵	轻而薄的片状物	纸张、树叶、菜叶、票据、图画、翅膀

---

① 在毛南语中，普通妇女、儿童、盗贼等被归入"动物"范畴，其原因可能是他们具有"欠社会化"或"反社会"的特征。详细分析请见第 7.1.1 节。

拉珈语的句法范畴化标记出现在主要名词左边,如有表示数字的成分作为修饰语的话,这些表示数字的成分皆出现在句法维度范畴化标记的左边。这与多数其他侗台语的句法特征不一样,因为多数侗台语表示"一"概念的语言成分出现在句法范畴化标记的右边,而表示"二"或以上的数字修饰语则出现在句法范畴化标记的左边。

（484）hjie:n^{51}　　tsei^{55}　　mi^{231}　　fa:m^{51}　　tu^{231}　　mlok^{55}
　　　　上　　　　树　　　有　　　　三　　　CL：只　鸟
　　　　"树上有三只鸟。"

（485）hou^{24}　　ka:n^{51}　　tong^{11}lei^{231}
　　　　两　　　CL：株　梨子
　　　　"两株梨树"

（486）tsi^{51}　　hou^{24}　　pi:ŋ^{214}　　mie^{231}　　kuə:n^{24}　　wɛu^{55}　　la^{11}
　　　　我　　两　　　CL：只　手　　都　　　脏　　了
　　　　"我的两只手都脏了。"

（487）lak^{24}　　ki^{55}　　taŋ^{231}　　fa:m^{51}　　pən^{24}　　sɛu^{51}
　　　　他　　寄　来　　　三　　　CL：本　书
　　　　"他寄来的三本书"

（488）lak^{24}　　liek^{11}　　mi^{231}　　hou^{24}　　tu^{231}　　nuŋ^{11}
　　　　他　　家　　有　　　两　　　CL：个　孩子
　　　　"他家有两个小孩儿。"

（489）hou^{24}　　kjau:n^{24}　　tsei^{55}　　lou^{11}
　　　　两　　　CL：根　　树　　大
　　　　"两根大木头"

（490）tau^{51}　　fa:m^{51}　　lak^{11}　　ŋjŭn^{231}　　lak^{24}　　tsei^{24}　　khja:ŋ^{51}
　　　　我们　三　　　CL：个　人　　他　　最　　高
　　　　"我们三个人中他最高。"

拉珈语表示"一"的数字也与其他数字一样出现在范畴化标记的左边：

（491）ηin^{24}　ka:n^{51}　lak^{11}　fa:ng^{51}
　　　一　　CL：株　桃　　树
　　　"一株桃树"

（492）tau^{51}　tsieη^{11}　la^{11}　ηin^{24}　tu^{231}　kai^{55}　koη^{51}
　　　我们　养　　了　一　CL：只　鸡　公
　　　"我们养了一只公鸡。"

（493）pieη^{214}　tieη^{231}　hjie:n^{51}　kwak^{55}　ηin^{24}　fu^{214}　wu$\mathrm{\ni}^{214}$
　　　面　　墙　　上　　挂　　一　CL：幅　画
　　　"墙上挂着一幅画。"

（494）lak^{24}　mi^{231}　ηin^{24}　ti:u^{231}　hou^{24}　o:n^{55}　ka^{11}
　　　她　有　　一　CL：条　很　漂亮　的
　　　tsun^{231}　ko:η^{55}
　　　裙子　　红
　　　"她有一条漂亮的红裙子。"

（495）lak^{24}　jeu^{214}　wei^{11}　ηin^{24}　ti:η^{51}　mo^{55}t^{h}uo^{214}ts^{h}ie^{51}
　　　他　又　　买　一　CL：辆　摩托车
　　　"他又买了一辆摩托车。"

表 3.10 是拉珈语日常使用的范畴化标记。这个系统中对人类、动物、植物等的分类没有像壮语的 pou^4、tu^2、ko^1 等那些范畴化标记具有较为清晰而明确的边缘界限。

表 3.10　拉珈语常用句法维度范畴化标记示例

句法范畴标记	范　畴	典　型　所　指
lak^7	人类/立体状物件	工人、农民、学生、客人、朋友、香皂
tu^2	动物类	马、牛、猪、狗、鸡、老鼠、鱼、蛇、鸟、蚊子、孩子、强盗
tsie:η^1	薄片状物体	刀具、锄头、纸张
phe:n^1	扁薄物体	被子、席子、蓑衣
ti:u^2	长条形及相关抽象概念	绳子、裤子、河流、马路、命、故事、歌曲

句法范畴标记	范 畴	典 型 所 指
nam[5]	立体物/有形物件	镜子、床、房子、花、珠子、桃子、罐子、鸡蛋、灯
tuən[6]	块状物体	石头
mi[3]	长条状工具	扁担、枪、锁
fak[7]	小型工具	毛笔、鱼钩
foŋ[1]	电文等事物	信、电报
fu[5]	成双出现的物体	眼镜、棺材、对联
ha:ŋ[2]	呈直线排列状事物	文字、稻子、麦子
kan[1]	植株	树、禾
khjən[5]	片状物体	树叶、瓦片
lie:ŋ[5]	成双的穿着物	鞋子、袜子、手套
mi:n[6]	薄片状织物	旗
mlɛt[7]	颗粒状物体	米、砂子
pən[3]	书籍类	书、笔记本

仡佬语的句法范畴化标记出现在相关体词结构的左边,如果它们的修饰语是数词的话,则这些数词出现在范畴化标记左边,所有数字皆然。这个特点与拉珈语相同。如:

（496）ta˧ san˧ ntau˩
三　CL：只　鸟
"三只鸟"

（497）ta˧ san˧ ȵtɕau˩
三　CL：匹　马
"三匹马"

（498）si˧ san˧ luŋ˩
一　CL：件　衣服

"一件衣服"

(499) si˧　nen˧　ɒ˥
　　　一　CL：个　碗
　　　"一个碗"

(500) su˧　xen˧　tɕ'i˥
　　　二　CL：位　人
　　　"两个人"

(501) su˧　pen˧　tau˧
　　　两　CL：本　书
　　　"两本书"

(502) san˧　i˥　nu˩
　　　CL：只　鸭子　那
　　　"那只鸭子"

(503) ken˥　ŋkau˥　nu˩
　　　CL：朵　花　那
　　　"那朵花"

(504) su˧　qan˥　ɕi˥　ni˩
　　　二　CL：双　鞋　这
　　　"这两双鞋"

(505) san˧　ni˩
　　　CL：只　这
　　　"这只"

(506) nen˧　nu˩
　　　CL：个　那
　　　"那个"

(507) su˧　xen˧　ni˩
　　　二　CL：位　这
　　　"这两位"

(508) ta˧　xen˧　tɕ'i˥　ni˩
　　　三　CL：位　人　这
　　　"这三个人"

(509) su˧　kla˥　en˥　nu˩
　　　两　CL：条　裙子　那
　　　"那两条裙子"

(510) san˧ ȵtɕau˨ ni˩ ʑuɐ˨ vi˩ ʑuɐ˨ hu˧
　　　CL：只 马 这 又 高 又 大
　　　"这匹马又高又大。"

（引自：贺嘉善 1983：25 - 52）

下面是有数词"一"出现的结构，可见它出现在范畴化标记之前，与其他数字是一致的：

(511) si˧ mɒ˥ kei˦
　　　一 CL：把 剪子
　　　"一把剪子"

(512) si˧ mɒ˥ tʻau˦
　　　一 CL：把 刀子
　　　"一把刀子"

(513) si˧ tɕan˥ qʻu˦
　　　一 CL：件 事
　　　"一件事"

(514) si˧ qan˥ qen˦
　　　一 CL：条 路
　　　"一条路"

（引自：贺嘉善 1983）

表 3.11 是仡佬语日常使用的范畴化标记。仡佬语与拉珈语一样对人类、动物、植物等的分类没有像壮语的那么清晰明确。

表 3.11　仡佬语常用句法维度范畴化标记示例

句法范畴标记	范　畴	典　型　所　指
xen˧	人类	农民、工人、学生
nen˧	非生命类	碗、米粒

句法范畴标记	范　畴	典　型　所　指
moˀ	直条状物体/工具	树木、刀子、棍子
san˧	动物类	马匹、鸡、鸭、衣服
qan˧	长条状物体或地貌	绳子、公路
ts'əɯ˧	串状物体	辣椒

（引自：贺嘉善 1983：90）

布央语的句法范畴化标记的句法特征与北部类型的侗台语类似，它们出现在相关体词结构的左边，而且与拉珈语和仡佬语的特点一样，受到有关数字的语言成分修饰时，这些成分出现在它们的左边，包括数字 am^{31}"一"[1]。

（515）lɯ^{213}　tai^{53}　pan^{24}　ta:i^{53}　lat^{31}　nɔk^{31}
　　　上　　树　　有　　三　　CL：只　鸟
　　　"树上有三只鸟。"

（516）kjɯ^{53}　tam^{24}　ʔdɔ^{53}　θau^{53}　tu^{213}　mɛ^{31} la:i^{213}
　　　我　　种　　了　　两　　CL：株　梨树
　　　"我种了两株梨树。"

（517）θau^{53}　ka^{24}　ŋiə^{24}　kjɯ^{53}　thə^{24}　θam^{24}　lo^{33}
　　　两　　CL：只　手　　我的　都　　脏　　了
　　　"我的两只手都脏了。"

（518）lat^{31}　ma:i^{53}　nai^{31}　nɔt^{31}　o^{33}
　　　CL：头　猪　　这　　肥　　啊
　　　"这头猪好肥啊！"

（519）i^{24}　puə^{31}　ʔduə^{53}　ta:i　ɕiə^{53}　θɯ^{24}　ji^{33} kin^{24}
　　　他　寄　　来的　　三　　CL：本　书　　已经

———————

① 布央语语料引自（莫海文 2016），另有说明处除外。

laŋ³¹　kui²⁴　lo³³
看　　完　　啦
"他寄来的三本书已经看完啦。"

（520）lɔk³¹　i²⁴　pan²⁴　θau⁵³　va³¹　　lɛ³¹pa:u⁵³
　　　　家　　他　有　两　　CL：个　小孩
　　　　"他家有两个小孩儿。"

（521）va³¹　　kwan²¹³　nai³¹　tu²⁴　tɕe²⁴　kjɯ⁵³
　　　　CL：个　人　　　这　　是　　姐姐　我
　　　　"这个人是我姐姐。"

（522）ta:i⁵³　va³¹　　　pu²¹³ki⁵³　ti²¹³　wan³¹θiə⁵³
　　　　三　　CL：位　老人　　　的　　生日
　　　　"三位老人的生日"

（523）am³¹ta:i⁵³　ta:i⁵³　va³¹　　kwan²¹³　i²⁴　tsei²¹³　ka:u³¹
　　　　我们　　三　　CL：个　人　　　他　最　　高
　　　　"我们三个人中他最高。"

（524）lɔk³¹　i²⁴　θau⁵³　va³¹　　lɛ³¹
　　　　家　　他　两　　CL：个　小孩
　　　　"他家两个儿子。"

（引自：莫海文 2016）

下面是有数词"一"出现的结构，可见它出现在范畴化标记之前，与其他数字是一致的：

（525）ju²¹³　　tam²⁴　ʔdɔ⁵³　am²⁴　tu²¹³　　mɛ³¹ʔbaŋ⁵³
　　　　弟弟　　种　　得　　一　　CL：株　桃树
　　　　"弟弟种了一株桃树。"

（526）am³¹ta:i⁵³　um⁵³　am²⁴　lat³¹　　qɔ⁵³θiə²¹³　θau⁵³
　　　　我们　　养　　一　　CL：只　鸡公　　　两
　　　　lat³¹　　qɔ⁵³mi²⁴
　　　　CL：只　鸡母
　　　　"我们养了一只公鸡两只母鸡。"

（527）pan²⁴　am³¹　lat³¹　　miu³¹　kjan⁵³　khwan²⁴
　　　　有　　一　　CL：只　猫　　趴　　　上

luɯ²¹³　taŋ⁵³　mo⁵³
上面　凳子　往
"有只猫趴在凳子上。"

（528）i²⁴　pan²⁴　am²⁴　khat²⁴　khin³¹　tan³¹　ʔdiə⁵³　kai⁵³　ʔbo⁵³
她　有　一　CL:条　裙子　红　　好　多
"她有一条漂亮的红裙子。"

下面是部分布央语常用的句法维度的范畴化标记,其中 va³¹ 和 lat³¹ 是分别对人类和动物进行范畴化的两个句法范畴化标记,而对植物的范畴化则不如这两个标记明确清晰。

表 3.12　布央语常用句法维度范畴化标记示例

句法范畴标记	范　畴	典　型　所　指
va³¹	个	大人、小孩、老人、农民、工人
lat³¹	动物	牛、猪、狗、鸡、蚊子、鱼、蛇
tu²¹³	植物植株	桃树、梨树
khi²⁴	三维立体物	桌子、车、房子、桥
khat²⁴	长条状物体	绳子、裙子
luə²¹³	颗粒状物体	珠子、米粒
mɛ³¹	可手持工具	刀、锁、毛笔
puə²⁴	薄片状织物	被子、席子
qa²⁴	块状物体	香皂

（引自：莫海文 2016）

茶洞语句法范畴化标记的句法特征属于北方类型,即将其句法范畴化标记置于左边,而且修饰这些范畴化标记的数字全部出现在它们的左边。这与拉珈语、仡佬语、布央语的情况一样[①]。与

[①]　茶洞语语料引自(王怀榕等 2016),另有说明处除外。

其他多数侗台语不一样的地方是其指示词也置于句法范畴化标记的左边，如例(537)和(540)所示。

(529) ju^{45}　mi^{45}　me^{31}t　θa:m^{53}　tsət^{45}　ŋok^{35}
　　　 上　　树　　有　　三　　CL：只　鸟
　　　"树上有三只鸟。"

(530) lje^{53}　tθa:ŋ^{35}　le^{35}　i^{23}　tsət^{45}　tak^{21}　ka:i^{45}，
　　　 我们　养　　了　　一　　CL：只　公　　鸡，
　　　"我们养了一只公鸡。"

(531) je^{31}　kwa:i^{35}　ça^{53}　tsət^{45}　mi^{53}　tu^{23}　wa^{35}　pa^{31}
　　　 我　的　　两　　CL：只　手　都　脏　了
　　　"我的两只手都脏了。"

(532) je^{31}　pø^{31}　ça^{53}　kun^{35}　la:k^{21}çai^{53}
　　　 我　种　两　　CL：棵　梨子
　　　"我种了两株梨树。"

(533) mən^{31}　ci^{23}　taŋ^{53}　ti^{31}　tθa:m^{53}　pən^{31}　le^{53}
　　　 他　寄　到　的　三　　CL：本　书
　　　"他寄来的三本书"

(534) tje^{53}　la:u^{31}　ça:n^{53}　me^{31}　ça^{53}　ko^{35}　la:k^{21}lən^{31}ti^{45}
　　　 他　里　家　　有　两　　CL：个　小孩
　　　"他家有两个小孩儿。"

(535) tθa:m^{53}　wi^{35}　ai^{35}la:u^{31}　ti^{23}　seŋ^{35}ni:t^{45}
　　　 三　　CL：位　老人　　的　生日
　　　"三位老人的生日"

(536) me^{31}　kok^{21}　meu^{35}　pʰa:t^{21}　ŋa:u^{35}　ju^{23}　taŋ^{45}
　　　 有　CL：只　猫　　趴　　在　上　凳子
　　　"有只猫趴在凳子上。"

(537) kwa:i^{35}　tɕi^{53}　mi^{31}　lək^{35}
　　　 这　　CL：根　木头　大
　　　"这根大木头"

(538) mən^{31}　me^{31}　i^{23}　tɕi^{53}　pʰi:u^{31}ljeŋ^{35}　ti^{23}　ci:n^{31}　ļan^{53}
　　　 她　有　一　CL：条　漂亮　　的　裙　红
　　　"她有一条漂亮的红裙子。"

（539）ju³¹　seŋ³¹　kwa³⁵　to³¹　i³¹　tɕiːŋ⁵³　wa³⁵
　　　上　　墙　　挂　　着　　一　　CL：张　　画
　　　"墙上挂着一幅画。"

（540）kwaːi³⁵　cen³¹　sai³⁵　je³¹　tθaːi³⁵　tθiːŋ³⁵　paŋ³⁵
　　　这　　CL：件　事　我　再　　想　　一下
　　　n̥aːu⁵³　jiːŋ³¹　paːn³⁵
　　　怎么　　办
　　　"这件事我再想想怎么办。"

（541）laːu⁵³　tθaːm⁵³　ai⁵³　lən⁵³　laːu³¹naːi³⁵　mən³¹
　　　我们　三　　CL：个　人　当中　　　他
　　　tθui³⁵　wuːŋ⁵³
　　　最　　高
　　　"我们三个人中他最高。"

（引自：王怀榕 2015）

　　表 3.13 是茶洞语日常使用的范畴化标记。从表中可看到,茶洞语句法范畴化标记中缺乏独立指称动物的类别,不同类型的动物根据其形状的不同被归入了各种表示形状的范畴中。

表 3.13　茶洞语常用句法维度范畴化标记示例

句法范畴标记	范　畴	典　型　所　指
ai⁵³	人类	男人、女人、学生
kʰaŋ⁴⁵	动物类/团状粒状物体	牛、猪、狗、蚊子、珠子、米粒、鸡蛋
kun²³	植物植株类	树木、稻子
tɕi⁵³	长条类动物或物体	鱼、蛇、绳子、毛笔、河、路、扁担、裤子
ca⁴⁵	交通运输工具	汽车、单车
faːn⁵³	薄片状用具	被子、席子
kʰak⁴⁵	块状物体	香皂、地、石头

句法范畴标记	范　畴	典　型　所　指
pa[31]	可把持工具	刀子、锁头、扫帚
tsət[45]	小型禽类或成双身体部位的一个	鸟、手掌、脚
pən[31]	书籍	书本、笔记本
cen[31]	衣物及事情类	衣服、事情

（引自：王怀榕等 2016）

综上，作为句法维度范畴化标记的类别词与前面所说的类别名词以及类别词素一样都属于名词范畴化加工的一种标记，其不同处是类别词属于句法维度的范畴化标记，在句法层面起到范畴化的作用，而类别名词和类别词素属于词法维度的范畴化标记，只在词内起到范畴化的作用。其中的一部分词法维度的范畴化标记也可以用作类别词而出现在句法维度的范畴化位置，如泰语的类别名词 k^{h}on"人"，既可以用作类别名词也可以用作类别词，而另外一些则不可以如此使用，如壮语的类别名词 vun^2"人"、ma:k^7"果实"等不能用作类别词。像泰语的类别词素 p^{h}ûu 不能作为名词自由使用，出现在类别词位置也受限，只是与数词 nùn"一"、指示词 nií"这"、nán"那"等共现时才出现在这个位置。如前所述，词法维度的范畴化标记和句法维度的标记构成了一个连续统，一些语言成分只作为普通名词使用而不能用作范畴化标记，而有些范畴化标记则不能用作普通名词，但有些语法成分既可以用作普通名词也可以用作范畴化标记，这些多用途的语法成分本身也存在不同的句法自由度。这些便构成了一个连续统，这种关系可用表 3.14 来说明，其中"＋"表示有此种性质，"－"表示没有这种性质。

表 3.14　泰语名词三种功能示意

	名词 （Nouns）	类别词素 （Class terms）	类别词 （Classifiers）
sàpparót 菠萝	+	−	−
kʰamtɔɔ̀p 回答	+	−	+
ŋuu 蛇	+	+	−
raan 店	+	+	+
kʰon 人	+	+	+
duaŋ 圆形物	−	+	+
lam 长状物	−	+	+
lêm 片状物	−	−	+

（引自：Delancey 1986：439）

　　raan（商店）和 kʰon（人）这样的成分在表中虽然显示同样都可以用作名词、类别词素、类别词，但 raan 只能做以它为中心语的名词的类别词。所以它在表中的位置是介于 sàpparót（菠萝）和 kʰon（人）之间。同样的道理，虽然 duaŋ（圆形物）和 lam（长形物）在表中显示为功能是一样的，但实际上，duaŋ 可以用作以它为中心语的或不以它作为中心语的名词的类别词，而 lam 有时候却不能用作以它为中心语的名词的类别词。

第四章

侗台语体词结构的句法右分枝

侗台语体词结构以及有类别成分参与的体词结构的修饰扩展方向都是以右分枝为典型特征的,所构成的复合词或短语的修饰语通常是居右的,如壮语的 po⁶ laŋ¹(父_后)"继父"、tu² kuun²(CT:动物_上面)"上面的动物"等。这不同于一些其他语言以左分枝为扩展方向的词头构词法,如英语的 in-sub-ordination"违抗"、re-trans-formation"重新转变"等。

4.1 林奈生物分类与句法右分枝

本章将分析林奈生物分类法中的二名法、三名法的句法特征,详述其命名法源自拉丁语语法中修饰语的右分枝句法特征,指出侗台语含有范畴化标记的名词短语的右分枝特征与拉丁二名法以及由拉丁语发展而来的现代法语等语言的修饰语的右分枝是同一种句法类型,其共性是中心语前置、修饰语后置。以此观之,侗台语中词法维度的左置名词范畴化成分是名词结构的语法和语义中心,这种体词结构是属于中心语前置(head-initial)的句法结构而非中心语后置(head-final)的句法结构。

林奈生物分类法,即拉丁学名命名法,是研究侗台语言名词次范畴化策略并洞察其中的句法机制的一个很好的切入点。瑞典植物学家林奈近三百年前创造的林奈分类法是一种对生物进行范畴化的过程。生物学名的"双名命名法"(binominal nomenclature)的结构中包括了"属名"(the generic name)和"种小名"(the specific name),大类名在先,小类名在后,即中心语在前,附属语在后。后面的附属成分对前面的中心成分起到限定作用,在句法上属于右分枝结构。拉丁学名命名法所根据的是拉丁语句法,其名词短语结构中存在着典型的右分枝类型。拉丁语族的法语、意大利语、西班牙语、葡萄牙语、罗马尼亚语也继承了类似的结构。这种结构的语义层次与罗施等(Rosch et al. 1976:388)所说的三个认知层次,即上位层(superordinate level)、基本层(basic level)、下位层(subordinate level)具有结构上的相似性(具体论述见4.4节),侗台语言如壮语等的"大类名"+"小类名"(张元生1993)的名词次范畴划分方法在语义及句法结构形式方面也与之类似,亦为右分枝类型。林奈物种分类法是一种对生物进行范畴化的策略,今天仍然在生物界被广泛使用。这种结构通常由两部分构成,即属名和种名,在结构上第一个名字是属名,第二个名字是种小名,其后还可附上命名者。前面的属名为名词,后面的种名通常为形容词、名词等。林奈刚开始时是用这种方法给植物命名,如用来做面包的小麦,其拉丁学名为 *Triticum aestivum* L.(即"小麦属_普通小麦种_L"),其结构是 *Triticum*(属名,名词)+ *aestivum*(种小名,形容词)+ L.(命名者的缩写)。*Triticum* 即"小麦属"(拉丁语原义为"打谷""脱粒"),*aestivum* 即"普通小麦种"(拉丁语原义为"夏天的"),L. 则为林奈名字"Linné"的缩写。后来他将同样的方法用于动物命名,例如"人"的拉丁学名为 *Homo sapiens*(即"智人"),其结构是 *Homo*(属名,名词)+ *sapiens*(种小名,形容词),其中的 *Homo* 即"人属"(拉丁语原义为"人"),*sapiens* 是"智人种"(拉丁语原义为"聪明、智慧")。第一部分通常是属名,第二部分的词义可以是种小名的名称、产地、形状、用途、当地俗名、所纪念的人名等。

体词结构的左右分枝是指修饰语的位置。有些语言是典型的左分枝,而有些语言则是典型的右分枝。比如日常汉语对动植物的命名,其句法词序与拉丁学名的句法就不同。在汉语中人们一般会说人属于"灵长目动物",其结构是小名"灵长目"在前,大名

"动物"在后。在另外一个表述"智人"中,种名也是出现在前,属名
出现在后,即修饰语小类名"智"在前,被修饰语大类名"人"在后。
再如植物中的豌豆我们常说是"豌豆属豆科植物",其范畴分类也
是按小类名在前,大类名在后,从左到右排列:"豌豆属＋豆科＋植
物界"。这种小类范畴在左,大类范畴在右的形式在句法上是一种
左分枝结构。而拉丁命名法则与此相反,如拉丁学名 *Homo
sapiens*(智人)是属名在前,种名在后,即"人属＋智慧",是大类名
在前,小类名在后。汉语所说的"豌豆",其拉丁学名是 *Pisum
sativum* L.,排列顺序是"豌豆属＋豌豆种(＋命名人的缩写)"。
其实按林奈的分类系统来划分生物范畴的话,可分为 8 个层次,后
面的层次是前面的层次的次范畴,从大到小的顺序是:界、门、亚
门、纲、目、科、属、种。表 4.1 是常见的动植物拉丁学名,它们显示
了大类名在前,小类名在后的结构。

表 4.1　部分动植物拉丁学名二名法构成示意①

汉语名称	拉丁学名	二名法结构
莴苣	*Lactuca sativa* L.	莴苣属＋种植的＋[命名人林奈(Linné)缩写]
白菜	*Brassica pekinenses*	芥属＋北京的
漆树	*Rhus verniciflua*	漆树属＋产漆的
鸡冠花	*Celosia cristata*	鸡冠花属＋鸡冠状的
木薯	*Manihot esculenta*	木薯＋可食用的
人参	*Panax ginseng*	人参属＋当地俗名"人参"
龙眼	*Dimocarpus longan*	龙眼属＋当地俗名(粤语 long-an)
马齿苋	*Portulaca oleracea*	马齿苋属＋蔬菜的

---

① 例子引自:Wikipedia、Wiktionary、百度百科。

汉语名称	拉丁学名	二名法结构
狮	*Panthera leo*	豹属＋狮子种
虎	*Panthera tigris*	豹属＋虎种
豹	*Panthera pardus*	豹属＋豹种
水牛	*Bubalus bubalis*	水牛属＋水牛种
野猫	*Felis silvestris*	猫属＋野猫种
绿头鸭	*Anas platyrhynchos*	河鸭属＋绿头鸭种
家麻雀	*Passer domesticus*	麻雀属＋家雀种

拉丁学名还可以在二名法的基础上再细分,采用更细致的三名法(trinominal nomenclature)来命名一个亚种(subspecies),而亚种是种(species)下的一个分类阶元(taxa)。三名法是在二名法的命名不能完全准确表达种下面的次范畴的情况下而采用的命名法。亚种是一个种内的地理种群,或生态种群,与同种内任何其他种群有别。其句法结构也遵循了拉丁语语法名词短语结构的大类名在前、小类名在后的结构规则,越往右边其范畴越细,呈现的是右分枝的句法特征。表 4.2 是三名法的结构示意图。

表 4.2　动物拉丁学名三名法示意

汉语名称	拉丁学名	三名法结构
鸡	*Gallus gallus domesticus*	原鸡属＋原鸡种＋家鸡亚种
狗	*Canis lupus familiaris*	犬属＋灰狼种＋家犬亚种
山羊	*Capra aegagrus hircus*	山羊属＋野山羊种＋家山羊亚种

汉语名称	拉丁学名	三名法结构
马	*Equus ferus caballus*	马属＋野马种＋马亚种
华南虎	*Panthera tigris amoyensis*	豹属＋虎种＋厦门亚种

4.2　拉丁语族语言句法右分枝特征

　　拉丁学名命名法中左边的属名通常是个名词,采用的是单数主格。而右边的种加词是用来限定前面的属名的,一般是表示所命名植物的特征、特性、原产地名、生长习性或其经济用途。这个修饰语的词性一般是形容词、同位名词或名词所有格。后面的限定成分如为形容词,它们的性(阴、阳、中)、数(单数)、格(主格)等必须与前面属成分的性、数、格相呼应,如后面的修饰语为名词的话,则名词应为属格。这说明属名是相关短语的语法中心成分。

　　拉丁学名命名法大类名在前,小类名在后的构词法是拉丁语族语言体词结构中心语和修饰语的相对位置使然。就是说,其名词短语结构是经常地将中心语左置,在句法结构上呈现出右分枝类型,如例(1)—(4)的拉丁语短语显示了中心语在左、附属语在右的特征:

　　(1) vir　　sapiēns
　　　　男人　聪明
　　　　"聪明的(男)人"

　　(2) fīlius　rēgis
　　　　儿子　皇帝的
　　　　"皇帝的儿子"

　　(3) urbs　media
　　　　城市　中心的

"中心城市"

（4）pater　meus
　　　父亲　我的
　　　"我的父亲"

（引自：Bennett 1895/1913：152，228 - 229）

就是说，在拉丁语的很多名词短语中，语义和语法的中心位于左边，在其右边每增加一个限定成分，其语义范畴便相应降级，语义外延相应缩小。图 4.1 所示是几个拉丁语名词短语的树枝型结构。

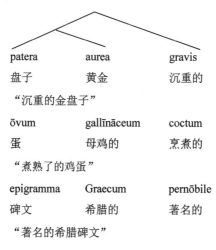

| patera | aurea | gravis |
| 盘子 | 黄金 | 沉重的 |

"沉重的金盘子"

| ōvum | gallīnāceum | coctum |
| 蛋 | 母鸡的 | 烹煮的 |

"煮熟了的鸡蛋"

| epigramma | Graecum | pernōbile |
| 碑文 | 希腊的 | 著名的 |

"著名的希腊碑文"

图 4.1　拉丁语名词短语的右分枝示意图

（引自：Greenough 等 1903）

如上，属于拉丁语族的法语也呈现同样的趋势。现代法语脱胎于大众拉丁语（Vulgar Latin），汉语也译为俗拉丁语，它继承了拉丁语的句法特征。跟祖语拉丁语一样，其名词短语中起描述性的形容词修饰语很多都是典型的右置类型，而前置的修饰语往往含有基本意义，如 une belle maison "一个好房子"、une haute colline "一座高山"，或者抽象或延伸的语义，如前置形容词的 un grand homme 表示"伟人"，un pauvre homme 表示"可怜的人"，而后置形容词的 un homme grand 表示"身材高大的人", un homme pauvre 表示"穷人"(毛意忠 2008：66)。这类名词短语的典型构词法通常是大类名在前,小类名在后,典型的右分枝结构,比如表 4.3 中左边的成分在句法上也相当于拉丁二名法的"属"名,右边的成分相当于二名法的"种"名。

表 4.3　法语名词短语构词示例

中　心　语	附　属　语	语　　义
arbre	fruitier	"果树"
树	结果的	
homme	politique	"政治家/政客"
人	政治的	
oiseau	domestique	"家禽"
鸟	家养的	
tête	nucléaire	"核弹头"
头	核的	
main	gauche	"左手"
手	左	
maison	solaire	"阳光房"
房子	太阳的	
jardin	public	"公园"
花园	公共的	
garde	forestier	"护林员"
卫兵	森林的	

中 心 语	附 属 语	语 义
droit	maritime	"海洋法"
法令	海洋的	

法语的另外一些名词短语由并列的名词构成,其句法结构也是中心语在前,限定语在后,如表 4.4 所示:

表 4.4 法语双名词词素构成的名词短语

wagon-bar	"酒吧车"
车厢-酒吧	
wagon-poste	"邮政车"
车厢-邮政	
chou-flour	"花菜"
卷心菜-花	
chou-pommé	"圆白菜"
卷心菜-苹果	
porte-avions	"航空母舰"
门/场-飞机	
porte-monnaie	"零钱包"
门/场-零钱	

图 4.2 中的句法树枝图显示了法语名词短语的右分枝的句法特征。在这两个名词短语中,名词 table"桌子"和 voiture"轿车"是短语的语义和句法的核心,其句法特征就相当于拉丁学名中的"属",它们右边的 de berger"牧羊人的"、ronde"圆形的"、Savoyard"萨瓦人"

和 de course"奔跑的"、rouge"红色的"、magnifique"卓越的"则相当于拉丁命名法中的"种"名和"亚种"名。

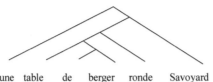

une	table	de	berger	ronde	Savoyard
一	桌子	GEN	牧羊人	圆形的	萨瓦人

"一张萨瓦牧羊人的圆形桌子"

une	voiture	de	course	rouge	magnifique
一	轿车	GEN	奔跑	红的	卓越的

"一辆漂亮的红色跑车"

图4.2　法语名词短语的右分枝示意图

（引自：Laenzlinger 2000；2005）

同语族的西班牙语的名词短语也呈现出同样的趋势。在带有描述性形容词时,其名词短语语序最常见的是右分枝,右边的形容词的主要作用是限定,如:

（5）las　mesas　altas
　　 ART　桌子　高
　　 "高桌子"

（6）la　familia　numerosa
　　 ART　家庭　大／多
　　 "大家庭"

（引自：董燕生 1998：177－178）

4.3　侗台语名词范畴化的右分枝特征

侗台语族语言的右分枝的体词结构具有修饰限定成分右分枝

的句法特征。如侗语的 nəi⁴ ɳa² (母亲_你)"你母亲"、水语的 ɣa:n¹ ʔai¹ ja:ŋ²(房子_皇帝)"皇宫"、毛南语的 tɛ² kʰun⁵(父亲_昆)"昆的父亲"、壮语的 ba: n³ ji:ŋ²(村_杨)"杨村"、傣语的 xun¹ ho¹ xam² ʔup⁴ ma:n³ t'iŋ² mɤŋ²(国王_统治_村_管_地方)"统治臣民的国王"、泰语的 pʰûan kʰon(朋友_你)"你的朋友"、老挝语的 kʰón pä:k lǎ:y(人_嘴_多)"饶舌者"等显示了侗台语族语言体词结构的典型右分枝特征。

　　张元生(1993)将武鸣壮话中由量词参与的名词短语结构看作由"类别量词""大类名""小类名"所组成的。他把"类别量词"看作范畴化系统中最高的类别,当这些类别量词与大类名或小类名连用时,就是将它们划归到动物、植物、人类的范畴中。如通常是不能单用的 ŋa:n⁴ 是"龙眼"的小类名,在它前面加上大类名 ma:k⁷"果实"时实际上就是将之标记为"果类"范畴,即 ma:k⁷ ŋa:n⁴(果_龙眼)"龙眼果",也就是将其标记为"次范畴为龙眼的果类范畴",如果在其前面复加上类别量词 ko¹ 时则又将之标记为"植物"范畴,即 ko¹ ma:k⁷ ŋa:n⁴(植物_果_龙眼)"龙眼树",也就是将其标记为"次次范畴为龙眼的果类次范畴的植物范畴"。表示"植物"意义的类别量词 ko¹ 也可以直接用来当作大类名,直接指称小类名 ŋa:n⁴"龙眼",而无须大类名 ma:k⁷"果实"的参与,如 ko¹ ŋa:n⁴"龙眼树",其确切含义是"龙眼类植物"。但类别量词 ko¹ 指称带有 pjak⁷"菜"大类名的植物时,大类名通常必须参与,如 ko¹ pjak⁷ buŋ³"空心菜"、ko¹ pjak⁷ ka:t⁷"芥菜",而不是 *ko¹ buŋ³(空心菜)、*ko¹ ka:t⁷(芥菜)。这可能因为要表示一种植物属于"蔬菜类"而不单只是"植物",所以必须先将其范畴化为蔬菜。汉语借词来源的蔬菜名除外,可以省掉大类名,比如可以说带大类名的 pjak⁷ ka:i⁵ la:n²"芥蓝菜",也可以说不带大类名而只带类别量词的 ko¹ ka:i⁵ la:n²"芥蓝菜"。这可能是因为很多从汉语借过来的被当作小类名的蔬菜名本身就已经带有蔬菜的意义了。表4.5是张元生(1993)所提出的类别量词、大类名、小类名的层级结构示意图。

表 4.5　大类名＋小类名结构示例

类别量词	ko[1] 植物
大类名	ma:k[7] 果
小类名	ŋa:n[4] 龙眼、puk[8] 柚子
大类名＋小类名	ma:k[7] ŋa:n[4] 龙眼、ma:k[7] puk[8] 柚子
类别量词＋大类名＋小类名	ko[1] ma:k[7] ŋa:n[4] 龙眼树、ko[1] ma:k[7] puk[8] 柚树
类别量词＋小类名	ko[1] ŋa:n[4] 龙眼树、ko[1] puk[8] 柚树

在侗台语的名词短语中,用来修饰范畴化类别成分的名词、形容词、动词等并非短语的中心语,而只是限定中心语的所指范围,位于体词结构左边的范畴成分才是中心语。这类大类名和小类名结构类型与图 4.1 中拉丁语的 ōvum gallīnāceum coctum(蛋_母鸡的_烹煮的)"煮熟了的鸡蛋",以及下面例(7)—(9)中的法语短语结构、例(10)—(12)中的西班牙语短语结构是类似的。

(7) Un　dictionnaire　bilingue　populaire
　　一　　词典　　　　双语　　受欢迎的
　　"一本受欢迎的双语词典"

(8) Un　cadre　métallique　flexible
　　一　框架　金属　　　易弯曲的
　　"一个易弯曲的金属框架"

(9) Une　expérience　chimique　inutile　et　dangereuse
　　一　　实验　　　化学的　　无用的　和　危险的
　　"一个无用并且危险的化学实验"

(引自：Laenzlinger 2005)

(10) Unos　zapatos　bastante　buenos
　　 一些　鞋　　　非常　　　好
　　 "一些非常好的鞋"

(11) un coche rojo italiano
　　　一　轿车　红色的　意大利的
　　　"一辆红色的意大利小轿车"

(12) la　luna　llena，blanca　y　brillante
　　　ART　月亮　满的　白色的　和　明亮的
　　　"白色和明亮的满月"

（引自：Demonte 2008）

壮语"大类名＋小类名"这种语义层级结构与罗施等（Rosch et al. 1976）和鲍尔（Bauer 1999）所描述的语义上位层次、基本层次、下位层次的语义关系（见第 4.4 节）以及袁家骅（1979）所主张的"壮语的体词向心结构"具有相似的结构特征。就是说，按张元生（1993）的分类，"类别量词"实际上相当于罗施等和鲍尔的上位层次，而"类别量词＋大类名"（如 ko[1] 植物_ma:k[7] 果：果树）与罗施等和鲍尔的基本层次类似，"大类名＋小类名"（如 ma:k[7] 果_ŋa:n[4] 龙眼：龙眼果）则与罗施等和鲍尔的下位层次类似。具体分析见下文。

例外情况是，侗台语类别成分所在的体词结构并非全然右分枝，一些左分枝结构或中心语居中的结构可见于与数词共现的结构中。在数词充当修饰语或特定语体中会有中心语居尾的情况。侗台语类别词在受到数词的修饰时遵循中心语右置（right-headed）或中心语居尾（head-final）的原则：

图 4.3　毛南语中心语居尾的短语结构

当这种后起的右置结构与上述的左置结构在一个名词短语中同时出现时，便产生了中心语中置（head-medial）的结构，也就是类似于英语 the young girl in red dress "穿着红裙子的年轻女孩"
这种修饰语分布于中心语两侧的名词短语结构：

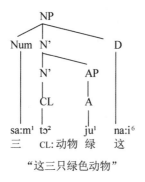

"这三只绿色动物"

图 4.4　毛南语中心语中置的短语结构

　　这种中心语中置的短语结构也就是薄文泽(2003)所说的语法
双重性。其实中心语中置的特性取决于数词作为修饰成分的左分
枝性质，而非仅仅取决于担当中心语的类别词的特性。侗台语的
修饰成分本来最典型的是右分枝，而数词担当修饰语时却是个例
外，一般是居中而非居右。所以，数词的左分枝可能是后起的语法
现象。在多数侗台语的数字系统里，只有表示数字"一"的数词还
出现在中心语之后，如壮语 tu² deu¹ (CL：动物_一) "一只动物"。但
许多侗台语的同源词 deu¹ 实际上是一个形容词，意为"单独"，这符
合中心语左置的规则。正如例(19)—(20)所示，泰语的 nók nɯŋ
tua(鸟_一_CL：动物) "一只鸟"、nók tua nɯŋ(鸟_CL：动物_一)
"(仅仅)一只鸟"。泰语的 nɯŋ "一"可出现在中心语两边，但右置
时不强调数量且弱读为低平调 nūŋ，表达"仅仅一只"之类的意思。
弱读的数词 nūŋ "一"与形容词 diaw "仅有的、唯一的"一样只出现
在类别成分的右边，可见 nūŋ 具有形容词性质。而邻近的傣语则
不同，它的 nɯŋ⁶ 只出现在中心语之后，应该是一种存古结构。侗
台语的一些现代表述法由于借用了汉语修饰手段，出现了修饰语
居左的情况，如毛南语 hən³ kju:ŋ² ti⁵ ŋan² zjen²(很_多_的_银钱)

"很多钱"。但这种句法主要出现在干部或学生语体中。

4.4 大类名和小类名与语义三个层次

罗施等（Rosch et al. 1976：383）认为所谓的分类系统（taxonomy）就是以级别形式互相关联的范畴系统。这个系统中的一个范畴，其包含性越大，抽象性层次就越高。罗施等（Rosch et al. 1976：388）在分析自然语言的认知过程中，将现实世界归为三个范畴，分属三个层次，即"上位层次"（superordinate level），如 furniture"家具"；"基本层次"（basic level），如 chair"椅子"；"下位层次"（subordinate level），如 kitchen chair"餐椅"。表 4.6 是罗施等（Rosch et al. 1976）所列举的部分语言认知的语义范畴在生物和非生物的层次关系。

表 4.6 范畴化加工的层次示例

Superordinate 上位层次	Basic level 基本层次	Subordinate 下位层次
Nonbiological taxonomies 非生物类别：		
Tool 工具	Hammer 锤子	Ball-peen hammer 圆头锤 Claw hammer 羊角锤
	Saw 锯子	Hack hand saw 手弓锯 Cross-cutting saw 裁板锯
Clothing 衣物	Pants 裤子	Levis 李维斯牌裤子 Double knit pants 双针裤
	Socks 袜子	Knee socks 及膝袜 Ankle socks 短袜
Vehicle 运载工具	Car 汽车	Sports car 赛车 Four door sedan car 四门轿车
	Bus 巴士	City bus 城市巴士 Cross country bus 长途巴士

Superordinate 上位层次	Basic level 基本层次	Subordinate 下位层次
Biological taxonomies 生物类别：		
Tree 树	Maple 枫树	Silver maple 银枫树 Sugar maple 糖枫
	Oak 橡树	White oak 北美白橡 Red oak 北美红橡
Fish 鱼	Trout 鳟鱼	Rainbow trout 虹鳟 Steelhead trout 硬头鳟
	Salmon 三文鱼	Blueback salmon 红大马哈鱼 Chinook salmon 大鳞大马哈鱼
Bird 鸟	Eagel 鹰	Bald eagle 白头雕 Golden eagle 金雕
	Sparrow 麻雀	Song sparrow 北美歌雀 Field sparrow 原野春雀

鲍尔(Bauer 1999：184－185)认为一个名词短语实际上是其中心语的下义项(hyponym)，比如英语的名词短语 extremely heavy books"异常沉重的书籍"是其中心语 books"书籍"的一种类型，即整个短语是 books"书籍"的一个次范畴，亦即其下义项；而动词短语 dances beautifully"优美地跳舞"则是其中心语 dance(s)"跳舞"的一种类型，即整个短语是 dance(s)"跳舞"的一个次范畴，亦即其下义项。侗台语的名词范畴化加工的重要策略就是以名词范畴化成分作为中心语，由它构成的名词短语是它的下义项。这些范畴化成分，如类别词素、类别名词、类别词等，其中隐含着"大类"的概念，在整个结构中，其外延最大，如壮语的 ko[1] "植物类"经过后面各种成分，比如"基本层"的限定后，整个词组才细化，外延才缩小到"小类"，如 ko[1] fai[4] (CT：植物_树)"树"。如果用更多的成

分进一步限定的话,整个结构的外延会进一步缩小,如 $ko^1 fai^4 \varphi o\eta^2$(CT:植物_树_枞)"松树"。就是说,整个 $ko^1 fai^4 \varphi o\eta^2$(CT:植物_树_枞)"松树"短语是 ko^1"植物类"的一个次范畴,即其下义项。

表 4.7 显示了壮语中表示人类范畴、动物范畴、植物范畴中各层次范畴的例子。其中基本层次的语言成分是日常生活中单独使用频率最高的[所以鲍尔(Bauer 1999)称之为 Basic level"基本层次"],下位层次次之,上位层次单独使用频率又次之。如按照迪克森(Dixon 2010a:229)对中心语是短语结构中不可或缺并决定整个短语的特性的这个标准来判断的话,壮语中的上位层次的语言成分都应该是基本层次和下位层次的中心语。

表 4.7　壮语中对生物界认知的三个语义层次示例

上位层次	基 本 层 次	下 位 层 次
pou^4(人类)	$pou^4 \varphi u:\eta^6$"壮族人"	$pou^4 \varphi u:\eta^6 dau\omega^1 si\eta^2$"城镇壮族人" $pou^4 \varphi u:\eta^6 la^3 ba:n^3$"乡下壮族人"
	$pou^4 pi\eta^1$"军人"	$pou^4 pi\eta^1 \varphi ak^8$"匪军" $pou^4 pi\eta^1 ke^5$"兵痞"
tu^2(动物)	$tu^2 mou^1$"猪"	$tu^2 mou^1 tu:n^6$"野猪" $tu^2 mou^1 la:\eta^1$"种猪"
	$tu^2 kai^5$"鸡"	$tu^2 kai^5 ha:\eta^6$"项鸡" $tu^2 kai^5 ha^2$"小种鸡"
ko^1(植物)	$ko^1 fai^3$"树"	$ko^1 fai^3 d\partial k^7$"竹子" $ko^1 fai^3 \varphi o\eta^2$"松树"
	$ko^1 bjak^7$"菜"	$ko^1 bjak^7 bu\eta^3$"空心菜" $ko^1 bjak^7 ka:t^7$"芥菜"

罗施等(Rosch et al. 1976)所提出的自然语言中认知的这三个层次,表明了语言的范畴化加工并非只是客观存在的具有共同特征的事物的集合,它与人的主观能动性息息相关。侗台语以范

畴化标记所构成的名词具有基本层次特征,而起到范畴化作用的类别成分则具有上位层次的特征,附加上其他各种修饰语的体词结构则具下位层次特征。如上所述,侗台名词类范畴系统是根据维特根斯坦(Wittgenstein 1953/1986)所说的家族相似性来建构的,其演化过程可用莱考夫(Lakoff 1986:17)所说的范畴的"链锁加工"(chaining process)来解释,因为范畴和范畴之间并非毫不相干,而是有重叠区域的,这使得一个范畴与另外一些范畴联系起来,并在认知的过程中通过隐喻投射使范畴得到扩展,从而产生新的范畴。侗台语族内部的文化及社会历史发展的异质性使名词类范畴呈现出纷繁的种类和层次,名词范畴化加工受到时间、空间、功能、生物、社会、文化、态度、法令等因素的制约(详见第6.1、7.1节)。

　　有关类别词的语义研究,很多学者对通常所说的壮语等的所谓"量词"进行分析的结果是,其"表量"功能较弱,而主要是"表类",所以张元生(1993)将壮语中分别指称人类、动物、植物的名词范畴化成分 pou^4、tu^2、ko^1 称为"类别量词"是有道理的。只是他未指出这些成分经常是与其他语言成分紧密地结合在一起的,还建议将它们与后面的成分分写。其实,这些"类别量词"不管有无数词或指示词修饰,都比较固定地与同范畴的名词共现,或作为一种范畴成分与其他语言成分共现构成新的名词,其主要功能并非表量而是分类,就是说它们的功能是对后面的语言成分进行范畴化,由它所引导而构成的体词结构都属于它所表示的范畴。因此,如果根据鲍尔(Bauer 1999:184–185)的名词短语实际上是其中心语的下义项的论断以及迪克森(Dixon 2010a:229)短语中心语的语义和语法功能代表了整个结构的语义和语法特征的标准,壮语的这些范畴化标记则是这些结构的中心语,而不是表示"量"的附属成分。如 ta^4-nu:ŋ^4(CT:年轻女子-弟妹)"妹妹"和 tak^8-nu:ŋ^4(CT:年轻男子-弟妹)"弟弟"的区别,以及 me^6-ka:i^1 pjak^7(CT:已婚女子-卖菜)"女菜贩子"和 kɔŋ^1-ka:i^1 pjak^7(CT:老年男子-卖菜)"男菜贩子"的区别,只是"性别"范畴,而非"量"范畴。所以,壮语等侗台语言的类别词主要功能是用来范畴化,而非用来计数。

基于壮语类别成分的这个特性,张元生(1993:78)反对将之界定为"冠词",因为像 $tu^2\gamma\mathrm{o}k^8$(鸟只)、$ko^1 fai^4$(树木)中的 tu^2(只)、ko^1(棵)等前面加上数词时,它们就变成了量词,如 $so\mathfrak{y}^1$ $tu^2 \gamma\mathrm{o}k^8$(两只鸟)、$so\mathfrak{y}^1 ko^1 fai^4$(两棵树)。然而,他对武鸣壮语的大类名和小类名的结构所进行的分析却恰好表明,它们并不表量,最左边成分的语义涵盖了右边的成分,呈现出了类似上述所表述的认知语义的上位层、基本层、下位层的范畴蕴含关系。如例(13)中的 $ko^1 fai^4 \mathrm{c}u{:}\mathfrak{y}^1$ 直译可作"樟树类植物"。这个认知的过程可演绎为:大类名 fai^4(树)涵盖了右边的下位层次词素小类名 $\mathrm{c}u{:}\mathfrak{y}^1$(樟),将其范畴化为一种 fai^4"树",认知的结果是它属于 $fai^4 \mathrm{c}u{:}\mathfrak{y}^1$"樟树";这个基本层次的 $fai^4 \mathrm{c}u{:}\mathfrak{y}^1$ 的左边又可添加上位层的范畴成分 ko^1(CT:植物),将其范畴化为一种"植物",认知的结果是它属于 $ko^1 fai^4 \mathrm{c}u{:}\mathfrak{y}^1$"樟树类植物"。例(13)—(17)皆属于这类语义级别的包蕴关系,ko^1(CT:植物)位于语义的最高层次,涵盖了右边的所有成分,从而呈现出类似于拉丁学名的"属""种""亚种"的上下位语义关系。所以,这种范畴化加工策略与林奈的拉丁双名法都呈现出大类名在前、小类名在后的右分枝句法特征。

(13) ko^1 fai^4 $\mathrm{c}u{:}\mathfrak{y}^1$
      CT:植物   树   樟树
      "樟树"

(14) ko^1 $pjak^7$ $ka{:}t^7$
      CT:植物   菜   芥菜
      "芥菜"

(15) tu^2 $\gamma\mathrm{o}k^8$ lai^3
      CT:动物   鸟   麻雀
      "麻雀"

(16) tu^2 pja^1 dok^7
      CT:动物   鱼   塘角鱼
      "塘角鱼"

(17) tu² kai⁵ haːŋ⁶
  CT：动物 鸡 项
  "项鸡（未生蛋的鸡）"

  袁家骅(1979：116)也认为壮语的类别词并不是冠词。他指出"单就壮语看,在量名组合体这个体词结构形式中,量词和名词之间不能插入任何其他成分。把量词比拟为冠词是很不恰当的；把量词当作中心成分而把名词当作修饰或限制成分,倒是符合壮语造句法和构词法的共同原则的"。从上述所分析的拉丁学名的命名法,以及拉丁语、法语、西班牙语等拉丁语族名词短语的右分枝结构来看,壮语起句法维度范畴化标记作用的类别词引导的名词短语,其句法结构确实像袁家骅(1979)所指出的那样,中心成分在左,修饰或限定成分在右,短语句法结构是右分枝的。其实,将张元生(1993)所说的"类别量词"称为"大类名","大类名"称为"小类名","小类名"称为"专类名"可能更为恰当,因为类似"大类名＋小类名＋专类名"这样的结构解释力更强些。

4.5 名词的有界化与侗台语名词范畴化策略

  名词语义上的有界或无界经常与其句法特征的可数与非可数密切相关。英语等语言有所谓的可数名词(countable noun)和不可数名词(uncountable noun),前者如 pig"猪",可以用数词直接修饰,后者亦称"物质名词"(mass noun),如 water"水",不可以直接用数词修饰。表 4.8 所列出的几个名词中,只有 pig 一词是可数的,可以被数词直接修饰。从认知语言学的观点来说,汉语的名词所表示的事物都是无界的,当它们进入一个表示状态或一个事件的句子并表示一个有界的概念时,需将其进行个体化或者具体化加工。就是说,在汉语中一个名词短语有数词或指示词参与时,经常要对之进行句法维度的范畴化,如对"猪""鸟"之类的动物进行个体化或有界化时需加上类别词"头""只",对"水""酒"等物质名词进行个体化或有界化时需加上计量词"碗""杯"等。从传统语言学的观点来看,侗台语的名词与汉语一样,在句法上都是不可数名词,其典型的句法特点是名词通常都不直接用数词来修饰,壮语的mou¹(猪)和lau³(酒)都属于不可数名词,通常不用数词直接修饰,通常不说*sa:m¹ mou¹(三猪)和*sa:m¹ lau³(三酒),这是因为它们只是表示了这两种事物的总体概念,包括所有的猪和酒,其概念所指具有无界的特点[另参见沈家煊(1995:368)]。

表 4.8　英、汉、壮语言的名词可数性对比示例

	名词	可数	不可数	数词＋名词
英语	pig	＋	－	three pigs"三头猪"
	water	－	＋	*three waters(三水)
汉语	猪	－	＋	*三猪
	水	－	＋	*三水
壮语	mou¹	－	＋	*sa:m¹ mou¹(三猪)
	lau³	－	＋	*sa:m¹ lau³(三酒)

在句法上如要将总体概念分离出来时,就需要对其外延进行分割,进行个体化和有界化加工,将其进行句法维度的范畴化加工。范畴化过程使名词的所指从无界变成了有界。当修饰语为数词时,北部类型的侗台语如壮语、布依语等的句法范畴化策略通常是将数词与范畴标记一起左置,将个体化的限定成分放置于名词的左边。数词是侗台语中唯一显示左分枝句法特征的成分,与典型的侗台语体词结构的修饰语右分枝的情形有所不同。图4.5显示了壮语涉及 mou¹"猪"和 lau³"酒"以及数词 sa:m¹"三"的句法维度的范畴化加工策略。

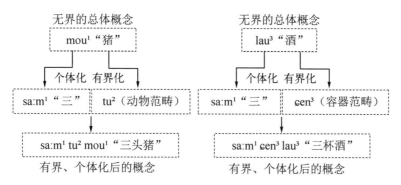

图 4.5　壮语涉及数词的不可数名词概念的有界化加工示意图

　　但是在有指示词参与的句法维度的范畴化加工中,通常是将指示词置于类别词及其修饰语的右边,因为侗台语名词短语的典型特点正是将修饰语右置。图 4.6 是壮语中涉及指示词的句法维度的范畴化加工过程。

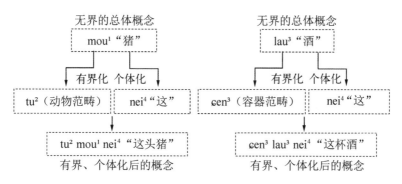

图 4.6　壮语涉及指示词的不可数名词概念的有界化加工示意图

　　张元生(1993:80)认为大类名不受数词的修饰,需带上类别量词,就是说先有界化才能计数,类别词起到了有界化的作用。类别词起到了词法维度和句法维度范畴化的双重作用。

　　正如 4.3 所示,当范畴化标记出现在计数结构中时,数词作为修饰成分左置的规则不适用于表示数量“一”意义的语言成分。它在北部类型侗台语中是右置的,如壮语表示“一”意义的 deu¹ 是置于体词结构的右侧的：

(18) tu² va:i² deu¹
CT/CL：动物 水牛 一
"一头水牛"

而在另外一些语言如南部类型侗台语中，根据语境有两种可能的词序，一种是左置，另一种是右置。例(19)中，泰语数词 nùŋ "一"左置于动物范畴化标记 tua，表示"我有一只鸟"，数词 nùŋ 所表示的计数意义"一"是这个句子中所要表达的焦点；而例(20)中，带不同调值的数词 nɯŋ "一"右置于动物范畴化标记 tua，表示"我只有一只鸟"，而不再有其他的鸟了，此时计数并非说话者所要强调的意义，不是句子中所表达的焦点(Singhapreecha 2010)。

(19) pʰǒm mii nók nùŋ tua
我 有 鸟 一 CL：动物
"我有一只鸟。"

(20) pʰǒm mii nók tua nɯŋ
我 有 鸟 CL：动物 一
"我只有一只鸟。"

例(20)中动物范畴化标记 tua 右边的数词 nɯŋ "一"读作中平调，而非原来的低降调。中平调的 nɯŋ "一"可以用形容词 diaw "仅有的、唯一的"来代替，如例(21)所示。

(21) pʰǒm mii nók tua diaw
我 有 鸟 CL：动物 唯一
"我只有一只鸟。"

因此，泰语的数词 nùŋ "一"和形容词 diaw "仅有的、唯一的"在修饰名词范畴化成分方面呈现互补分布的情况：nùŋ 出现在左边,而 diaw 出现在右边。由于体词结构中的修饰语右置是侗台语典型的句法特征,结合读作中平调的 nɯŋ 可被形容词 diaw 替换的情况,可以将中平调的 nɯŋ 视作一个表示"仅仅的、唯一的"的形容词。所以,读作低降调原调的数字 nɯ̀ŋ 与其他数字一样出现在句法维度范畴成分的左边,跟数词作为修饰语出现在被修饰语的左侧的规则相一致,即"数字＋范畴成分";而读作中平调的 nɯŋ 则作为形容词出现在句法维度范畴成分的右边,与侗台语体词结构的修饰语位置相一致,即"范畴成分＋形容词"。在西双版纳傣语中,nɯŋ⁶ 只能出现在其所修饰成分的右边而非左边,如例(22)所示,与南部类型的泰语 diaw[如例(21)]相一致,呈现出典型的侗台语右分枝特征。

（22）ma⁴　　to¹　　　　nɯŋ⁶
　　　 马　　CL：动物　 一
　　　 "一匹马"

（引自：喻翠容、罗美珍 1981：40）

西双版纳傣语中的 nɯŋ⁶ 和 et⁷ 都可表示"一"的意义,但是前者除了数字"一"的意思外还具有形容词的句法特征,可表示"唯一的、独一的"的意思,而后者只是表示数字"一",如例(23)和(24)所示。

（23）sip⁷　　nɯŋ⁶
　　　 十　　一
　　　 "一十整"
（24）sip⁷　　et⁷
　　　 十　　一
　　　 "十一"

（引自：喻翠容、罗美珍 1981：40-41）

这个句法特征说明了西傣 nɯɯŋ⁶ 这个词与句法范畴成分的关系更接近于"中心语＋形容词"结构而不是"数词＋中心语"或"中心语＋数词"结构。

据覃晓航(1993,1995)的研究,壮语 deu¹ 的原始意义为"单独",其数字"一"的概念是从"单独"的意义发展而来的。实际上,它的句法属性更像形容词而不像数词。所以,类似于 ko¹ ȵɯ³ deu¹(CT/CL:植物_草_唯独的)"一棵草"这种结构中的 deu¹ "一",其实就像 ko¹ ȵɯ³ nei⁴(CT/CL:植物_草_这)"这棵草"这种结构中的 nei⁴ "这",以及 ko¹ ȵɯ³ heu¹(CT/CL:植物_草_绿)"绿色的草"这种结构中的 heu¹ "绿"一样,根据句法分布的原则将其视作形容词更为合理。就是说,在壮语的数词系统中,将数词放置在类别成分的左边是常态,但在表示"一"的概念时,则需要用将形容词 deu¹ 放置在类别成分的右边来表示,如例(25)中的壮语 deu¹ 位于范畴化成分 pou⁴(CT/CL:人类)的右边。如果这个类别成分带有其他多个修饰成分,则这个形容词 deu¹ 放在这些成分的右边,如例(26)所示。

(25) kou¹　　ŋa:m⁵　　ɣan¹　　pou⁴　　　　　　vɯn²　　deu¹
　　　我　　　刚　　　看见　　CL/CT:人类　人　　　一
　　　"我刚看见一个人。"

(26) ko¹　　　　　　　fai⁴　　jou⁶　　huŋ¹　　jou⁶　　sa:ŋ¹　　deu¹
　　　CT/CL:植物　树　　又　　大　　　又　　高　　　一
　　　"又大又高的一棵树"

将表示数字"一"的成分放在类别词左边的例外情况仅见于某些特殊语境中,如解释汉语课本的语法等。例(27)这种借过来的较为汉化的表达式是可能的,但是这时采用的是汉语借词 it⁷ "一"。

(27) ɕon² va⁶ kun¹ nei⁴ ɕou⁶ tɯk⁸ it⁷ ko¹ fai⁴
　　 句 话 汉 这 就 是 一 CL：植物 树
　　 "这句汉语就是'一棵树'。"

布依语表示数字"一"的语言成分 deu¹ 也是位于范畴化成分的右边，如在例(28)中 deu¹ 就是位于 tuə²（CT：动物）的右边。

(28) za:n² tɛ¹ li⁴ tuə² ma¹ deu¹ tem¹ tuə²
　　 家 他 有 CT：动物 狗 一 和 CT：动物
　　 mɛu³ deu¹
　　 猫 一
　　 "他家有一条狗和一只猫。"

（引自：王伟等 1983：92）

毛南语的ʔdeu²也是具有很明显的形容词特征，也与侗台语体词结构修饰语右分枝的规则相符，如例(29)中毛南语的ʔdeu²位于范畴化成分 tɔ²（CT：动物）的右边。ʔdeu²的典型数词的特征在例(30)中就显得更为微弱了，它表示的大约是"仅仅"之类的意思。

(29) tɔ² la:k⁸ᵐba:n¹ ʔdeu² n̠d̠am⁵ tɔ²
　　 CT：动物 男子 一 和 CT：动物
　　 la:k⁸ʔbjek⁸ ʔdeu²
　　 女子 一
　　 "一个男孩和一个女孩"①

(30) ta⁶ ki³ njen² ʔdeu² li:u⁶ ，ʔju¹ka:i¹ na:i⁶ tsi¹ kɔ³
　　 过 几 月 一 了 街上 这 就
　　 pjen⁵ li:u⁶
　　 变 了
　　 "过了那么几个月，镇上就全变了。"

（引自：谭信概 2005 个人通信）

———————————

① 毛南语的范畴成分 tɔ²（CT：动物）用来指称家庭妇女、儿童、盗贼、动物等。具体分析见第 7.1.1 节。

简言之,在名词的个体化或有界化加工过程中,北部类型侗台语的名词次范畴成分置于主要名词及相关成分的左边①,数词置于范畴化成分的左边,但是用来表示数字"一"的语言成分则出现在这些成分的右边,这种成分更多的是起到形容词的功能,被中间的名词、形容词等隔开,使得表示数意义的成分与其所修饰的类别成分形成一种分裂的结构。由此观之,侗台语族名词短语典型的词法维度范畴成分之左置及其句法维度范畴成分之右置,皆为其体词修饰的右分枝特性使然。从前文的分析可看到,侗台语族语言的名词短语,其句法特征与拉丁学名命名法的句法特征类似,也属于中心语在前、修饰语在后的右分枝结构。比如例(31)—(34)是日常口语中最常见的对人类、植物、动物、非生物体的分类方法,其结构是大类名在前、小类名在后,左边的成分在句法上则是相当于拉丁二名法的"属"名,右边的成分则相当于二名法的"种"名。

(31) pou^4 vun^2
　　 CT:人类　人
　　 "人"

(32) ko^1 fai^4
　　 CT:植物　树
　　 "树木"

(33) tu^2 pit^7
　　 CT:动物　鸭
　　 "鸭子"

(34) ŋe:u^5 ɣin^1
　　 CT:块状物　石头
　　 "石头"

袁家骅(1979:115-116)指出,壮语人称代词是直接修饰量词的,在武鸣壮话中我们可以说 po:n^3 kou^1(本_我)"我的这本(书/笔

---

① 有关"主要名词"和"中心语"的区别请见第八章中 Enfield(2007:120)的论述。

记本)",在来宾壮话中说 poːn³ tu⁶ kau¹(本_GEN_我)"我的这本(书/笔记本)",在龙州壮话中说 ɕek⁷ huŋ¹ kau¹(册_GEN_我)"我的这本(书/笔记本)",中心语都是量词 poːn³(ɕek⁷),不同的只是武鸣壮话不像来宾壮话和龙州壮话那样带有一个领属标记 tu⁶ 或者 huŋ¹。他认为例(35)—(37)中泰语的情况也是形容词修饰量词,而不是修饰名词。

(35) ma¹   tua²-lek⁴   tua²-nan⁴
　　狗　　只-小　　　只-那
　　"那只小狗"

(36) ma¹   tua²-lek⁴   tua²-nɯŋ⁵
　　狗　　只-小　　　只-一
　　"一只小狗"

(37) ma¹   tua²-lek⁴   soːŋ¹-tua²-nan⁴
　　狗　　只-小　　　两-只-那
　　"那两只小狗"

(引自:袁家骅 1979:118)

　　图 4.7 中由几种词类所组成的壮语名词短语结构和前面图4.1拉丁语的名词短语结构以及图 4.2 法语的名词短语结构都共同呈现出了右分枝的句法趋势。

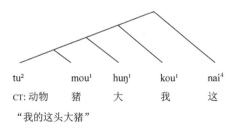

　　图 4.7　壮语名词短语右分枝示意图

　　图 4.7 中的 tu²(CT:动物)位于名词短语结构的左侧末端,相当于拉丁学名中的二名法、三名法中"属"名的位置,是一种"大类名＋小类名＋专类名"的典型结构(见第 4.4 节)。所以,如上述,

侗台语族语言以及第 4.1、4.2 节所提到的拉丁语、法语等,之所以用"范畴词素＋其他类别"这种中心语居首(head-initial)的方式来构建名词短语,主要是基于它们名词短语右分枝的句法特点。

4.6　类别词是否蕴含"数"的意义

在侗台族语言中,范畴化标记经常在没有数词或指示词修饰的情况下出现,这引起部分研究者的兴趣,这些研究者认为它们此时会附带有"数"的意义。特别是对壮语类别词单独与名词共现到底是起到范畴化的作用还是表示"一"的意义的问题,学界至今仍有不同看法。有些学者认为"类别词＋名词"不带数词时有"一"的意思(韦庆稳 1985：33;张元生 1993：79),如：ko¹ ma:k⁷(一棵果树)、ko¹ fai⁴(一棵树)、tu² ɣok⁸(一只鸟)、tu² pja¹(一条鱼)等。其实这些语言结构中,其左边的成分只是对整个结构的语义进行范畴化而已,分别将它们指称为"植物""动物"等。在日常会话中,很多侗台语中表示人物、动物、植物等的名词是经常伴随范畴化成分而出现的,而且字典中的有关词条也如此标注。例(38)—(41)显示了范畴化成分在日常交流时是经常要用到的,因为名词从词库中被选出而使用在句子中时,它们就变成了施事者、受事者或者陈述的目标等角色,而这些成分都需要将无界和无定的名词进行具体化或个体化,变成有界和有定的名词(见第 2.1、3.3、7.1.2 节)。

(38) ji:ŋ⁶　nei⁴　ku⁶，pou⁴　　po⁶　bou³　hau³　pu⁶
　　样　这　做　CT:人类　父亲　不　许　(语气)
　　"这样做,父亲不允许的。"

(39) ——tu²　nei⁴ tu²　　　ma²？——tu²　　　ɣok⁸ lai³
　　CN:动物 这　CN:动物 什么　——CN:动物 鸟　麻雀
　　"——这是什么动物? ——是麻雀。"

（40）au^1　ko^1　　　ma:k^7　ŋa:n^4　tau^3　dam^1

　　　要　CT：植物 果　　龙眼　来　　种

　　　"拿龙眼树来种。"

（41）ko^1　　　nei^4　ko^1　　　ma:k^7　ŋa:n^4

　　　CN：植物 这　CT：植物 果　　龙眼

　　　"这棵是龙眼树。"

上述例（38）—（41）表明，词法维度和句法维度的范畴成分
pou^4（人类）、tu^2（动物）、ko^1（植物）等并不具有计数和表量的功
能，而只起到对名词短语进行范畴化加工的作用。其实，它们只是
类别词素，起到名词范畴化的作用，将有它们出现的体词结构标记
为某类范畴而已，只是在特定语境里才需在汉语译文里加上"一"，
无语境的情况下只是一种类别标记。表 4.9 是从广西壮族自治区
少数民族语言文字工作委员会研究室编写的《壮汉词汇》（1984）所
列词条中摘录的一些例子。字典中列举的大量类似的词条说明了
壮语用范畴化成分与其他语言成分共同组成新词或词组是一个很
重要的构词策略。

表 4.9　《壮汉词汇》中带范畴化成分的词条举例

人类范畴	pou^4 piŋ^1 "军人"	pou^4 pa:ŋ^1 fuɯ^2 "助手"	pou^4 fou "挑夫"
动物范畴	tu^2 sa:p^7 "蟑螂"	tu^2 mot^8 "蛀虫"	tu^2 pluk^7 "白蚁"
植物范畴	ko^1 mi:n^6 "麦子"	ko^1 da:i^3 "苎麻"	ko^1 hau^4 "禾苗"
非生命范畴	an^1 ta:k^7 "托盘"	an^1 kiŋ^5 "镜子"	an^1 ɕaŋ^6 "秤"

用范畴化标记这种类别词素来对名词进行范畴化加工的构词
法在其他侗台语中是一种很普遍的语法现象，此种语境中的类别
成分并不一定表示"一"的意义。范畴化标记在此种构词法中是一
个黏附性较强的词根，它在很多情况下可以脱离这种结构而独立
出现，但是它在这种情况下所表示的意义经常会有所不同。下面

分别举例说明。

泰语有用指称小型圆形物体、动物、容器及薄片状物品等的范畴化成分来构词的情形。出现在左边的成分是词法维度的范畴化标记 lûuk、tua、bay，它们都不含"一"的意义。

lûuk měn"卫生球"　lûuk sùup"活塞"　lûuk lɔ́ɔ"轮子"

tua malɛɛŋ"虫子"　　tua nɔ̌ɔn"蠕虫"　　tua pʰûŋ"蜜蜂"

bay à.núyâat"执照"　bay pliw"传单"　　bay ráp ŋən"收据"

对上述这些由词法维度范畴化标记与其他成分所组成的语言成分，泰语对其所进行的句法维度的表述策略是在其右边再次重复同一形式，如：

（42）lûuk　　　　　　sùup　săam　lûuk
　　　CT：小而圆的物体　泵　　三　　CL：小而圆的物体
　　　"三个活塞"

（43）lûuk　　　　　　lɔ́ɔ　săam　lûuk
　　　CT：小而圆的物体　轮子　三　　CL：小而圆的物体
　　　"三个轮子"

（44）tua　　　　nɔ̌ɔn　săam　tua
　　　CT：动物　蠕虫　三　　CL：动物
　　　"三条蠕虫"

（45）tua　　　　pʰûŋ　săam　tua
　　　CT：动物　蜜蜂　三　　CL：动物
　　　"三只蜜蜂"

（46）bay　　　　　　à.núyâat　săam　bay
　　　CT：容器/薄片　执照　　　三　　CL：容器/薄片
　　　"三张执照"

（47）bay　　　　　　pliw　săam　bay
　　　CT：容器/薄片　传单　三　　CL：容器/薄片
　　　"三张传单"

　　由于词法维度和句法维度的范畴化标记碰巧同形，便形成了一种"反响型类别词"，但这几个例子中的句法维度的范畴化标记并非典型的反响型类别词(具体分析见第2.1.3.3节)。

　　布依语中也通过词法维度的范畴化策略对名词进行范畴化加工。如用人类范畴、动物范畴、植物范畴等标记来组成名词也是常见的区分类别的手段，它们也只是分类而不是表量[①]：

人类范畴以 pu⁴ 来标记：

pu⁴ saːi¹"男人"	pu⁴ tɕe⁵"老人"	pu⁴ xe⁵"客人"
pu⁴ kuə⁶ meu²"农民"	pu⁴ kuə⁶ ka⁴"商人"	ɕaːŋ⁶ ɲip⁸"裁缝"
pu⁴ xe⁵"客人"	pu⁴ piŋ¹"兵家"	pu⁴ ɕak⁸"土匪"

动物范畴以 tuə² 来标记：

tuə² waːi¹"牛"	tuə² juən²"羊"	tuə² ma⁴"马"
tuə² mu¹"猪"	tuə² kai⁵"鸡"	tuə² pit⁷"鸭"
tuə² ma¹"狗"	tuə² ma⁴"马"	tuə² mu¹"猪"

植物范畴以 ko¹ 来标记：

ko¹ xau⁴"稻子"	ko¹ tɕiə¹"松树"	ko¹ li²"梨树"
ko¹ man³"李树"	ko¹ taːu²"桃树"	ko¹ ɕaːu² ɕi³"枣树"
ko¹ man³"李树"	ko¹ meːu²"秧苗"	ko¹ ɲa¹"草"

非生命性物件范畴常以 ʔdan¹ 来标记：

| ʔdan¹ tɕiəŋ⁵"镜子" | ʔdan¹ toŋ³"桶" | ʔdan¹ tɕoi¹"篮子" |
| ʔdan¹ kuən⁵"罐子" | ʔdan¹ paːn²"盘子" | ʔdan¹ siəŋ¹"箱子" |

　　侗语也常用动物范畴标记 tu² 来构词，将相关语言成分表述

――――――――――

　　① 以下所举各范畴的布依语的例子引自喻翠容 1980；吴启禄 1983；吴启禄等 2002；王文艺 2004；龙海燕 2010；周国炎 2016，不再一一说明。

为某种动物,如:$tu^2 peu^5$"豹子"、$tu^2 ta^6$"鹿"、$tu^2 tən^2$"野兽"等。但是侗语更常用来指称动物的范畴标记是 $la:k^{10}$,只是它更经常用来表示小动物,所指称的范畴可包括鸟类、哺乳动物类、幼虫类等,如:

$la:k^{10} ta:t^{10}$(一种鸟名) $la:k^{10} a:i^5$"小鸡"

$la:k^{10} lje^6$"羔羊" $la:k^{10} ma^4$"马驹"

$la:k^{10} mui^6$"蚕虫" $la:k^{10} ja:u^6$"蛹"

正如上文所述,侗语的 $la:k^{10}$ 原型意义是"孩子""后代"等,其中可包含多种义素,如[＋年幼者]、[＋果实]、[＋小而圆的形状]等,它通常用来指称"儿子""女儿""年轻人",也扩展到指成年人,如:

$la:k^{10} ma:k^9$"大儿子" $la:k^{10} la:ŋ^6$"私生子"

$la:k^{10} sa:u^4$"女婿" $la:k^{10} ȵak^7$"小儿子"

$la:k^{10} mjek^9$"青年女子" $la:k^{10} tok^8$"独子"

$la:k^{10} khwa:n^{1'}$"孙子" $la:k^{10} ȵi^4$"青年男子"

$la:k^{10} un^6 sa:ŋ^4 tu^2$"牧童" $la:k^{10} khwa:n^{1'} ta^1$"外孙"

$la:k^{10} pa:n^1$"男人" $la:k^{10} un^6 tok^{10} le^2$"学生"

并且由于其[＋果实]、[＋幼小]的义素,此范畴成分也用来指称农作物幼苗、瓜果、植物根茎等,如:

$la:k^{10} au^4$"禾苗" $la:k^{10} ja:n^{5'}$"丝瓜"

$la:k^{10} ma^1$"菜秧" $la:k^{10} lut^{9'}$"羊奶果"

$la:k^{10} man^2$"红薯秧" $la:k^{10} ŋo^2$"栀子"

由于"孩子"这个成分往往也具有"小"的特点,它便与其他小的事物发生联系,即邻近范畴边缘的交叉与重叠往往导致认知的链锁加工[chaining process,见莱考夫(Lakoff 1986:17)和泰勒(Taylor 1989/1995:108)]。于是,这个范畴标记便发生范畴的扩展,用来指称一些人体部位,甚至一些与相关身体部位相似的物件,如:

la:k^{10} ȵən^2"瞳仁"　　　　la:k^{10} taŋ^1 ta^5"中指"

la:k^{10} ɕa$^{3'}$"纱锭"　　　　la:k^{10} taŋ^1 miu^2"小拇指"

la:k^{10} taŋ^1"手指"　　　　la:k^{10} ɕok$^{7'}$"星宿"

la:k^{10} taŋ^1 ȵi^2"食指"　　la:k^{10} tin^1"脚趾"

la:k^{10} pja^3"雷公"　　　　la:k^{10} taŋ^1 səi^5"无名指"

la:k^{10} pa^2"耙齿"

　　水语也像上述所说的泰语 p^{h}ûu、壮语 pou^4 等类别成分一样,用表示人类范畴的类别成分 ai^3 来指称具有某种特点或从事某种职业等的人,如:

ai^3 he^4 faːn^5"商人"　　ai^3 kaːn^1 pu^1"干部"　　ai^3 hek^7"客人"

ai^3 he^4 loŋ^5"媒人"　　ai^3 he^4 po^5"骗子"　　ai^3 ho^4 pja^4"猎人"

ai^3 lo^3 qam^4"秃子"　　ai^3 qa^2"麻子"　　　ai^{3n} dam^5"矮子"

（引自:潘永行、韦学纯 2014;张均如 1980）

　　水语的雌性人类范畴 ni^4 也是构词能力很强的范畴化标记。其原型语义是"雌性""母性",用来指称与之相关的人类或动物,如[①]:

①　以下所举水语例子引自潘永行、韦学纯 2014;张均如 1980;冯英 2005,不再一一说明。

ni⁴bja:k⁷"妻子" ni⁴te¹"岳母" ni⁴ti³"姑母"

ni⁴bja:k⁷"妇女" ni⁴la:k⁸"产妇" ni⁴tip⁷duk⁷"女裁缝"

ni⁴kui²"母水牛" ni⁴mo⁴"母黄牛" ni⁴ma⁴"母马"

ni⁴fa²"母羊" ni⁴thu⁵"母兔" ni⁴meu⁴"母猫"

这个表示母性的 ni⁴ 还发生语义范畴的链锁性扩张,转而用来指称任何成年的动物,而不一定带有"母性"或"雌性"的意义,如:

ni⁴ȵai¹"动物" ni⁴na:n⁴"野兽" ni⁴muŋ¹"果子狸"

ni⁴qau¹"猫头鹰" ni⁴tom²"鸬鹚" ni⁴ŋa²"洋鸭子"

ni⁴tsa:ŋ⁴"大象" ni⁴bja:n³"水獭" ni⁴ta:i³"蛤蚧"

其实,这个水语原型语义为"母性动物"的范畴化标记 ni⁴ 还发生了很多其他的链锁型范畴扩展,用来指称几乎日常生活中所遇到或提到的各种植物或非生命性物体甚至是超自然的事物,如:

植物范畴:

ni⁴mai⁴so³"松树" ni⁴mai⁴ham²"椿树" ni⁴doŋ³"莲花"

ni⁴fa:u²"水草" ni⁴faŋ¹"野稗" ni⁴to⁶ka¹"黄花菜"

自然物体/现象范畴:

ni⁴ⁿda¹wan¹"太阳" ni⁴hum⁵"土"

ni⁴tin²"石头" ni⁴kha:ŋ⁵"风"

超自然存在或从事相关职业的人物:

ni⁴miu⁶"庙神" ni⁴ma:ŋ¹"神灵" ni⁴kwa:i⁵"妖怪"

ni⁴sjen¹"天仙" ni⁴qam⁴ʔna³"雷神" ni⁴hau³"神婆"

在上述这些水语例子中,相关的范畴标记只是起到归类作用,并不表达数字"一"的意思。

　　拉珈语的 lak²⁴ 是一个常用来构词的范畴化标记,主要用来表示人类范畴以及其他扩展意义,但其原型语义可能是"幼子""幼崽"。在下面一些表示动物幼崽的例子中仍然可看到这个意义的残留(注: mε¹¹ phlei⁵¹ 意为"尖刀",加上 lak²⁴ "幼小的"则为"匕首"),只是它们在这种意义下用作修饰语,功能相当于形容词,如:

kai⁵⁵ lak²⁴ "小鸡"　　　　　　nau¹¹ suəːi²⁴ lak²⁴ "水牛犊"

khũ⁵¹ lak²⁴ "猪崽"　　　　　　nau¹¹ sa⁵¹ lak²⁴ "黄牛犊"

ma¹¹ lak²⁴ "马驹"　　　　　　ŋwie⁵¹ lak²⁴ "羔羊"

kjaŋ⁵¹ mie²³¹ lak²⁴ "小拇指"　　mε¹¹ phlei⁵¹ lak²⁴ "匕首"

　　而平时常见到的是 lak²⁴ 的体词性的用法,主要用来指称两个范畴,一是植物果实,二是一般的人类,而不是像一些侗台语那样主要用来指称幼年人类,即儿童。如:

lak²⁴ kjei⁵¹ "男人"　　　　　　lak²⁴ man¹¹ "李子"

lak²⁴ kjãːu²⁴ "女人"　　　　　 lak²⁴ kaːm⁵ "橘子"

lak²⁴ tieːŋ²¹⁴ to⁵⁵ "木匠"　　　 lak²⁴ pup²⁴ "柚子"

（引自: 刘宝元 1999)

　　lak²⁴ 还在语义上往外扩展,其指称范围离原型语义更远。除了人类、果实之外,lak²⁴ 还用来指称非生命、非生物的物品,如:

lak²⁴ lɛu²³¹ "疤痕"　　　　　　lak²⁴ fak⁵⁵ "塞子"

　　拉珈语的另一个常用表示类别的成分 tu²³¹ 通常用作表示动物的范畴化标记,主要是指称哺乳动物、禽类、爬行动物、昆虫等,如:

$tu^{231}kja^{24}$"野兽" $tu^{231}ŋwãn^{51}$"虱子"

$tu^{231}ka^{51}$"乌鸦" $tu^{231}kõ^{231}$"蛾子"

$tu^{231}pi:t^{24}$"甲鱼" $tu^{231}wie^{214}$"蝴蝶"

但是动物范畴标记 tu^{231} 也用来指称"小孩"以及"盗贼"类的人类范畴,这与毛南语用动物范畴的 to^2 来指称儿童、妇女、盗贼等情况相似。欠社会化或反社会的人类群体在一些侗台语的名词次范畴化加工中常常被归入动物范畴(见第 7.1.1 节)。拉珈语的例子如下:

$tu^{231}nuŋ^{11}kjei^{51}bok^{55}$"长子" $tu^{231}kjak^{24}$"强盗"

$tu^{231}nuŋ^{11}kjei^{51}kjai^{24}$"次子" $tu^{231}ha:k^{25}$"土司"

$tu^{231}nuŋ^{11}kjã:u^{24}kjai^{24}$"次女" $tu^{231}kjak^{24}kjɛu^{51}$"贼头"

拉珈语的这些范畴化标记像壮语的 pou^4 一样经常在没有数词参与的情况下与其他语言成分共现而组成新词或词组,而并不一定表示"一"的意思。

带有类别成分的体词结构若要带上"数"意义的话,通常需与数词或指示限定词等其他成分共现。体词结构中的类别成分与数词或指示限定词实际上是分别起到了定"性"和定"量"的作用。类别成分以其范畴化功能来表明其所在结构的所指的内涵,而数词或指示限定词则以其修饰或限定功能来表明其所在结构的所指外延。

如例(48)所示,壮语的类别成分 ko^1 所指示的语义范畴是"植物",并不含"数"的意思:

(48) ko^1 fai^4 $sa:ŋ$ kva^5 ko^1 $ɲɯ^3$
     CL:植物 树   高   过   CL:植物 草
     "树比草高"

只有加上数词、指示词等限定成分后,才表示或蕴含"三""这""一"等意义,如例(49)—(51)所示:

(49) sa:m¹　ko¹　　fai⁴
　　　三　　CL：植物　树
　　　"三棵树"

(50) ko¹　　　fai⁴　deu¹
　　　CL：植物　树　　一
　　　"一棵树"

(51) ko¹　　　fai⁴　nei⁴
　　　CL：植物　树　　这
　　　"这棵树"

泰语、老挝语等南部语言的类别成分也单独与名词等成分单独出现,起到名词范畴化的作用,并不表示"一"的意思,如:

泰语:

tua pràkan(CL：动物_赎)"人质"

tua yûŋ(CL：动物_乱)"捣乱者"

kʰon tàaŋ-dâaw(CL：人_异地)"外国人"

kʰon bâ(CL：人_疯)"疯子"

pʰûu cʰîawcʰaan(CT：人_精通)"专家"

pʰûu rian(CT：人_阅读)"学生"

nák fút-bɔn(CT：人_足球)"足球运动员"

nák kʰàaw(CT：人_新闻)"记者"

老挝语:

tua: phü:(CL：动物_公的)"公的动物"

tua: lû:k(CL：动物_仔)"幼仔"

khón lāk khɔ:ŋ(CL：人_偷_东西)"贼"

khón thǎy ná:(CL：人_犁田)"农民"

phü: mí: kïa:t(CT：人_有声望)"名人"

phü: nūm(CT：人_年轻)"年轻人"

nāk wīthāɲá:sä:t(CT：人_科学)"科学家"

nāk ká-wí:(CT：人_诗)"诗人"

总而言之,起到名词分类功能的类别成分,无论它们是类别词素、类别名词,或者类别词,都是起到名词次范畴的归类功能,有时它们出现在句法层面被用作句法维度的范畴化标记,有时它们出现在词法层面被用作词法维度的范畴化标记,而这些标记与名词性类中封闭的性、数系统或者半封闭的名词次范畴系统中的标记一样经常是不可缺少的。就是说,它们只起到词法或句法维度的名词范畴化作用,本身并不蕴含"数"的意义。

4.7 类别词语义标记的虚化

上文详细分析了侗台语类别成分的语义范畴化的标记作用。有部分句法维度的范畴化标记实际上与其所修饰的成分已经失去了语义的呼应作用,它们之所以与数字或指示词共现只是句法的需要。薄文泽(2012)认为,泰语的类别词根据它们出现在名词的前面或者后面而分别起到区别"单位"和"类别"的作用。类别词出现在名词前方时表示类别,出现在名词后方时表示单位;泰语的"数量词组"修饰语和其他词类担当的修饰语一样,出现在被修饰语后面,而表示类别的量词依然位于名词之前。其实,泰语的类别词无论出现在名词之前或之后都有范畴化分类的特点。在体词结构特征方面,泰语与壮语相同之处是名词不直接受数词的修饰,数词所修饰的是类别词而不是名词等成分,这是因为侗台语言的个体化(比如用数词来限定)和具体化(比如用指示词来限定)必须有类别词的参与。而泰语与壮语不同的是,当数词带上类别词来对名词进行计数时,其位置仍然是右分枝型的,这与泰语其他修饰语通常所处的位置一样是位于名词后面的,符合典型的右分枝型的修饰手段。如前所述,泰语、老挝语等南方类型的侗台语通常将句法维度的范畴化标记置于主要名词的右边,以达到计数或指称的目的,这与侗台语体词结构中修饰语的后置特征相一致,这种结构解决了壮语那种计数策略中将相同语音形式的词法维度范畴化标记和句法维度范畴化标记并列重叠的困境(见第3.2.2节中的图3.2)。所以,在泰语中即使词法维度和句法维度的范畴标记的语音形式一样,也不会造成两个同形成分并列的情况,如例(52)和(53):

(52) kʰon　　　klaaŋ　săam　kʰon
　　 CT:人类　中间　　三　　　CL:人类
　　 "三个中间人"

(53) kʰon　　　kʰǎaj　tǔa　săam　kʰon
　　 CT:人类　卖　　票　　三　　　CL:人类
　　 "三个售票员"

从这些例子可看到泰语的范畴化标记kʰon出现两次,即前面的kʰonklaaŋ(CT:人类_中间)和kʰon kʰǎaj tǔa(CT:人类_卖_票)中的kʰon在计数结构săam kʰon(三_CL:人类)中又出现了一次。此种重复的语言成分通常被视作"反响型类别词"(echo classifiers)。这类范畴标记还有其他多种名称,如"复现型类别词"(repeater classifiers)、"拷贝型类别词"(copy classifiers)、"同源类别词"(cognate classifiers)等。反响型类别词中又被区分为"全局复现型类别词"(full repeater classifiers)和"局部复现型类别词"(partial repeater classifiers)等。如果将例(52)和(53)中的kʰon klaaŋ"中间人"和kʰon kʰǎaj tǔa"售票员"都分别看作紧密结合的整体的话,则kʰon只能算作部分反响型类别词,它们与例(54)—(56)所显示的部分反响型类别词是一样的结构。

(54) rooŋ-năŋ　　　　　hâa　rooŋ
　　 建筑物-电影／皮　五　 CL：建筑物
　　 "五个电影院"

(55) ráan-tàt-pʰŏm　săam　răan
　　 店-剪-头发　　　 三　　 CL：店
　　 "三个理发店"

(56) tôn-máay　hâa　tôn
　　 杆-树　　 五　　 CL：杆
　　 "五棵树"

其实例(52)和(53)虽可看作部分反响型类别词结构,但实际上它们与第8.5.1节的例(43)—(46)的非反响型类别词结构并没有实质性的区别,因为例(52)和(53)中以词法维度范畴化标记 kʰon-为中心语的体词结构 kʰon klaaŋ、kʰon kʰăaj tŭa 和第8.5.1节的例(43)—(46)中以词法维度范畴化标记 nák-、pʰûu- 为中心语的体词结构 nák rian、pʰûu àan 类似,其所指都是"人",所以它们在句法层面中的范畴化标记都采用 kʰon 来指称。所以,例(52)和(53)中的句法维度的范畴化标记 kʰon 碰巧只是与前面的词法维度的范畴化标记同为一个形式罢了,它们是否重复前面的类别词要视前面的成分所属的范畴而定。就是说,用不同词法维度的范畴化标记指称的内容可以指派同一种句法维度的范畴化标记。相反的情况是,用相同的词法维度范畴化标记指称的内容可以指派不同的句法维度的范畴化标记。比如,第3.3节中的例(391)—(396),表示"厨娘""母鸡""锁头""千斤顶""河流""原色"的概念都采用了词法维度范畴化标记 mêɛ(CN：母亲)来指称,但由于它们实际所指的不同而在计数时采用了不同的句法维度范畴化标记,即"厨娘"采用 kʰon(CL：人类)、"母鸡"采用 tua(CL：动物类)、"锁头"采用 dɔ̀k(CL：朵／枝)、"千斤顶"采用 an(CL：立方状物体)、"河流"采用 săay(CL：带状物体)、"原色"采用 sĭi(CL：颜色)的句法范畴化标记。

就是说,泰语中有些句法维度的范畴化成分属于非典型的反响型类别词。如上述,有些名词范畴化现象看上去很像反响型类别词,即带有 kʰon(CT:人)词法范畴标记的名词如要被数词或指示词修饰的话,这些修饰语词需要与类别词 kʰon(CL:人)共现。但是,如上所述,实际上它们跟反响型类别词还是有区别,这是因为 kʰon 不但用来标记带有词法维度范畴化标记 kʰon 的名词短语,而且也用来标记其他不带有词法维度的标记 kʰon 的名词。具体来说就是在句法中 kʰon 不但用来标记 kʰon plɛ̀ɛk nâa "陌生人"、kʰon ráay "坏人"、kʰon tʰay "泰国人"、kʰon nɔ̂ɔk "外人"、kʰon ŋaan "工作者"等这类名词,如 kʰon tʰay sǎam kʰon "三个泰国人",而且还用来标记 cʰâaŋ máay "木匠"、dèk pʰûu yǐŋ "小姑娘"、lûuk bun tʰam "养子"、mɛ̂ɛ bâan "家庭主妇"、nák wâat kʰǐan "画家"、pʰûu yǐŋ "女子"等名词。这些名词被指派的句法维度范畴化标记 kʰon 与它们所带有的词法维度范畴化标记 cʰâaŋ、dèk、lûuk、mɛ̂ɛ、nák、pʰûu 并不一样。其他类似的情况还有以 rûup(CT:僧侣/图像)词法范畴标记的词,如 rûup ˈpʰâap "图画"、rûup pra kɔ̀ɔp "示意图"、rûup tʰàay "照片,图画"、rûup sìi lìam "四边形"等,在句子中通常是选择类别词 rûup(CL:僧侣/图像),但是其他类型的名词,如 pʰráʔ "神父,上帝"、pʰìk sùʔ "和尚(尊称)"、sǒŋ "和尚"、sa.ma náʔ "和尚"等不带 rûup 词法范畴标记的词也通常是选择类别词 rûup;再如带有 naay(CT:支配者)词法范畴标记的,如 naay pʰon tʰa hǎan "将军"、naay tʰa hǎan "军官"、naay tam rùat "警察"、naay ween "海关官员"等通常选择类别词 naay(CL:支配者),但是不带有这个词法标记的 tʰûut "大使"、pʰûu ban cʰaa kaan "司令官"、jâw nâa tʰîi "官员,军官"、tʰa hǎan bɔ̀k "军官"等,也通常选择同样的类别词 naay(CL:支配者)。这些情况不应该视作典型的部分反响型类别词的结构(SEAlang 2019)。

泰语中纯粹的反响型类别词是计数结构中由重复前面成分而来的类别词,即通常所述的全局反响型类别词。例(57)中的泰语例子属于全局反响型。

> (57) pʰǒm mii mɯɯ sɔ̌ɔŋ mɯɯ. mii taa sɔ̌ɔŋ taa,
> 　　　我　　有　手　二　手。　有　眼　二　眼，
> 　　　mii hǔu sɔ̌ɔŋ hǔu, mii pàak nɯ̀ŋ pàak.
> 　　　有　耳　二　耳，有　嘴　一　嘴。
> 　　　"我有一双手、两只眼睛、两只耳朵、一张嘴。"

　　泰语中以全局反响标记进行呼应的名词的意义一般包括身体部位，如：taa"眼睛"、hǔu"耳朵"、kʰɔɔ"喉咙"、lày"肩膀"、mɯɯ"手"、hǎaŋ"尾巴"；地理地貌，如：kɔ̀"岛屿"、tʰâa"港口"、fàŋ"河岸"、sanǎam"地皮"；地区、组织，如：mɯaŋ"城市"、ampʰəə"地区"、tambon"分区"、caŋwàt"省"、kɔɔŋ"分部"；建筑物，如：hɔ̂ŋ"房间"、ráan"店铺"、bɔɔrisàt"公司"、wàt"庙宇"；家具，如：tiaŋ"床"、kâwʔìi"椅子"、tûu"柜子"（也用 bay）、tó"桌子"（也用 tua）；书籍、课程，如：bòt"章节／课程"、praden"问题／论点"、nâa"页"、kʰɔ̂"条目"；抽象事物，如：sǎahèt"事业"、kʰwaammǎay"意义"、witʰii"方法"、hètpʰǒn"原因"、kʰam"词"等（Iwasaki & Ingkaphirom 2005：79）。

　　目前大多数的研究认为，现代汉藏语系的很多语言，其众多的个体量词是来自数量极其有限的反响型量词，如"王十王，田十田"等。然而，有研究表明，对名词进行范畴化的类别词的历史发展过程并不一定是从反响型类别词开始的。相反地，反响型类别词反而是后起的（程工等 2018）。11 世纪泰国素可泰朝代的坤兰甘亨石碑文中所看到的类别词只有 kʰon、tua、ʔan 等几个分别表示人类、动物、无生命物体的类别词，而目前泰语中的反响型类别词可达八百多个（侬常生 2019），所以这些类别词应该是后来发展起来的。诸如泰语这样的南部侗台语言由于对名词进行语义范畴化标记变成了常态，范畴化手段逐渐演变成了一种语法手段，当语言的发展使名词种类变得纷繁复杂，语义的

范畴化变得困难时,反响型类别词便成了一种很方便的选择。这种变化也许是自身内部的发展所致,也可能同时受到了周边语言如藏缅语族语言的影响,因为大多数类别词丰富的藏缅语族语言都有反响型类别词,侗台语内部和外部因素共同促进了这种发展。根据侬常生(2019)等的研究,泰语反响型量词这种范畴化策略所表示的语义与非反响型的典型名词范畴化的"名+数+量"结构是不一样的:反响型量词所表示的事物较为抽象而广泛;典型名词范畴化标记则强调名词的语义类别;而泛指量词是弱化了的范畴化标记,语法功能大于语义功能。例(58)和(61)所表示的事物外延明显大于其他例子。

（58）kraʔ⁷pau¹　sɔɔŋ¹　kraʔ⁷pau¹
　　　 包　　　　两　　　 包
　　　"两个衣兜／裤兜"（包括里面所装的东西）

（59）kraʔ⁷pau¹　sɔɔŋ¹　bai¹
　　　 包　　　　两　　　 个
　　　"两个包"（外表为方形的包）

（60）kraʔ⁷pau¹　sɔɔŋ¹　ʔan¹ʼ
　　　 包　　　　两　　　 个
　　　"两个包"（泛指的包）

（61）toʔ⁴　sɔɔŋ¹　toʔ⁴
　　　 桌子　两　　 桌子
　　　"两桌"（包括桌上的饭菜）

（62）toʔ⁴　sɔɔŋ¹　tua¹ʼ
　　　 桌子　两　　 张
　　　"两个桌子"（有四条腿的桌子）

（63）toʔ⁴　sɔɔŋ¹　ʔan¹ʼ
　　　 桌子　两　　 个
　　　"两个桌"（泛指的桌子）

泰语的反响型量词类型有多种,但这些反响型量词仍然以名词意义为主要依据反响词根语素,它们可以反响多音节,但不反响无意义的音节(侬常生 2019)。这说明反响型类别词仍然保留着其对名词语义所进行范畴化的特点,虽然其语法特性有时候已经变得大于语义特性。

贝克威思(Beckwith 2007:100-101)将日语、缅甸语、巴布亚新几内亚的奇里维拉(Kilivila)语等类似泰语的反响型类别词结构中的语言成分称为"不分类的类别词"(classifiers that do not classify),其中包括"纯反响型"(pure repeater)和"局部反响型"(partial repeater),例(64)和(65)表明日语的纯反响型类别词完全重复前面的名词,似乎是为了满足一种计数的句法要求,而不是语义分类的要求。

(64) hako　hito-hako
　　　箱　　一箱
　　　"一个箱子"

(65) bin　hito-bin
　　　瓶　　一瓶
　　　"一个瓶子"

例(66)和(67)虽然也属于反响型类别词,但它们只重复了前面体词性结构的一部分,其长度大约是一个汉字的语音形式。

(66) kenkyûshitsu　is-shitsu
　　　教研室　　　　一室
　　　"一个教研室"

(67) hikôki　ik-ki
　　　飞机　　一机
　　　"一架飞机"

艾肯瓦尔德(Aikhenvald 2000:435)指出,所谓的反响型类别词其实是作为一种呼应手段(agreement device)而存在于很多语言中。贝克威思(Beckwith 2007：100－101)甚至认为不存在反响型类别词的汉语也存在这种呼应手段，如 **yì-zhī shù-zhī**(一枝树枝)。

综上，南部类型的侗台语对体词结构进行句法范畴化的策略是将计数结构置于整个体词结构的右边，将句法范畴化标记右置。句法维度的范畴化标记与前面词法维度的范畴化标记有一致的，也有不一致的，根据这个体词结构的实际所指语义而定。与词法维度范畴化标记相一致的句法维度范畴化标记通常被称作反响型类别词。由于计数的句法加工通常要涉及句法维度的范畴化加工，句法范畴化标记的使用便成为一种强制性句法手段。就是说，早期较少数量的名词用较少的范畴化标记来指称，常用的范畴化标记已够用。11 世纪泰国素可泰朝代时期的社会生活所涉及的事物，其复杂程度不能与现代社会相比，坤兰甘亨石碑文中的区区几个分别表示人类、动物、无生命物体的类别词可能已经足够覆盖很多日常生活中的名词，随着社会的发展，新名词层出不穷，很多名词的范畴难以清晰界定，而计数时又必须对前面的名词进行次范畴化，使得所表示的范畴化标记与主要名词形式完全一致或部分一致，这时候使用这个名词或者将名词的一部分当作范畴化标记是解决这种句法需求的一个便捷的方法，结果使得泰语中的"反响型量词"可以有八百多个(侬常生 2019)。但是，侗台语族类别词系统中的反响型类别词，其名词范畴化的功能相对来说比较弱，即其语义功能不强，其实也可算作某种意义上的一种名词短语中间的协调关系(incorporation)，即名词性类的一种呼应策略罢了。

第五章

科学分类法与民俗分类法

类别词除了具有范畴化语义及句法层次结构特征,其对名词范畴化的策略选择也大都具有很强的认知理据。如果我们对科学分类法与民俗分类法进行对比分析的话,将能观察到林奈氏生物分类法是以纲、目、属、种等多个级别对动植物进行科学分类,而民俗分类法则是基于特定文化历史进行主观分类。

5.1　科学分类系统

　　生物学经常用一定数量层次的范畴来对物种进行分类,比如从高到低分别是域、界、门、纲、目、科、属、种,越往下其概括的外延越小。其中还可细分,如纲下还可分为亚纲,目下可分为亚目,科下可分为亚科,种下还可有亚种等,如表 5.1 所示。每个层次中同一类生物的特点相近,越高层次的种类中的生物其共性越少。正如第 4.4 节所分析的,张元生(1993)所提出的壮语体词结构中的"类别量词""大类名""小类名"的范畴系统与此相似。同一级别范畴中的事物具有一定的共性,越高级别的范畴中的事物其共性相对地越少。

表 5.1　生物学对"人""果蝇""豌豆"的分类[①]

	人	果蝇	豌豆
Superkingdon 域	Eukarya 真核域	Eukarya 真核域	Eukarya 真核域

续　表

	人	果蝇	豌豆
kingdom 界	Animalia 动物界	Animalia 动物界	Plantae 植物界
phylum 门	Chordata 脊索动物门	Arthropoda 节肢动物门	Spermatophyta 种子植物门
subphylum 亚门	Vertebrata 脊椎动物亚门	Hexapoda 六足亚门	Angiospermae 被子植物亚门
class 纲	Mammalia 哺乳纲	Insecta 昆虫纲	Dicotyledoneae 双子叶植物纲
subclass 亚纲	Eutheria 兽亚纲	Neoptera 新翅亚纲	Rosidae 蔷薇亚纲
order 目	Primates 灵长目	Diptera 双翅目	Fabales 豆目
suborder 亚目	Haplorrhini 简鼻亚目	Brachycera 短角亚目	— —
family 科	Hominidae 人科	Drosophilidae 果蝇科	Fabaceae 豆科
subfamily 亚科	Homininae 人亚科	Drosophilinae 果蝇亚科	Faboideae 蝶形花亚科
genus 属	*Homo* 人属	*Drosophila* 果蝇属	*Pisum* 豌豆属
species 种	*H. Sapiens* 智人	*D. melanogaster* 黑腹果蝇	*P. Sativum* 豌豆

　　但是,自然语言中的概念及范畴并非直接反映客观世界,不同的语言其概念系统所反映的是该语言使用者的认知特点而非总是客观世界的自然属性。比如表示同胞(即兄弟姐妹)的概念系统

中,在语义的基本层面,英语根据性别分为两个范畴,一个是"男性",另一个是"女性",即分别是 brother 和 sister;印尼语和泰语则都是根据长幼分为两个范畴,一个是"年长者",另一个是"年幼者",年长者是 kakak(印尼语)、pʰîi(泰语),年幼者是 adik(印尼语)、nɔ́ɔŋ(泰语);而汉语则根据"男性年长者""男性年幼者""女性年长者""女性年幼者"分为四个范畴,即"哥哥""弟弟""姐姐""妹妹"。如表 5.2 所示。

表 5.2　几种语言对"同胞"范畴的范畴化策略

	英语		汉语		印尼语		泰语	
	年长者	年幼者	年长者	年幼者	年长者	年幼者	年长者	年幼者
男性	brother		哥哥	弟弟	kakak	adik	pʰîi	nɔ́ɔŋ
女性	sister		姐姐	妹妹				

汉语的"哥哥""弟弟""姐姐""妹妹"和表中其他语言的概念一样是属于无标记的表达范畴,即无须加上其他限定成分的表达方法,它们所处的语义层次应该是位于罗施等(Rosch et al. 1976:388)所说的基本层次。英语如果要表示汉语这四个词所表示的概念的话,则需要附加额外的信息,即在它的两个基本层次概念前面再分别加上 elder(年长的)和 younger(年幼的)进行范畴化,从而构成了四个下位层次的概念。印尼语要表达汉语这四个词所表达的概念的话则是在它的两个基本层次概念后面分别加上 laki-laki(男性)和 perempuan(女性),泰语则是加上 cʰaay(男性)和 sǎaw(年少女性),进行更深一层的次范畴化。

5.2　理想化认知模型

根据莱考夫(Lakoff 1987:68)的分析,所谓"理想化认知模型"(idealized cognitive models, ICM),指的是语言里的很多概念系统在自然世界里并不存在,而是人们创造出来的意义框架,并认为这些框架是完美和理想的系统。比如英语的概念 Tuesday"星期二"是存在于菲尔墨(Fillmore 1982)所说的语义框架(frame)中的。因为这个概念是相对于一个共有七天的 week"星期"的框架而说的,而"星期"则是根据太阳的运转周期(实际是地球的运转周期)按一起一落七次来制定的,每一次叫作"一天",太阳起落七次就叫"一个星期"。"星期二"就是这一周期性线性系列的第二个,没有 week 这个系列就没"星期二"。同样的道理,"周末"这个概念也是依赖"五个工作日"之后有两天是休息日的这个框架而存在的,这个工作日及周末的框架是与日历上的七天一周的框架重合的。但是,在大自然中七天为一个单位的"星期"并不存在,是人们创造出来的。比如根据格尔茨(Geertz 1973)的描述,巴厘人(Balinese)对日期的称谓涉及几个计日框架,有 30 天框架、35 天框架、42 天框架、210 天框架。这几个框架中分别按自己的周期命名天,它们分别以 6 天、5 天、7 天为一个命名周期。比如说日期名为 Boda-Ariang 就是将 6 天周期里的 Ariang 和 7 天周期里的 Boda 相配合而得(这有点类似汉语中的天干地支配合的历法系统)。另外,毛南语与"星期"相当的传统历法框架是 saŋ⁵,一个 saŋ⁵ 的单位大约是 10—15 天。毛南语说 saŋ⁵ naːi⁶ 的意思是"这十几天"。就是说,汉语中"星期二""周末""星期"的概念也并非客观实际存在,而是人们根据所在的文化和历史按照理想化认知模型制定出来的。

客观自然范畴和语言认知范畴,或者说科学分类和民俗分类,并非总是一致的,前者是客观规律的体现,而后者却是人们主观认知的体现。如历法中的"天"属于科学分类的结果,而"年""月""星期"却是人们对自然界的认知结果或者文化活动的分类结果。如"天"是实实在在的存在,地球自转一圈就是一天,这个循环规律亘古不变。而公历或农历的"年""月"却是人类试图找出的地球绕日和月球绕地运行的循环周期来定的,但地球绕太阳运行周期为

365 天 5 小时 48 分 46 秒(合 365.242 19 天),而公历一年只有 365 天,每 4 个公历年就比太阳运行周期少一天,所以必须制定出闰月、闰年的补救方法。

虽然"星期"现在已被普遍接受为现代文明社会的作息周期,但在不同语言中却有不同的命名法。法语和英语以众神和星宿来命名一周七天;汉语用序数来命名,并且习惯于以"一"开始;日语是用古代中国的五行来命名:日曜日、月曜日、火曜日、水曜日、木曜日、金曜日、土曜日。

表 5.3　汉、英、法语对一周七天的命名法

汉语	英　　语	法　　语
星期日	Sunday(太阳日)	dimanche(Domini 主之日)
星期一	Monday(月亮日)	lundi(Lune 月之日)
星期二	Tuesday(Tiw 神之日)	mardi(Mars 火星/战神)
星期三	Wednesday(Woden 主神之日)	mercredi(Mercury 水星/众神信使)
星期四	Thursday(Thor 神之日)	jeudi(Jupiter 木星/雷电之神)
星期五	Friday(Frige 神之日)	vendredi(Venus 金星/爱之神)
星期六	Saturday(Saturn 土星之日)	samedi(Saturn 土星/农神)

就是说,即使像年、月、星期这些我们习以为常的日历概念也并非完全按照客观的天文现象来建立的,这些概念的建立带有很多主观的因素。

5.3　语言认知的范畴化

语言的发展与文化的发展息息相关。语言概念的形成过程也是各个人类群体对自然界和人类社会本身的认知过程,反映了使用该语言的人类群体特有的宇宙观。所以,以科学原理划分出来的范畴并不会完全反映在语言中。科学概念反映了某种事物的自然和客观的属性,是科学范畴化的结果;而语言概念则反映了人们对环境的主观认知,是民俗范畴化的结果。

与林奈生物分类系统不一样的是,侗台语中表示生物的类别词并不完全根据事物的客观内在特征进行范畴化分类,其社会及文化因素起到了巨大的决定性作用,并在语言中留下了深深的人文烙印。语言中的概念系统主要还是人们根据自己所在的文化立场和宇宙观对事物进行的主观分类。

纷繁的侗台语类别词系统是通过典型的原型成分边缘特征的类比加工而发展出来的,因为范畴和范畴之间并非离散毫无相关,而是互相重叠交叉的。比如上文所说的对同胞兄弟姐妹的范畴划分,不同的语言采用不同的策略,有的是根据性别来划分,有的是根据长幼来划分,有的则同时根据这两者来划分,图 5.1 显示了英语、泰语、汉语对"同胞"这一上位层次范畴所采用的不甚相同的次范畴化策略。

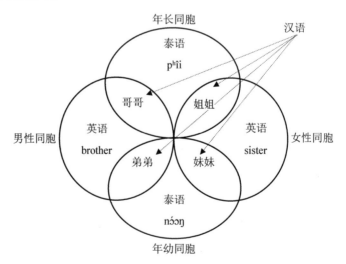

图 5.1 英语、泰语、汉语对"同胞"范畴进行次范畴化分类的不同策略

这些语言的名词次范畴在种类及层次方面比以往的研究所认为的要丰富得多。弄清楚侗台语言类别词的范畴化加工的过程,将能解决诸多悬而未决的侗台类别词的问题,揭示语言名词范畴化系统这个多棱镜所投射出的缤纷斑斓的文化及认知本质。

语言中名词的各个次范畴并非只是客观存在的具有共同特征的事物的集合,它与人的主观能动性息息相关。所谓语言中的名词类别就是语言使用者对世间万物的范畴化结果。就是说,语言中的范畴化是特定语言群体对客观事物的主观分类加工。某一种语言是这种语言使用者文化的重要载体,故语言对类似事物的观察角度受到文化的制约,取决于文化,具有文化依赖性(culture-dependent)。因此,各语言对某种事物的认知有所差异。下面以"水""猪""鸟"这三个概念为例,分析它们科学的分类法与主观认知的分类法。

"水"按科学分类法是一种氢氧化合物,简称一氧化二氢,化学式为 H_2O,是无色、无味、无臭的液体,在标准大气压(101.325 千帕)下,冰点为 0℃,沸点为 100℃。但是,自然语言中对水的认知是不一样的。汉语中的"水"的范畴化内涵与英语中的"water"范畴化内涵不甚相同。如在表 5.4 中可看到,汉语属于"水"范畴的事物在英语中它们并没有被归入"water"的范畴,并未将其指称为water。

表 5.4　英语对汉语中属于"水"范畴的名称的分类

汉语	钢水	铁水	露水	墨水	胶水	汗水	泪水
英语	molten steel	molten iron	dew	ink	glue	sweat	tear

而泰语将汉语中的某些种类的"油"归入 náam 的范畴,如表 5.5 所示。泰语中表示"水"概念的词单独出现于句中或出现在复

合词末尾时念作长音的 náam,出现在复合词第一个字时通常念作短音的 nám,后来逐渐变为一个构词词素,即逐渐虚化为一个类别词素,或称聚类语素,意为"溶液"或"水样物质"。有时出现在复合词第一个字时仍然念作 náam,这可能是此时其原始的"水"的意义仍然较强,如:náam tʰûam"洪水"、náam tʰalee"海水"、náam bɔ̀ɔ"泉水"等。这种长短元音的变化可能还受到其他因素如使用频率或句法结构的影响。

表5.5　汉语和泰语中属于"油"和"nám"范畴的名词

汉语	菜籽油	椰子油	橄榄油	芝麻油	矿物油	石油
泰语	nám man pʰûɯt	nám man mapʰráaw	nám man makɔ̀ɔk	nám man ŋaa	nám man rɛ̂ɛ	nám man dìp

　　"猪"按科学分类法是一种脊椎动物,哺乳纲偶蹄目猪科猪属野猪种家猪亚种,是野猪被人类驯化后所形成的亚种,獠牙较野猪短,是人类的家畜之一。拉丁学名为 *Sus scrofa domestica*。但是,它在自然语言中所属的范畴却不完全一样,比如英语中归并为"pig"范畴的事物在汉语中并未归入"猪"的范畴,并未将其指称为"猪"(如表5.6所示)。

表5.6　汉语对英语"pig"(猪)范畴的分类

英语	aluminum pig	lead pig	zinc pig	rubber pig	mica pig	pipeline pig
汉语	铝锭	铅锭	锌锭	生胶块	云母	管道疏通机

　　"鸟"按科学分类法是鸟纲动物,具有两足,恒温,卵生,身披羽毛,前肢演化成翅膀,具有坚硬的喙,拥有色彩各异的羽毛和流线型的身躯,除少数退化品种外可以飞行,可陆生或者潜水的一种有脊椎动物。拉丁学名为 Aves。但是,在自然语言中它却并不一定

被归入同一种范畴,如壮语中很多属于 ɣɔk^8(鸟)范畴的动物在汉语和英语中都未直言其为"鸟"或"bird",即未将其划分为"鸟"或"bird"范畴(如表 5.7 所示)。

表 5.7　汉语、英语分别对应壮语 ɣɔk^8 范畴的名词

壮语	ɣɔk^8 pit^7	ɣɔk^8 kai^5	ɣɔk^8 en^5	ɣɔk^8 fek^7	ɣɔk^8 ka^1	ɣɔk^8 ka^1 ɕa:k^7
汉语	野鸭	野鸡	燕子	鹧鸪	乌鸦	喜鹊
英语	mallard	pheasant	swallow	partridge	crow	magpie

汉语对这些动物命名的范畴化策略,从某种意义上来说,相比于英语对它们的命名似乎要更接近壮语的 ɣɔk^8,因为这几个词的汉字构造大都暗示了它们属于"鸟"类,因为它们多数都带有"鸟"这个偏旁。另外,在毛南语中,有些动物从科学的角度看,本应划为一类的动物却被分为不同的类,例如,燕子属 nɔk^8(鸟)类,如 nɔk^8 ʔen^5"燕子",而凤凰属 ni^4(母亲)类,如 ni^4 wu:ŋ^6 wu:ŋ^2"凤凰"。在毛南语中,鸟纲(Aves)动物的 ka:i^5、ʔɛp^7、ŋa:n^6 是以 tɔ^2(动物类)来标记其所指属于"已驯化"范畴,以 nɔk^8(鸟类)来标记"未驯化"范畴。按毛南语的分类系统,tɔ^2 相当于"已驯化属",nɔk^{8}相当于"未驯化属",而 ka:i^5 相当于"雉种"、ʔɛp^7 相当于"鸭种"、ŋa:n^6 相当于"雁种"[①]。汉语则用单个名词来表示,而未用范畴化标记来归类。如表 5.8 所示。这种情况与毛南语中的老师和学生、女人和小孩被划归为不同类别类似,前者为"已社会化",后者为"未社会化"(见第 7.1.1 节),泰语中的马和象也是按照"已驯化""未驯化""普通""皇室"等特点被划入不同的范畴[见例(42)—(46)]。

①　这些鸟纲动物在科学分类法中,ka:i^5 则属于"雉科"、ʔɛp^7 属于"鸭属"、ŋa:n^6 属于"雁属"。

表5.8　毛南语中鸟纲动物 ka:i⁵、ʔɛp⁷、ŋa:n⁶ 的种属二分法

	已驯化类			未驯化类		
属	tɔ²			nɔk⁸		
种 拉丁名	ka:i⁵ Phasianidae	ʔɛp⁷ Anas	ŋa:n⁶ Anser	ka:i⁵ Phasianidae	ʔɛp⁷ Anas	ŋa:n⁶ Anser
属＋种 拉丁名	tɔ² ka:i⁵ G.gallus domesticus	tɔ² ʔɛp⁷ Anas domestica	tɔ² ŋa:n⁶ Anser domestica	nɔk⁸ ka:i⁵ Phasianus colchicus	nɔk⁸ ʔɛp⁷ Anas platyrhynchos	nɔk⁸ ŋa:n⁶ Anser cygnoides
汉语 含义	鸡	鸭	鹅	雉	凫	雁

所以,对名词所进行的范畴化加工不完全是按照其客观的自然属性来进行的,它带有很深的文化烙印。

就名词进入句子时所受到的范畴化过程来看,它们所属的范畴当然也具有很大差异性。如根据生物学的科学原理来划分的话,下面的实体属于"动物界"的范畴:

牛、马、鸡、鸭、狗、猫、狮子、老虎、喜鹊、狼、驴

男人、女人、女教师、小孩、狐狸、学生、金丝猴

如果按照林奈生物学分类的话,上述这些哺乳类、禽类等动物将分别被剥离出来,划分为八个目。

1) 偶蹄目牛科牛属:牛

2) 奇蹄目马科马属:马、驴

3) 食肉目犬科:狗、狼(犬属);狐狸(狐属)

4) 鸡形目:鸡

5) 雁形目:鸭

6) 雀形目:喜鹊

7）食肉目猫科豹属：狮子、老虎、豹子

8）灵长目：学生、男人、女人、女教师、小孩（人科）；金丝猴（猴科）

然而，自然语言中对事物的分类并非一定以事物的客观特征作为依据。比如按照汉语的句法范畴化分类系统，它们大约被分为四个范畴："头"范畴、"匹"范畴、"只"范畴、"个"范畴（如表5.9所示）。

表5.9　汉语中的四个名词次范畴示例

"头"范畴	牛、驴、狮子、（老虎）
"匹"范畴	马、狼
"只"范畴	鸡、鸭、狗、狐狸、猫、老虎、（狮子）、（狼）、喜鹊、金丝猴
"个"范畴	学生、男人、女人、女教师、小孩、（喜鹊）、（金丝猴）

在实际句法运用时，如有数词共现，或与指示词共现时，这些概念首先需要被个体化或具体化，即需要采用起到句法维度的名词范畴化作用的类别词"头、匹、只、个"等来进行名词的范畴化，如例(1)—(6)所示。在一些语境下，"个"这个人类范畴里还可进一步范畴化为"名""位"等。所以，严格来说，这些名词在汉语中起码可分属六个范畴，而不按生物特征的纲、目、科、属、种等来切分。

（1）三头牛、三头驴

（2）三匹马、三匹狼

（3）三只鸡、三只猫

（4）一个小孩、一个金丝猴

（5）一名学生、一名女教师

（6）一位老师、一位女教师

上述在生物学被划分为"动物界"八个目的类范畴，在汉语句法中则被划分为四个范畴和两个次范畴的概念。按照生物学分类法，学生、男人、女人、女教师、小孩同属于"动物界"下的一个次范畴"人类"，而在毛南语的认知系统中，它们则不全属于同一个范畴。属于"人类"范畴的这些生物在侗台语族毛南语中被分为两个范畴，一类为 ʔai¹（人类）范畴，另一类为 to²（动物）范畴，如表 5.10所示。

表 5.10　毛南语中 ʔai¹（人类）范畴和 to²（动物）范畴

ʔai¹ 范畴	学生、老师、男人、女教师
to² 范畴	牛、马、驴、狮子、狼、鸡、鸭、狗、狐狸、猫、老虎、喜鹊、金丝猴、女人、小孩、贼

　　表中显示，女人、小孩、贼并非与学生和老师一起被划归为 ʔai¹ 的范畴，而是与牛和马一起划入了 to² 的范畴，这说明毛南语的使用者对"女人""小孩""贼"的认知与汉语使用者有所区别，主要是以"社会化""欠社会化""反社会"的特点对这些概念进行范畴化的（详见第 7.1.1 节的讨论）。显而易见，语言的范畴化方式与科学分类常常不相一致，不同语言对客观事物的认知不同，因而在科学分类中同属一个范畴的事物就可能会分属不同的范畴。再如林奈动物分类法中"虎""豹"分别是 *Panthera tigris* "豹属虎种"和 *Panthera pardus* "豹属豹种"，其中的 *Panthera* "豹属"为大类名，后面的 *tigris* "虎种"和 *pardus* "豹种"为小类名，它们都属于更高层次的"豹属"范畴。而侗语、水语、毛南语、仫佬语、拉珈语则将相应于汉语"老虎"和"豹子"的这两个范畴归入更高一个层次的范畴 məm⁴ "虎"。侗语、水语、毛南语中的 məm⁴ 都是"老虎"的意思，而məm⁴ piːu⁵（或 məm⁴ piu⁵、məm⁴ peu⁵）意为"豹子"，即 məm⁴ "虎"是大类名，而 piːu⁵（或 piu⁵、peu⁵）"豹"是小类名，所以 məm⁴ piːu⁵ "豹子"是 məm⁴ "虎"范畴下的一个次范畴（梁敏 1980；王均、郑国乔1980）；拉珈语的 wãːŋ² 意为"老虎"，而 wãːŋ²pɛːu⁵ 意为"豹子"，

wãːŋ² mɛːu⁴ 意为"豹猫", wãːŋ² "虎"是大类名, pɛːu⁵ "豹"、mɛːu⁴ "猫"为小类名,所以 wãːŋ² pɛːu⁵ "豹子"和 wãːŋ² mɛːu⁴ "豹猫"都是 wãːŋ² "虎"范畴下的次范畴(刘宝元 1999)(如表 5.11 所示)。

表 5.11　几种猫科动物在不同语言中属于不同范畴

汉语	老虎	豹子	豹猫
拉丁学名	*Panthera tigris* (豹属_虎种)	*Panthera pardus* (豹属_豹种)	*Prionailurus bengalensis* (豹猫属_孟加拉种)
侗语	məm⁴	məm⁴ peu⁵	—
水语	məm⁴	məm⁴ peu⁵	—
毛南语	məm⁴	məm⁴ piːu⁵	—
仫佬语	məm⁴	məm⁴ piu⁵	—
拉珈语	wãːŋ²	wãːŋ² peu⁵	wãːŋ² mɛːu⁴

所以,侗语、水语等这几个侗台语对老虎和豹子范畴的认知与汉语和拉丁学名分类法对这些范畴的认知都有所区别。拉丁语将老虎视作"豹属"的次一级范畴"虎种",这也许跟历史上南欧多豹少虎有关;而汉语则不将它们之间视作某种概括或被概括的关系,而是互相分离的范畴,这也许是历史上汉族地区虎豹是同等常见的野兽的缘故;侗台语这几个语言将豹子视作虎的一个次范畴,这也许与这个地区历史上多虎而少豹有关。

第六章

侗台语名词范畴化的客观基础

侗台语的名词范畴化加工过程既体现出以亚里士多德为代表的那种传统范畴归类法理论所认为的范畴是由客观事物的基本特征所决定的性质,也体现出了现代认知范畴理论所认为的范畴取决于认知的原理。侗台语的名词范畴化加工机制同时反映了根据客观世界的内在特征和认知处理归纳的心理表征。

6.1　名词的客观范畴化策略

名词可以根据其所指的客观属性进行范畴化。其空间特征,如长短、厚薄、外形的大小等,以及其生物特征,如生命性、非生命性、人类、非人类等,还有其使用功能,如切割、容纳、遮蔽等,经常被用作名词范畴化的参照指标。

6.1.1　形状范畴

世界上很多语言都有根据一个物体的三维特征或者使用特点而选择类别词的范畴化策略。最常见的是句法策略,比如很多东亚语言、玛雅语(Keller 1955：260 - 262；Aikhenvald 2000：90, 97；Macri 2000：13 - 36；Zavalia 2000：114 - 146；Mora-Marin 2008：197),亚马孙语言(Aikhenvald 1999：83, 185；Aikhenvald et al. 1999：347 - 348, 401 - 403；Barnes 1999：218 - 219；Rodrigues 1999：116),南岛语言(Daley 1998：11；Alves 2001：07, 120；Quinn 2003：3 - 4；Kirby 2006：2 - 3),以及巴布亚语言(Foley

1986：77－78)多采用这类名词范畴化策略。类似的范畴化策略在一些欧洲语言也有发现,比如说保加利亚语(Cinque et al. 2007：45－51),但是不像上述语言一样作为一种典型语法手段来运用。

　　形状作为范畴化的依据在很多语言中都存在。如在南岛语系的印尼语中,类别词 batang 被用来表述长而窄并且两个边线平行的物体,如铅笔、香烟、粉笔、河流等。表述细小物体的类别词 helai 经常用来指称头发和纸张,因为印尼人将头发和纸张都看作截面窄小的物体,而忽略掉它们在面积方面的区别(Quinn 2003：1－3),例如:

（1）dua　batang　potlot
　　　二　　CL　　　铅笔
　　　"两支铅笔"

（2）duabelas　helai　serbet
　　　十二　　　CL　　餐巾
　　　"十二张餐巾"

（引自：Wojowasito 1979：46, 172)

　　又如亚马孙地区奇皮厄(Kipeá)语,名词范畴化的前缀通常与名词后面的形容词共现,而前面所带的是量词(quantifiers),根据罗德里格斯(Rodrigues 1999：185)的研究,前缀 kro- 是一个用来表示鸟、石头、星星,以及其他像珠子、水果、眼睛这些个圆形物体的类别成分,像太阳、白天这些具有圆形的外表或者让人想起圆形物体的事物也采用 kro- 来分类。例如:

（3）uʃe　　　　kro-ʃi
　　　太阳／白日　CL-长
　　　"长长的白天"

（4）uʃe　　　　kro-dzodzo
　　　太阳／白日　CL-明亮
　　　"明亮的太阳／白天"

（5）kro-bihe　　uʃe
　　　CL-一　　　太阳/白日
　　　"一天"

（6）kro-jo　　　uʃe
　　　CL-很多　　太阳/白日
　　　"很多天"

前缀 ja-是用来表示铁质物体、骨头、锐利器械的类别标记。因为"刀"是由铁制造的,也具有尖锐和锋利的特点,所以用 ja-来标称。例子如:

（7）udza　　ja-ʃi
　　　刀　　　CL-长
　　　"长刀"

（8）udza　　ja-dzodzo
　　　刀　　　CL-明亮
　　　"锃亮的刀"

（9）ja-bihe　udza
　　　CL-一　　刀
　　　"一把刀"

（10）ja-jo　　　udza
　　　CL-很多　　刀
　　　"很多刀"

亚马孙地区的奇皮厄语和相距遥远的印尼语都有以形状特征来对名词进行范畴化的手段,看来很多语言在语义赋值方面是有很多共性的。

可见,名词的所指的形状特征对类别词的选用具有重要意义。这里所谓的"形状"通常是指长、宽、高三维。石毓智(2001：35－37)提出了现代汉语对类别词选择的数学模式,在他的模式中,物体三维之间的比例是选择类别词的核心特征。从理论上来说,我们可

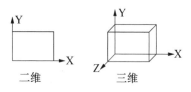

图 6.1　二维及三维示意图

以将大多数物体看作二维或三维的空间特征,如图 6.1 所示。

最经常用来指称二维物体的汉语类别词是"张"(扁平状)和"条"(细长状),比如"一张报纸""一张画""一条马路""一条裤子"等。这两个类别词的区别是,其选用条件是 X 和 Y 轴之间的比例。他提出两个标准:

a)Y/X 值越接近 1,越倾向于选用类别词"张";

b)Y/X 值越接近 0,越倾向于选用类别词"条"。

现代汉语中最常用来指称三维物体的类别词是"块"和"片",如"一块砖""一块蛋糕""一片树叶""一片面包"等。对这两个类别词的选择条件是 X、Y 和 Z 轴这三维之间的函数关系。根据他的观察,这两个词的选择条件是:

a)当 X 轴和 Y 轴的值接近,而 Z/X 或 Z/Y 轴的比值靠近 1 时,选用类别词"块";

b)当 X 轴和 Y 轴的值接近,而 Z/X 或 Z/Y 轴的比值靠近 0 时,选用类别词"片"。

石毓智上述的假设为我们提供了一种通过几何函数的量化表征来判断类别词的范畴化特征的方法。在侗台语中,虽然有些物体的形状并不一定像他所说的在三个维度上那么具有规则性,但空间维度特征在选择类别词方面也还是扮演着很重要的角色。一个物体的三维比值可看作一种趋势,它指导着人们对形状类别词的选择。实际上一个具有三维特征的物体可以是一个多面体、圆锥、球体或者其他不规则的三维几何体。一个语言中往往有几个不同的类别词对三维物体进行范畴化。除了 X、Y 和 Z 轴之间的比值外,对类别词的选择还涉及尺寸大小(见 Aikhenvald 2000:273,278)。

在壮语中,当 X、Y 和 Z 的值相近时,最常用的类别词是 $ʔdak^7$、$ŋaːu^5$ 和 $ɕe^6$。它们呈互补分布状态,$ʔdak^7$ 用来指称三者中最大体积者,$\eta a{:}u^5$用来指称中等尺寸者,φe^6用来指称最小的物体,如例(11)—(13)所示。

(11) $^2dak^7$　大的三维物体：岩石、石块、麻袋、强壮或不招人喜欢的男子或动物等。

(12) $\eta a{:}u^5$　中等体积的三维物体：石块、土块、红糖、金块等。

(13) φe^6　小的三维物体：眼睛、芝麻、珠子、种子、黄豆、沙粒、子弹等。

当 Z 的值小于 X 和 Y,同时 X 和 Y 的值差距不大时,即物体是扁平形状时,壮语则选用类别词 $ka{:}i^5$,如例(14)所示。

(14) $ka{:}i^5$　呈扁平状物体,如猪肉、牛肉、鸡肉、饼干、瓦片、木板、铁板等。

但是当 Z 值继续变小时,即当物体的厚度小于 $ka{:}i^5$ 所指称物体的厚度时,则改用类别词 $^2ba\mtext{w}^1$来指称,如例(15)所示。$^2ba\mathbf{w}^1$ 本义为名词"叶子",如 $^2ba\mathbf{w}^1fai^4$(叶子_树木)"树叶"。

(15) $^2ba\mathbf{w}^1$　扁薄物体,如叶子、纸张、证件、文件、票证、地图、合同、照片等。

当 X 轴的值大大超过 Y 轴,或者 Y 轴的值大大超过 X 轴时,即当物体既长又扁或又细时,则选用 $ti{:}u^2$,如例(16)所示。

(16) $ti{:}u^2$　长而扁或细的物体,如皮带、绳子、电线、棍子、溪流、河流、道路等。

泰语的 $k\mathbf{3}\mathbf{0}\mathbf{n}$ 用来指称一个在 X、Y 和 Z 轴的值相近的物体,

如例(17)所示。

(17) kɔɔn　X、Y 和 Z 轴的值相近具有三维特点的物体,如云彩、木炭、石头、砖块、肥皂、岩石、冰块、黄油、奶酪、花卷、癌块、瘤子、糖块等。

(引自：Slayden 2010)

泰语另外一个用来指称比 kɔɔn 的三个维度值都要小的实体,即更小的物体,是 mét。如例(18)所示。

(18) mét　小而圆的物体,如衣扣、药丸、药片、种子、珠子、豆子、米粒、腰果、粉刺、丘疹、痣、血球、胶囊、辣椒、首饰、珍珠、玛瑙等。

当 Z 轴的值小于 X 轴或 Y 轴的值并且这个物体是整体的一部分时,比如从蛋糕上切下来的一小块,一般选用类别词 cʰin。但是有时候 cʰin 的指称范围发生扩展,用来指称大型玩具以及其他的玩乐用具。如例(19)所示。

(19) cʰin　被切开的三维物体,比如猪肉、牛肉、牛排、鸡肉、沙拉、甜点、糕点、曲奇、面圈、糖果、三明治、吐司、土豆片、面包等。

(引自：Slayden 2010)

而当 Z 轴值进一步减少,该物体变得接近一个薄片时,则选用 bai。如例(20)所示。

(20) bai　叶子、单子、收据、许可证、证书、发票、名片、信用卡、纸币、剃刀、图画、画作、文件、票证、优惠券、选票、垫子、刀具等。

当 Y 轴和 Z 轴的值都非常小，而 X 轴的值却非常大，物体变成细长条时，则选用类别词 $t^h\hat{\epsilon}\epsilon\eta$。如例(21)所示。

(21) $t^h\hat{\epsilon}\epsilon\eta$　细长圆柱状物体，如粉笔、蜡烛、铅笔、太妃糖、阴茎、磁铁等。

当 Y 轴和 Z 轴的值都进一步缩小，使得 X 轴的值与 Y 轴和 Z 轴的值差距变大时，比如带状物体，则选用类别词 sǎai。如例(22)所示。

(22) sǎai　鞋带、导线、电源线、闪电、溪流、河流、运河、人行步道、羊肠小道、街道、城市大道、飞机航线、公共汽车等。

张元生(1979)对武鸣壮语量词进行分析后发现，壮语中对物体的形状大小采用分级归类的方法来指派量词，如对糖块的形状按大、中、小三级量进行的范畴化表示法有小量级、中量级、大量级。如例(23)—(25)所示。

(23) 小级量　　ŋi⁵　　　　ta:ŋ²
　　　　　　　CL：小块　　糖
　　　　　　　"小块糖"

(24) 中级量　　ŋe:u⁵　　　ta:ŋ²
　　　　　　　CL：中块　　糖
　　　　　　　"(中等大小的)块糖"

(25) 大级量　　ŋa:u⁵　　　ta:ŋ²
　　　　　　　CL：大块　　糖
　　　　　　　"大块糖"

对糯米团的形状的三级量表示法分别是 ηit^8、ηat^8、ηut^8，如例（26）—（28）所示。

（26）小级量　ηit^8　　　　　hau^4 naη^3
　　　　　　　CL：小团　糯米饭
　　　　　　　"一点糯米饭"

（27）中级量　ηat^8　　　　　hau^4 naη^3
　　　　　　　CL：中团　糯米饭
　　　　　　　"一小块糯米饭"

（28）大级量　ηut^8　　　　　　hau^4 naη^3
　　　　　　　CL：大团　糯米饭
　　　　　　　"一大团糯米饭"

武鸣壮语有时候还可以再加上一个类别词进行二次范畴化加工，如用小级别量词 ti^6 进行二次分类，如例（29）和（30）所示。

（29）ti^6　　　　　　ηeu^5　　　γin^1　he^1
　　　　CL：小量　　CL：小块　石头　一
　　　　　　"一小块石子"

（30）ti^6　　　　　　we:η^5　　　paη^2　he^1
　　　　CL：小量　　CL：小块　布　　一
　　　　　　"一小块布"

用大级别量词 dak^8 进行二次分类，如例（31）和（32）所示。

（31）dak^8　　　　$\eta a:u^5$　　　γin^1　he^1
　　　　CL：大量　CL：大块　石头　一
　　　　　　"一大块石子"

（32）dak^8　　　　　wa:η^5　　　paη^2　he^1
　　　　CL：大量　　CL：大块　布　　一
　　　　　　"一大块布"

很多侗台语言通常用同样一个类别词来指称球形物体、孩子、果实等,如泰语的 lûuk,如例(33)所示。

（33）lûuk　　小孩、圆形果实、中等大小的硬质圆形物体,比如
　　　　　　　苹果、芒果、草莓、西瓜、子弹、西红柿、南瓜、炸
　　　　　　　弹、球、山丘、羽毛球等。

只是在不同的语言中,此词所涵盖的外延有所区别,如泰语的 lûuk 在壮语中的相应词 lɯk⁸ 所指称的实体包括小孩、动物幼崽、手指头、柴火捆等,而果实和其他圆形物体用 ʔan¹ 来指称。ʔan¹ 几乎可算是一个通常所说的"通用类别词"(general classifier)①,它通常指称具有相近 X 轴、Y 轴和 Z 轴轴数值的物体,与汉语的"个"字大体相当。但是,当一个复合词中含有词素 lɯk⁸ 的话,则需用其他诸如 ʔai¹、pou⁴ 的类别词来指称,比较以下实例:

（34）sa:m¹　　lɯk⁸　　　　jɔ²səŋ⁵
　　　　三　　　CL:孩子　学生
　　　　"三个小学生"(或"三个学生仔")
（35）sa:m¹　　pou⁴　　　　lɯk⁸ɲe²
　　　　三　　　CL:人类　　孩子
　　　　"三个小孩/儿童"
（36）sa:m¹　　ʔai¹　　　　lɯk⁸ɲe²
　　　　三　　　CL:幼儿　　孩子
　　　　"三个幼儿"

根据形状所作的范畴化加工,往往会受到"家庭成员相似性"(见 Wittgenstein 1953/1986:32;Rosch et al. 1975:575)的制约。一

---

① 所谓的"通用类别词"只是一种近似的说法,因为这种类别词可以指称的名词数量较大。但对很多表示其他形状的名词是不适用的,如长条形或扁平形的物体就不适合用它来指称。

个家族的成员总是在某些方面具有某种相似性,这些相似性使家族成员被划归到同一个家族中。比如说一个物体的扁平特征,如泰语的 bay(CL:叶子),会被重新划分,沿着这个"形状"次范畴扩展到指称图画、纸张、文件、坐垫、面孔、刀具等。甚至会进一步重新划分,扩展到指称跟纸张有关的物体,如许可证、学位证书、发票等。而且还沿着 bay 的另一个次范畴"功能"被重新划分,从用来盛放食物的芭蕉叶重新分析为"容器"范畴,延伸为指称盒子、保险箱等(具体分析见第 6.1.3 节)。另外,由于它在形状方面具有"中空"的特征,又被重新分析为"中空物体"的范畴,被用来指称锣鼓、钢盔等。下文还将文化因素、说者态度等产生的语义重新分析做进一步描述和分析。

莱考夫(Lakoff 1986:25 – 30;1987:104 – 108)详细分析了日语的类别词 hon(本)语义范畴扩展的情况。本来日语的类别词"本"主要是用来指称长而细的物体,如木棍、手杖、铅笔、蜡烛、树、绳子、头发等,但是它也用来指称信、电话通话、广播电视节目、医疗注射、武术比赛、摔跤比赛等。他的分析认为这些用法是根据范畴的扩展(extension of a category)而引申出来的新的范畴。这些新范畴的语义是基于 hon(本)原来所指称的具体的基础物体,如木棍、铅笔、竹竿、垒球棒等所包括的意义,如"信"原先是卷筒状的,卷绕在一根细长木棍上,因而发生了范畴的链锁转移。用来指称电话通话是因为通话是依靠细长的电线传输来进行的。这个原则同样适用于广播电视节目(类似于电话传输,但是不带电线)、医院的注射(用细长的针头)、武术比赛(涉及长条形的木棒或剑)、摔跤比赛(一种武术比赛,但没有木棒和剑)等。这些范畴的形成是受到"意象图式转化"(image-schema transformations)、"常规意象"(conventional mental images)和"转喻"(metonymy)等所制约的。

奎因(Quinn 2003:1 – 3)提供了一个根据文化背景而指派类别词的例子:印尼语中的 pucuk"幼芽"可用作类别词,用来指称信件和枪炮,如 sepucuk surat(一–CL:幼芽_信)"一封信"、dua pucuk meriam(二_CL：幼芽_炮)"两门炮"、beberapa pucuk senapan(若干_CL：幼芽_枪)"几支枪"。信件和枪炮到底有何关系？印尼语的pucuk一词的意思是芭蕉树顶上新长出的嫩芽。芭蕉树新叶子的形成过程是：顶上先长出卷筒状嫩苗，然后嫩苗逐渐展开，最后长成一张大叶子。早年的信件是被卷成筒状放入一个圆筒中，用蜡密封后才发出的。因此，芭蕉叶的圆筒状幼苗、竹筒中容纳的卷曲状的信件、枪管和炮管的中空圆柱体就根据形状而被归入同一个范畴，"幼芽""信件""枪炮"于是就被联系了起来。即使今天这些实体的形状产生了变化，它们仍然用pucuk来指称。在正式的印尼文本中，平面的纸质信件、电子邮件等仍然采用类别词pucuk。但很多侗台语言，未将其与"圆筒状"相联系，而是赋予其"密封"的特征。例如：

壮语：

(37) soŋ¹   fuŋ¹   sən⁵
     二   CL：封   信
     "两封信"

毛南语：

(38) ja¹   foŋ¹   ɕin⁵
     二   CL：封   信
     "两封信"

类别词fuŋ¹和foŋ¹可能是借自汉语的"封"，但无论如何，这个词在壮语和毛南语中也都同时具有体词和动词的用法。中国古代的信件很多时候也将信件卷起塞进圆筒中发出，但未将其与圆筒状相联系。从2 000多年前的秦朝开始，朝廷要求信件(竹筒形式)必须妥善捆扎并封之以黏土①。而泰语则用较为抽象的类别词cʰabàp来表示，这个类别词用来指称期刊期号、版次、纸币、彩

---

① 越南语用来指称信件的phong [foŋ̃³²]"封""包"(Hyde 2008)也可能是借自汉语。

票单等(Haas 1964b)。

6.1.2　生物范畴

不同语言对生物和非生物范畴有不同的加工,如苗语湘西方言腊乙坪话用词缀把名词分为动物、非动物、亲属称谓和专有名词4个范畴。如表6.1所示。

表6.1　苗语名词范畴标记策略

动物范畴	ta³⁵ nqo³⁵ 鸽子　　ta³⁵ ɲɛ³¹ 水牛
非动物范畴	qɔ³⁵ l̩ ɤ³¹ 井　　qɔ³⁵ pa³⁵ 腿
亲属称谓范畴	a⁴⁴ tɕa⁴⁴ 父亲　　a⁴⁴ nã³⁵ 兄
专有名词次范畴	pa⁴⁴ pɤ⁴² 蝴蝶　　pa⁴⁴ ou⁵⁴ 乌鸦

(引自:李云兵 2007:19 – 20)

川黔方言惠水次方言则将名词分为两类:一类是 qv¹³①,用来指称表示身体部位、生产工具、建筑物、动物、植物、农作物、天文、地理、疾病等名词。另一类是 qv³¹,用来指称服饰、果实、男性或女性人类、雌性或雄性动物、亲属称谓、食品等。如表6.2所示。

表6.2　川黔方言惠水次方言的名词范畴化示例

qɒ¹³ pɒ²⁴ 腿	qɛ¹³ tɛ²² 刀	qã¹³ sɦã²² 牲口圈
qi¹³ pli⁴³ 野猫	qã¹³ ntã²⁴ 芦苇	qa¹³ ta²⁴ 地
qa³¹ mpla³⁵ 耳环	qɒ³¹ nshɒ²⁴ 谷粒	qɒ³¹ pɒ¹³ 雄性
qɛ³¹ mɛ⁵⁵ 雌性	qɒ³¹ pɒ¹³ 岳父	qo³¹ zo⁵⁵ 稀饭

_____

① 字母 v 是某个元音的意思,其值与后面音节的元音同,为元音和谐关系。

生物学范畴化是侗台语类别词的一个重要语义基础。对生物界的范畴化加工与人类早期的基本认知水平息息相关。即使在遥远的前科学时期,植物界和动物界的区分就已经是人类感知能力的一部分。然而,从一开始"人类"并未被看作"动物界"范畴的一个次范畴。直至今日,在世界上很多文化中的民俗分类法(folk taxonomy)中,人类仍未被视作"动物"。具有最高智慧的灵长类动物在民俗分类法中往往是跟其他动物界的动物区别开来的,它通常是一个独立的范畴。所以,在类别词的最典型的范畴化加工中,生物界往往是三分的,即人类、动物和植物。表 6.3 是部分侗台语言用来对最高层级"人类"进行范畴化的类别词。

表 6.3　部分侗台语言对"人类"进行范畴化的类别词

语　言	类别词	语　言	类别词
壮　语	pou⁴	佯僙语	ai¹
布依语	pu⁴	老挝语	kʰón
傣　语	kɔ⁴	掸　语	kɔ⁵
侗　语	muŋ⁴	泰　语	kʰon
仫佬语	mu⁶	侬　语	ku'n
水　语	ai³	黑傣语	kón
毛南语	ʔai¹	白傣语	kon⁴

(引自:Saul 1965;Jones 1970;王伟等 1983;
薄文泽 1997;Hudak 2001)

如前文所述,侗台语中指称"人类"范畴的类别词可出现在主要名词的前面或后面,或独立出现,因语言及语境而异,如例(39)—(41)所示。

毛南语：

（39）sa:m¹   ʔai¹   zən¹
　　　三   CL：人类   人
　　　"三个人"

老挝语：

（40）kʰón   să:m   kʰón
　　　人   三   CL：人类
　　　"三个人"

壮语：

（41）pou⁴   nei⁴
　　　CL：人类   这
　　　"这个人"

　　用来指称各种"人类"次范畴的类别词是根据其所指的社会地位、性别、年龄、说话者的态度来选用的，详见第 7.1.3 节的分析。

　　表 6.4 是部分侗台语言指称除了人类之外的"动物"范畴的类别词，包括了哺乳动物、鸟类、鱼类、爬行动物、昆虫等。

表 6.4　部分侗台语言对"动物"进行范畴化的类别词

语　言	类别词	语　言	类别词
壮　语	tu²	佯僙语	to²
布依语	tu²	老挝语	too
傣　语	to¹	掸　语	to¹
侗　语	tu²	泰　语	tua
仫佬语	to²	侬　语	**tú**

续　表

语　言	类别词	语　言	类别词
水　语	to^2	黑傣语	tô
毛南语	to^2	白傣语	tô

（引自：Saul 1965；Jone 1970；王伟等 1983；
薄文泽 1997；Hudak 2001）

如前所述,侗台语中指称"动物"范畴的类别词可出现在主要
名词的前面或后面,因语言及语境而异,如例(42)和(43)所示。

壮语:

（42）sa:m^1　　tu^2　　　　mou^1
　　　三　　　CL：动物　　猪
　　　"三头猪"

泰语:

（43）mǔu　　sǎam　　tua
　　　猪　　　三　　　CL：动物
　　　"三头猪"

泰语 tua 通常表达的意思为"身体、形状、外貌"（SEAlang
2019）,具体所指称的事物有:1) 自身、身体;2) 演员;3) 字母、数;
4) 只、匹、条、个、头、件（Haas 1964b；广州外国语学院 2011）。但
是实际上,在大多数情况下它是被用来指称"动物",其他的意义是
后来的扩展用法。侗台语言这个表示动物范畴的类别词可能与汉
语的"头"字有关。王彤伟(2005)的研究表明,先秦两汉的"头"本
义同"首",都表示"脑袋"。两汉时代,"头"明确地用于指称"羊"和
"牛"类,也用于"马牛羊驴橐驼"等牲畜连用时的"一量对多名"的
格式中。如:

（44）唯桥姚巳致马千匹，牛倍之，羊万头。（《史记·货殖列传》）

从魏晋南北朝开始，其称量对象的范围也大大扩展，可用于"犬""狗""猪""豚"等小型家畜。如：

（45）大狗一头，买一生口。（《魏书·獠传》）

而且可用于称量"兔""虎""鹿""熊""狼""象""蛇""人"等。甚至也可以表示禽畜、水产及昆虫类。如：

（46）上纪开辟，遂古之初，五龙比翼，人皇九头。（《文选·王延寿〈鲁灵光殿赋〉》）

（47）奉献金刚指环、摩勒金环诸宝物、赤白鹦鹉各一头。（《宋书·天竺迦毗黎国传》）

（48）至蚕时，有神女夜至助客养蚕，亦以香草食蚕，得茧百二十头，大如瓮。（《搜神记·园客》）

估计现代汉语的"头"在古代的指称外延比现代的要广泛得多。覃晓航(2008：122)对壮语的 tu² 与汉语的"头"的历史关系也有过分析，认为它们是同源关系。

上述说到欠社会化的特点的人类可归入非人类的动物范畴。除此之外，在毛南语的范畴化系统中，非生命性物体有时也被归入动物范畴，赋予它生命性。如毛南语的 tɔ² 可用来指称一块田。如例(49)所示。

（49）sa：m¹ 　　tɔ² 　　　　ʔja⁵
　　　　三 　　　CL：动物 　水田
　　　　"三块水田"

　　在名词范畴化系统中将无生命事物予以人类特征的范畴化可能跟毛南族地区的生产方式有关。毛南语之所以将稻田划归为动物范畴,根据谭信概先生(2005)的描述,这可能是因为在毛南族的农业生产中,水田是极其宝贵的财产,因为毛南族聚居区处在喀斯特地貌地区,地面上的水很难留得住,雨水都通过地下河流走了,如果能拥有一块水田那是非常珍贵的财产,它和猪圈里的猪以及牛栏里的牛一样是农民赖以生存的重要依靠,是人们生活资源的重要来源。再加上人们早出晚归,将大量的时间和精力都花在了水田上面,在此所耗费的劳动不比耗在家畜上面的少。

　　在毛南语的范畴化系统中,代表动物范畴的类别词还可用来指称一捆草垛,如例(50)所示。这是因为稻草在毛南人的心目中占有极其重要的位置,毛南人将它们看作有生命的东西。水田面积极其有限的毛南族人将田间的稻草晾干,悉心地捆绑妥当,然后储存起来,日后用作家畜饲料、烧火做饭的燃料、编织草帽的原料、制作传统茅草房的材料。双手抱起一捆稻草犹如将一只小猪搂在怀里。

(50) sa:m^1　　tɔ^2　　　va:ŋ^1
　　 三　　　CL:动物　稻草
　　"三捆稻草"

　　另外,一些用具,如钢笔、铅笔等在毛南语的认知系统中也被列入有生命的范畴,如例(51)所示。其实毛南语的动物范畴标记tɔ^{2}与泰语的 tua 比起来,其语义外延却要小得多,范畴化的覆盖面也相对小得多。泰语的 tua 扩大到指称几乎其他有手有脚的类人形的东西,包括家具、玩具、鬼魂、字母、数字等,而且还扩展到指称现代仪表、电器、吉他、录放机、话筒、照相机、收音机等,后来还扩展到指称抽象的事物,如大学课程、问题、规则、想法、股票等。

（51）sa:m¹   tɔ²   pit⁷
      三   CL：动物   笔
   "三支笔"

　　另外一个重要的民俗分类是"植物"范畴，如表6.5。这些例子似乎意味着侗台语言对"植物"范畴的分类因语言而异。生物范畴中，侗台语对动物范畴的指称成分一致性比较高，原因可能是"动物"这个概念在侗台语族先民的认知中是较早意识到的一个范畴，而很多现用的有关植物的概念可能是侗台语分化后才产生的，或者是侗台语分化后新的形式代替了更早的形式。

表6.5　部分侗台语言对"植物"进行范畴化的类别词

语　言	类别词	语　言	类别词
壮　语	ko¹	佯僙语	pje²
布依语	ko¹	老挝语	tôn
傣　语	kɔ¹	掸　语	ton³
侗　语	oŋ⁴	泰　语	tôn
仫佬语	təŋ⁴	侬　语	kó
水　语	ni⁴	黑傣语	ko
毛南语	zoŋ²	白傣语	kɔ

　　侗台语中指称"植物"范畴的类别词可出现在主要名词的前面或后面，因语言而异，如例（52）和（53）所示。

　　壮语：

（52）sa:m¹   kɔ¹   fai⁴
      三   CL：植物   树木
   "三棵树"

泰语：

（53）máai　sǎam　tôn
　　　树木　三　　CL：植物
　　　"三棵树"

泰语中还有一个指称"植物"范畴的类别词 dɔ̀ɔk（CL：小型植物）。这个词主要是用来指称"植物"中的次范畴，即较小类别的植物，如草本植物等。

（54）dɔ̀ɔk　玫瑰花、茉莉花、有香味的物体或图案、算命用的
　　　　　　木条、螺蛳、挂锁等。

与科学分类有所不同的是，其他非人类、非动物、非植物的生物形式通常分别被归入"动物"和"植物"范畴。如"真菌"按科学分类法既不属于"动物"类也不属于"植物"类，但它在壮语中被归入"植物"范畴，如：

（55）sa:m^1　kɔ^1　　　　rat^7
　　　三　　CL：植物　蘑菇
　　　"三棵蘑菇"

"细菌"虽不属于"动物"范畴，但因其"生命性"而通常被归入"动物"范畴。例(56)便是壮语把细菌归类为"动物"范畴的例子。

（56）sa:m^1　tu^2　　　　si^{5}kin^5
　　　三　　CL：动物　细菌
　　　"三只细菌"

另外表示其他生物特征的范畴，如"性别""年龄"等也被用作"人类"范畴中次范畴化的指标。比如在壮语中，人类范畴中表示

年龄的次范畴 ta⁴（CL：年轻女性）被用来指称年轻女性，tak⁸（CL：年轻男性）被用来指称年轻男性，me⁶（CL：成年女性）被用来指称成年或老年女性，koŋ¹（CL：成年男性）被用来指称成年或老年男性①，等等。例如：

$$(57)\quad sa{:}m^1 \quad pou^4 \qquad lɯk^8$$
　　　　　三　　　CL：人类　　孩子
　　　　　"三个孩子"

$$(58)\quad sa{:}m^1 \quad ta^4 \qquad\quad lɯk^8$$
　　　　　三　　　CL：年轻女性　孩子
　　　　　"三个女孩子"

$$(59)\quad sa{:}m^1 \quad tak^8 \qquad\quad lɯk^8$$
　　　　　三　　　CL：年轻男性　孩子
　　　　　"三个孩子"

$$(60)\quad sa{:}m^1 \quad me^6 \qquad\qquad ɕa{:}ŋ^{6?}jɯ^1$$
　　　　　三　　　CL：成年女性　医生
　　　　　"三个女医生"

$$(61)\quad sa{:}m^1 \quad koŋ^1 \qquad\qquad ɕa{:}ŋ^{6?}jɯ^1$$
　　　　　三　　　CL：成年男性　医生
　　　　　"三个男医生"

6.1.3　功能范畴

　　使用类别词对名词进行范畴化时，人们还经常很自然地用功能来对名词进行范畴化。这种范畴化加工与莱考夫和约翰逊（Lakoff & Johnson 1980/2003：40）以及莱考夫（Lakoff 1987：77）所说的"转喻"（metonymy）相关，比如"Don't let El Salvador become another Vietnam."（不让萨尔瓦多变成另外

---

　　① 壮语的类别词 me⁶ 和 koŋ¹ 在某些特殊语境中可带有一些贬义。

一个越南)、"Let's not let Thailand become another Vietnam."
(我们不要让泰国变成另外一个越南)这两句话中的 El
Salvador、Thailand、Vietnam 是用地点比喻在这些地点所发生
的事情,就是说这些地方是事件发生地或职能部门所在地。类
似的例子还有用"白宫"比喻美国总统,用"华盛顿"比喻美国政
府,用"克里姆林宫"比喻俄罗斯政府,用"华尔街"比喻美国金
融业等。

　　毛南语将几乎所有末端尖锐或者边缘锋利的工具都归入
pa:k⁷(CL:嘴)范畴,这些工具包括缝纫针、锥子、斧子、菜刀、镰刀
等,如例(62)—(64)所示。其如此范畴化的依据可能与这些工具
和动物的 pa:k⁷"嘴"一样都具有"切入"一种物体的作用。其实,汉
语也有将刀具划归"口"的范畴的,如"一口钢刀"。另外,"三口之
家""三口猪",其范畴化依据也可能与"切入"之类的功能有关。而
"一口井"与"一眼井"一样可能是以形状来归类的。一种语言的范
畴化系统一旦建立起来,新出现的工具也被按照其用途指派相应
的类别词。

　　(62) sa:m¹　　pa:k⁷　　la:k⁸ kau¹
　　　　　三　　　CL:嘴　　锄头
　　　　"三把锄头"

　　(63) sa:m¹　　pa:k⁷　　mbja³
　　　　　三　　　CL:嘴　　柴刀
　　　　"三把柴刀"

　　(64) sa:m¹　　pa:k⁷　　sam¹
　　　　　三　　　CL:嘴　　针
　　　　"三根针"

　　然而,毛南语的名词 pa:k⁷(嘴)却不归入 pa:k⁷(CL:嘴)的范
畴,而用近乎变为通用类别词的ʔdat⁸。除了对"嘴"的认知因素之
外,毛南语句法中没有泰语那种反响类别词也是一个原因。这种

名词范畴化视野下的侗台语族类别词研究

情况与汉语类似,汉语是"一张嘴"。

一个类别词所能指称的名词数量可以通过再分析或者说重新分类(reclassification)而有所改变。比如第六章例(20)泰语的 bai(CL:叶子),其原型意义是"叶子",后来发生语义扩展,可以用来指称几乎所有薄片状的物体。正如第 6.1.1 节所分析,这个类别词最基本的用法是用来指称类似于树叶、纸张、图画、刀具等扁平的实体,但是它可以扩展到用来指称各种容器。这可能是因为比喻是我们理解事物时最基本的机制,它可以引发新的意义,引发相似性,因而能界定新的现实(Langacker 2006:29)。因此用 bai(CL:叶子)来标记容器并非不可思议。类别词的指称范围可以通过"链锁加工"产生语义扩展,使得这一范畴中的中心成员与其他成员联系起来,而这些成员又与别的成员联系起来,不断地延伸发展(Lakoff 1986:17)。这就是说,原先可能没有关系的范畴可以通过重新分类而发生联系。东南亚等地区人民传统上用芭蕉叶来给米饭等食物打包,作为盛装食物的容器,它方便出行携带。后来 bai(CL:叶子)由此而被指派来指称具有容器功能的实体,比如衣兜、钱包、枕头、背包、水桶、铁桶、脸盆、水箱、罐子、水壶等。这个比喻机制的发展过程可见如下所示:

叶子→纺织类容器→其他容器

因为一个碟子是一个容器,于是它就被通过比喻机制与叶子联系起来;一个杯子也是一种容器,所以与碟子一起被归类为 bai(CL:叶子)范畴;然后,具有相近功能的瓶子、鸡蛋等也被归入同一范畴中,如下所示:

芭蕉叶(盛米饭的扁平容器)→碟子(扁平容器)→
杯子(容器)→瓶子(容器)→鸡蛋(蛋白和蛋黄的容器)

范畴化标记 bai(CL：叶子)的具体使用例子如下：

（65）baitəŋ　　săam　　bai
　　　芭蕉叶　　三　　　CL：叶子
　　　"三张芭蕉叶"

（66）cʰaam　　săam　　bai
　　　碗　　　　三　　　CL：叶子
　　　"三个碗"

（67）kʰùuat　săam　　bai
　　　瓶子　　三　　　CL：叶子
　　　"三个瓶子"

　　所以，除了功能特征可影响范畴的归类外，语言使用者的文化特质也影响着范畴化过程。这部分的进一步分析见第7.1.2节。

　　泰语的 krûɯaŋ 是一个表示"小装置""小玩意儿""设备"等意义的类别词（Beckwith 1995：12–13），经常被指派到一些电器或器械的名词上，如"电脑""篮球""收音机""水/气泵""立体音响""订书机""缆车""计算器""录放机""电视机""提款机""引擎""马达"等。

　　而 kʰan(CL：把柄)是用来指称带有把柄的工具或者带有方向盘或转向把的车辆，它也可扩展为指称不带转向把手或方向盘的实体，例如：

（68）kʰan　犁把、犁梁、勺子、瓢子、抹刀、梯子、雨伞、小提琴
　　　　　　弓、楼梯、阶梯、手推车、自行车、摩托车、轿车、巴
　　　　　　士、救护车、飞艇、运输工具等。

　　泰语的类别词 rooŋ"房"、ráan"店"、lǎŋ"背"和 hôoŋ"室"分别被用来指称完整的建筑物、商务楼、房子、建筑物内的一部分空间，如例（69）—（71）所示。类别词 rooŋ 常被指派来指称表示相对独

立的建筑物,如酒店、学校、当铺等,并带有前缀 rooŋ 的名词。例外的情况是,极个别不带 rooŋ 的名词也可用它来指称,如名词 rɯɯan-fai(房子-火)"厨房"不带前缀 rooŋ,用类别词的指称方法是 rɯɯan-fai(房子-火)sǎam(三)rooŋ(CL:房)"三个厨房"。

(69) rooŋ　　建筑物或结构、饭店、学校①、工厂、剧院、电影院、锯木厂、当铺、制糖厂、仓库、储物棚、牛圈、厨房等。

(70) ráan　　小卖部、商店、餐馆、书店、照相馆、美容店、药店、医务室、杂货店等。

(71) hɔ̂ɔŋ　　房间、地下室、浴室、铁罐、餐厅、迎客厅、休息厅、厕所、茅坑、餐馆、仓库、洗手间等。

然而,"房子"一词却用 lǎŋ 而不是 rooŋ 来指称,如例(72)所示。至于为何用 lǎŋ(CL:背)来指称房子,一些泰语研究者猜测是与房子的发展历史有关。传统上的房子只是上面带茅草屋顶的棚子,在炎热的东南亚地区尤其如此,而类别词 lǎŋ 常用来指大象的脊背,所以这个词后来被用作指称房子的类别词(David and Bui 2010)。

(72) lǎŋ　　房子、家、屋顶、轿子、棚子、简易房、板房、村子、大厅、展厅、清真寺、大厦、别墅、摩天大楼等。

所以,"三间房子"便被表述为"三背房子"。如:

(73) bâan　　sǎam　　lǎŋ
　　　房子　　三　　　CL:背
　　　"三间房子"

---

①　其他教育机构,比如大学或学院所指派的类别词有所不同,它们用类别词 hɛ̀ŋ "地方""位置"来指称。这个类别词常用来指称具有较大面积的建筑物,如"商场""城市""营地"等。

这个假设实际上可以得到老挝语同源词 lǎŋ 的支持。这个 lǎŋ 字可同时用作名词,意思为"脊背""栋梁""书脊""三角形的顶尖",也可用作指称"房子"的类别词(Haas 1964a)。

壮语中带有握把的工具所指派的类别词是 fa:k[8](CL:工具),用来指称刀具、针、铁锹、剪刀、钥匙等。如:

(74) sa:m[1]   fa:k[8]   kim[2]
     三   CL:工具   钳子
     "三把钳子"

(75) sa:m[1]   fa:k[8]   ɕu:n[5]
     三   CL:工具   锥子
     "三把锥子"

(76) sa:m[1]   fa:k[8]   ɕui[2]
     三   CL:工具   锤子
     "三把锤子"

上述例子和分析表明,类别成分对名词的范畴化标记策略除了其形状特征和生物学特征外,还从名词所代表的事物的功能角度来分类。只要某种工具的用途发生了扩展,其类别就可能发生扩展。很多类别词的扩展用法往往是名词所表达的实体的功能再分析的结果。模糊的范畴边缘使得链锁扩展成为可能,使之产生了跨范畴转指。这是类别词发展的一个重要途径。

第七章

侗台语名词范畴化的主观认知理据

如前所述,侗台语的名词范畴化的基础通常可根据名词所指的客观特征如形状、生物种类、功能等进行次一级的分类,但语言的发展过程往往留有大量的社会或文化的脚印,故侗台语的名词范畴化显现出很多主观认知的特征。

7.1 名词的主观范畴化策略

拉波夫(Labov 1973:342)认为,所谓的语言学研究就是研究范畴。也就是说,语言学所研究的内容包括:语言是如何通过将现实世界分割成一系列的单位来将意义转化为声音的;语言中的范畴是否以现实世界为依据抑或是仅仅根据人脑的思维而建立起来的;范畴是怎么习得的;人们是如何将一个事物指派到某个范畴的;范畴之间存在何种关系等。拉波夫还认为,语言中的范畴通常是人们假定存在的事实,其实它们并非一定真实存在。这些观点今天对我们分析侗台语对事物范畴化过程仍然具有指导意义。语言的名词范畴化受到语言使用者的历史文化的制约,它对世间万物的分类与科学分类是有区别的。侗台语的属加种差的名词分类法并非纯科学分类,而是一种主、客观之间互动后的分类结果,社会及文化认知因素在其中扮演了重要的角色。

世间万物除了其客观属性外,还有与特定文化息息相关的主观属性。语言是其使用者文化的一面镜子。语言中不同的名词次范畴化过程及模式反映了该语言使用者对名词所指的本体认知(ontological cognition)的不同(Foley 1997:231)。虽然不可否认,固定的特征如形状、功能等是类别词的重要特征,但很多事物还具有社会文化特征,语言中也会将其作为范畴化的参照(Hiranburana 1979：39 - 54；Deepadung 1997：50)。不同语言群体的文化对世界上纷繁事物的认知和范畴化加工并非完全一致,其形成的概念系统也并非相同。所以像英语中类似 brother、sister、uncle、aunt 等概念在汉语中并不存在,在无语境的情况下甚至是不可译的。如"My brother came this morning."这句话,出现在无上下文、缺乏语境的情况下,其意义在汉语的范畴系统中是不明确的,只能采用"阐释"(interpretation)而非"翻译"(translation)的方法来处理,即只能阐释为"我哥哥(或者弟弟)今天上午来了"而不是翻译为"*我哥哥今天上午来了"或者"*我弟弟今天上午来了"。只有了解到出现了类似于"He is two years younger (older) than me."的语境,brother 的确切意义才得以明确。如上文所述,罗施等(Rosch et al. 1976)的研究认为语言的范畴化加工包括三个认知层次,即上位层(superordinate)、基本层(basic level)、下位层(subordinate)。英语的 brother 这一概念是一个基本层的概念,即无标记的日常用语,其上位层的概念是sibling(同胞),而其下位层的概念有 elder brother(哥哥)、younger brother(弟弟)等。英语 brother 的概念外延要大于汉语的"哥哥"或"弟弟"。如果从跨语言的观点来看的话,那是一种基本层和下位层的关系,即上层与下层、一对多的关系。如果用下层范畴的概念来翻译上层范畴的概念便会以偏概全,反过来的话则是缺乏效度,词未达义。汉语的概念系统也是基于汉族人自身的文化而建立的,很多概念在无语境的情况下对英语来说也属不可译。比如"我昨天买了一辆车"在缺乏语境的情况下译成英文也不可能,因为从跨语言的观点来看的话,"车"和英语的 car、truck、bike 等也是一种上下层的涵盖关系,用下层的概念来等同上层概念后效度会大打折扣。汉语中其他类似于"桌子""饭""菜""牛""羊"等的概念在缺乏语境的情况下对英语来说也是极其难译的。

　　所以,语言并非直接反映客观世界,语言是通过语言使用者联系起来的。就是说,语言是通过概念来与客观世界相联系的。这意味着词语和事物并非直接发生联系,或者说直接相关。但这是否说明了语言符号是像索绪尔(Saussure 1960：67)所说的那样完全是主观随意(arbitrary)的呢? 事实并非全然如此。许多人类语言学的研究表明,语言是文化的镜子。能指和所指之间的纽带不总是主观随意的。类别词的选择说明了这一点。福利(Foley 1997：7)说"我们的语言充满了先辈和早期各种联系的词汇、表达和文化艺术"。英语有句谚语"One man's meat is another man's poison."(一人的佳肴是另一人的毒药),很好地说明了语言符号和客观世界的关系,即一个事物可被不同的人用不同的方式来阐释。这个原则也反映在客观世界与文化的关系上。我们共享一个世界,但同时我们拥有不同的文化。这也进一步反映在五彩缤纷的世界语言中。一个语言群体的宇宙观构成了一个文化的重要部分。当一个语言使用者谈论某种事物时,他就在利用自己文化中的现成观点来对事物进行界定。举颜色词为例,虽然普通人类的肉眼可感知到 400—700 纳米波长的电磁波,但是世界上的语言对此波段内划分成多少段却不全然一样。分光仪可对可见光波进行切分,比如对太阳光这种复合光进行折射分离后得到"红、橙、黄、绿、蓝、靛、紫"等七个颜色(也有划分为"赤、橙、黄、绿、青、蓝、紫"的),很多语言也按这个系列命名颜色,如图 7.1。但不少语言并非据此来切分可见光谱。

图 7.1　电磁波中的可见光频段

　　伯林和凯(Berlin & Kay 1969)认为人类肉眼可分辨十一种颜色。但颜色数量却经常因文化而异。如在光谱中某段大约 450 纳米左右波长的波段在英语里叫 blue,而它在汉语中叫作"蓝",而邻近的更长的大约 550 纳米左右波长的一段在英语里叫作 green,而它在汉语中叫作"绿"。语言是一种文化性的而非物理性的范畴化系统,不同的文化将根据不同的方法来切分这些可见光的频段。美洲印第安语纳瓦霍语就不在 450—550 纳米这段波段上再做切分(Black 1959:231)。与此类似的是,侗台语言的毛南语将天空的颜色、清水的颜色和树叶的颜色看作一种颜色,称之为 ju[1]。毫无疑问巴布亚达尼(Dani)语的使用者能够像其他人一样区别可见光谱里的其他颜色,但是他们将整个可见光谱仅仅划分出两种颜色,一种是 mili,另一种是 mola,前者用来指称黑色、深棕色和其他冷色,后者用来指称白色和其他暖色(Heider 1972:451;Foley 1997:150)。在三棱镜分光仪中,从复合光切分出来的单色光数量是稳定的。但在不同的语言中,它被切分为两个到十几个部分,切分数量根据具体文化中的人们为适应自然和社会环境的不同需要而有所区别。所以,分光仪分辨出来的是物理颜色,而语言则划分出来的是文化颜色。类别词的范畴化手段与此种切分理据如出一辙。一个事物具有多方面的特征,如何将之范畴化,划分为几个范畴则因文化而异。

　　根据迪克森(Dixon 1982:178-183;2010a:27-28)的研究,在澳洲的迪尔巴尔语的句子中,每一个名词必须隶属于四个名词性类(或称之为"性"),用一种类似于定冠词的限定词来标记。第一类标记为 bayi,用来代表动物性、男性;第二类标记为 balan,用来代表女性、水、火、打斗;第三类标记为 balam,用来代表非肉类食物;第四类标记为 bala,用来表示所有非第一、二、三类的东西。这种划分好像毫无原则可言,但是仔细观察和分析是可以发现它们基本概念之间的相互关系的。大多数动物和鱼类属于第一类,少部分属于第二类。大多数鸟类属于第二类,少部分属于第一类。一些鱼叉属于第一类,部分属于第二类或第四类。无可食用部分的树属于第四类,有些属于第二类。第三类为非肉类食物。迪克森提出了迪尔巴尔语的分类方法所遵循的两个原则:

规则一　如果某个名词具有特点 X,但是如果信念或传说中
　　　　认定它有特点 Y 的话,它就会被划入 Y 范畴,而非
　　　　X 范畴;

规则二　如果一组名词里有些成员具有本组其他成员所没有
　　　　的特别重要特点的话,这些名词就会被划归到其他
　　　　具有这些特点的组。这些特点包含"有害"的意义。

表 7.1 是根据迪克森(Dixon 1982:180-183)对澳洲迪尔巴
尔语的描述和分析而总结而成的四类名词的分类表。

表 7.1　澳洲迪尔巴尔语名词的四类范畴

第一类(bayi) 动物性、男性	男性;袋鼠;负鼠、鱼、蛇、蜥蜴、昆虫;三种鹡鸰扇尾鹟(被认为是神话中的男人);月亮(传说中的丈夫);暴风雨和彩虹(传说中是男人);多齿鱼叉;钓鱼线;借词:钱(不知何故——迪克森)
第二类(balan) 女性、水、火、 打斗	女性;澳洲野犬;星星(与火有联系);鸟(被认为是女人死后的神灵,规则一);发冠卷尾(传说中带来火的鸟);太阳(传说中的妻子);大多数的战斗工具以及场地;战斗叉子;石头鱼和蟾蜍鱼(尤其是危险的鱼类,规则二);两种有毒的植物刺人树和刺荨麻藤(规则二);鹰(唯一可以吃其他鸟的鸟)(规则二);蟋蟀(神话中的老太婆,规则一);萤火虫(与火有关);毒刺毛虫(被刺感觉如日晒);狗、袋狸、鸭嘴兽、针鼹(不知何故——迪克森)、致命蛇蛇(神话中与"七姐妹"相关)、锦蛇、水蟒(不知何故,因为其他水蛇属于第一类——迪克森);借词:火柴和吹火筒
第三类(balam) 非肉类食物	果实①;块茎;蕨类;藤类;生产这些果实的乔木或灌木(作为木料时);蜂蜜;蔬菜;借词:水果、面粉、糕饼、葡萄酒、香烟、烟叶(叶子作食用)
第四类(bala) 剩余类,所有 非第一、二、三 类的东西	风(没有动物性、火、水、战斗所具有的特点);大的短叉子(非战斗或打鱼型);挖山药所用棍子;不产可食用果实或茎叶等的树、灌木、草类、藤类;蜜蜂(它跟蜂蜜的关系犹如树木和其所产果实的关系);烟

———————

①　果树和果实用同一个词来表示。

莱考夫（Lakoff 1987）的论著《女人、火与危险事物：范畴揭示的心智》（*Women，Fire，and Dangerous Things：What Categories Reveal about the Mind*）被广泛引用，它便是受到迪克森（Dixon 1982）有关迪尔巴尔语对名词次范畴分类的研究的启发而作。莱考夫（Lakoff 1987：92－93）将迪克森的原则简化为"如有某一基本经验范围与 A 有联系，则该领域中的实体很自然地就被划归为与 A 同一个范畴"。就是说，鱼类属于第一类，因为它们是动物，而鱼叉、鱼线等渔具虽然没有动物性也不是某种食物，但它们属于第一类，而非第四类。同理，人们一般认为果树跟其他树木一样属于第四类。然而，果树属于第三类，因为它们有果实，如果将树木看作柴火或木料的话，它们则属于第四类。莱考夫（Lakoff 1987：94）认为迪克森最令人震惊的发现是"神话–信念原则"（myth-and-belief principle）。鸟虽然是动物但却并不被归类到第一类，因为鸟被认为是女人死后的神灵。

"枪"在彝语中归入"组装成的、有槽的成套装置"范畴，跟"磨""床""锁""犁"等归并为一类，用 dzl^{33}/dzl^{55} 来标记，而缅语则将"枪"归入"手握的工具、乐器"范畴，用 lɛʔ 来标记（胡素华等 2005：139）。

余金枝（2005：352）从认知角度看待湘西苗语的量词与名词及动词的搭配，认为用视觉特征以及主观感知来对物体进行归类是量词的主要功能，而不是其他研究者所说的量词对物体的分类主要是根据外形，强调了认知对量词和名词之间选择关系的作用。

侗台语类别词的发展与原型成分边缘特征的链锁类比加工密切相关，如旧的概念域被映射到新的概念域，对此物的认知通过隐喻投射到彼物。

7.1.1　社会范畴

除了以自然属性作为选用类别词的范畴参照外，有关名词的所指,其社会属性也是一个重要参照因素。社会中的个体往往因其所在社会结构的不同而被划分到不同的范畴中。人物类别词的次级范畴比动物类别词要复杂,这反映了人类社会的复杂性。表7.2 显示了泰语对不同性质社会群体的社会分类。

表 7.2　泰语中部分社会群体的范畴归类

类别词	范　畴	用　例
pʰráʔoŋ	神性	菩萨
pʰráʔoŋ,ʔoŋ	皇家	国王
rûup,ʔoŋ	僧侣	和尚
tʰân	高官	将军
naay	支配	官员
kʰon	平民	工人
tua	鄙视	小偷
sòp	已亡	尸体

生物不但具有自然属性,而且具有社会文化属性,它经常作为名词范畴化的依据。人类具有各种各样的社会属性,某类人由于具有共同的某一特点而被划入同一个范畴。进一步来说,如果某人被认为与某类动物具有某种特点就有可能被划归这一范畴,如"地头蛇""走狗""哈巴狗""豺狼""毒蛇""变色龙""蛀虫""硕鼠""千里马""孺子牛""替罪羊""老狐狸"等。但是,这些是语言使用的临时语用现象。毛南语中则有类似的固定的语法现象,将某类人类群体与动物划归一类,否则将违反语法。毛南语的这种语义现象与维特根斯坦(Wittgenstein 1953/1986:31-32)的"游戏"(games)的定义和"家族相似性"(family resemblance)有关。有些

事物本来看上去无关,但由于这个事物的某个现象跟一系列现象的其中一个相似而与其他事物联系起来。比如之所以我们把某些活动叫作 games(游戏、比赛),如 board-games(棋类比赛)、card-games(纸牌比赛)、ball-games(球类比赛)、Olympic games(奥运会)、ring-a-ring-a-roses(玫瑰花环游戏,一种儿童一边唱一边转圈的游戏)、noughts and crosses(二人圈叉游戏)等都是某种 game,但是它们表面看上去是多么不同,有的活动其目的是要取胜,有的是为了娱乐,不能用一个特点来概括它们。然而,某一 game 都有某一点与其中一个 game 相类似的特点,构成了一个相似性链条,这些链条将它们联系起来,于是它们便被归入 game 的范畴。与这个情形很相似而且更为典型的还有家族相似性。一个家族成员中各有不同的身材、面貌、眼睛颜色、步态、性格等,但他们互相之间的这些特点是重合或交叉的,虽然所有的这些成员没有一个共同的特征来说明他们属于一个家族,但他们中的某个人在身材、面貌、眼睛颜色、步态、性格等方面总会有一点跟家族里的某个人相似。这些相似性网络便构成了家族相似性。在毛南语中,人类一般是用 ʔai^1(CL:人类)来指称,而非人类的动物一般是用 to^2(CL:动物)来指称。但是,幼儿或者女人却不属于 ʔai^1(CL:人类)范畴,与之相反,却属于 to^2(CL:动物)范畴。因为毛南语的 to^2 可以用来指称[＋非人类]、[＋欠社会化]等范畴。如:

(1) saːm^1 to^2 laːk^8 kje^3 ɕie^2 paːi^1 tɔk^7 lɛ^1 liːu^5
    三   CL:动物 小孩   我 去 读 书 了
    "我的三个孩子去读书了。"

(2) ja^1 to^2 laːk^{8ʔ} bjek^8 naːi^6 paːi^1 ʔn̩im^1 tɛ^2
    二   CL:动物 女人   这 去 寻找 父亲
    "这两个女人去寻找她们的父亲了。"

然而,职业妇女或受人尊敬的妇女则属于 ʔai^1(CL:人类)的范畴,如例(3)和(4)。看起来类别词 ʔai^1 这一范畴里包含着"社会化"因素。从毛南语里小孩和女人被归入非人类的 tɔ²（CL：动物）范畴这一点可看到,在毛南族的社会中,小孩和女人被视作尚未社会化或欠社会化。事实上,毛南族的小孩和女人在传统社会中确实不像成年男子那样频繁地参与社会活动。

（3）jaːn¹ ɦe¹ me² ja¹ ʔai¹　　　laːk⁸ʔbjek⁸， ni⁴ tɔ⁵ pa²
　　　家　 我　 有　 二　CL：人类　女人　　　母亲 和 奶奶
　　　"我们家有两个女人,母亲和奶奶。"

（4）jaːu³ ɦaːk⁸ nde¹ me² si⁵ ʔai¹ 　　　ki² seŋ¹ laːk⁸ʔbjek⁸
　　　里面　学校　我们 有　四　CL：人类　老师　　女人
　　　"我们学校有四个女老师。"

　　毛南语的小偷也属于 tɔ²（CL：动物）范畴,这是未把他们当作社会里正常的成员看待。如:

（5）tɔ²　　　　　ljak⁸　naːi⁶！
　　　CL：动物　偷　　这
　　　"这个小偷!"

　　布依语将神仙鬼魂类的成员也归入 tuə²（CL：动物）的范畴,也体现了这个范畴的非人类性。

（6）tuə²faːŋ²
　　　"鬼"

（7）tuə²siən¹
　　　"神仙"

（8）tuə²pja⁵
　　　"雷公"

（9）tuə²luəŋ²
　　　"龙"

（10）tuə² ŋɯə⁶

"龙王"

（11）tuə² siən¹

"上帝/玉帝"

拉珈语也将"强盗"与"虫子""乌鸦""野兽"一起归入动物范畴：

（12）tu² kjak³

"强盗"

（13）tu² kja¹

"虫子"

（14）tu² ka¹

"乌鸦"

（15）tu² kja³

"野兽"

将社会失范人员归入动物范畴的还有泰语等（见表 7.2）。但是因为在一些语言中，tua 一词已经从最初的动物意义演化出很多衍生意思（见第 6.1.2 节），其中一个意思是"身体"，转而指称"本身"。例如：

泰语：

（16）tua cʰán eeŋ

CL：身体-我-自己

"我本人"

（17）tua raw

CL：身体-我们

"我们本身"

（18）tua kʰáw eeŋ

CL：身体 - 3SG - 自己

"他/她本人"

老挝语：

（19）tua: kʰɔ̌:y

　　　CL：身体 - 我

　　　"我本人"

（20）tua: tʰǟ:n e:ŋ

　　　CL：身体 - 您 - 自己

　　　"您本人"

（21）tua: lá:o e:ŋ

　　　CL：身体 - 3SG - 自己

　　　"他/她/它本身"

　　北部类型侗台语武鸣壮语双桥话对第一和第二人称也加 tu²，如例（22）和（23）所示，而此词与老挝语一样在这里为弱读，而在大多数语境中标记的是动物范畴，不弱读。

（22）tu² kou¹

　　　CL：动物 - 我

　　　"我（本人）"

（23）tu² muŋ²

　　　CL：动物 - 你

　　　"你（本人）"

　　在其他种类的社会结构中，妇女也是越来越频繁走入社会，一些语言甚至将她们划入了"男性"的范畴。如俄语中的 врач（vrač）"医生"和 судья（sudja）"法官"通常都是只跟语言中的阳性成分相呼应的，现在也可以根据所指的具体情况而与阳性或阴性标记相呼应(Aikhenvald 2000：347)。

泰语的河流名称直译是"水之母",甚至很多河流的名称只带有"母亲"这个语素:

(24) mɛ̂ɛ　　　náam
　　 CN：母亲　水
　　 "河流"

(25) mɛ̂ɛ　　　náam　　nâan
　　 CN：母亲　水　　　(地名)
　　 "湄南河"①

(26) mɛ̂ɛ　　　náam　　kʰoŋ kʰaa
　　 CN：母亲　水　　　女水神
　　 "恒河"

(27) mɛ̂ɛ　　　náam　　kʰǒoŋ
　　 CN：母亲　水　　　(地名)
　　 "湄公河"②

(28) mɛ̂ɛ　　　náam　　krà
　　 CN：母亲　水　　　(地名)
　　 "格拉河"

毛南语中的类别词 to² 被用来指称"欠社会化人物"的特点还可以从例(29)和(30)中明白无误地看到。例(29)中的 ʔai¹(CL：人类)所指称的是社会化程度较高的大学生,而例(30)中的 to²(CL：动物)所指称的是社会化程度比较低的小学生。其他制约这两个类别词使用范围的因素还有说话者的态度(见第7.1.3节)。

(29) ʔbaːn⁴　naːi⁶　me²　ŋə⁴　ʔai¹　　　　ta⁴ jɔ⁶ səŋ⁵
　　 村　　　这　　有　五　CL：人类　大学生
　　 "这个村子有五个大学生。"

---

① mɛ̂ɛnáam nâan(湄南河)简称为 mɛ̂ɛ náam。
② mɛ̂ɛnáam kʰǒoŋ(湄公河)简称为 mɛ̂ɛ kʰǒoŋ。

(30) ja:n¹　　man²　　mɛ²　　sa:m¹　　tɔ²　　　　la:k⁸ ɦa:k⁸

　　　家　　　他/她　有　　三　　　CL：动物　小学生

　　　"他/她家里有三个小学生。"

用指称非人类的动物范畴的类别词来指称人类并非只有毛南语，如泰语也可以使用动物类别词 tua（CL：动物）来指称小孩，使用这个类别词的原因是不喜欢这个小孩，因为他很吵闹等，如例（31）。泰语的 tua 还经常用来指称小偷、杀人犯等。但是，使用这个词来指人类时要格外谨慎，不然有时候会产生冒犯的效果（Nantiwa Mahitdhiharn 个人通信）。可见泰语的动词范畴类别词 tua 用来指人时是带有贬义的。

(31) âi-dèk　　sɔ̆ŋ　　tua　　　　níi　man　kʰúk　ciŋciŋ

　　　pre-孩子　二　　CL：动物　这　他　　吵　　确实

　　　"这两个小孩确实很吵！"

壮语的 tu²（CL：动物）一般不像其他本地区的一些侗台语言那样来指称儿童和妇女，但是，在一定的语境下，父母可用它来指称自己的孩子，表示爱怜之意。如例（32）所示①。

(32) tu²　　　　　nei⁴　ham⁵　ʔi⁵，ɕaŋ²　pai¹　tɔk⁸　saɯ¹

　　　CL：动物　这　　比较　小　未曾　去　　读　　书

　　　"这个呢还小，还未曾去学校念书。"

索尔（Saul 1965：280）的研究表明，越南北部的侬语也是将女人和孩子这两种欠社会化的群体标记为非人类的，如例（33）和（34）：

---

①　在这个壮语的例子中，小孩也许是被比作一个家里养的小动物，需要爱怜和照顾。

（33）slám   tú   lùk
        三   CL：动物 孩子
        "三个孩子"

（34）slám   tú   lán
        三   CL：动物 孙子
        "三个孙子"

形成对照的是，其他的人类群体一般是用 ku'n（CL：人类）来指称，如例（35）和（36）所示：

（35）slám   ku'n   bān
        三   CL：人类 朋友
        "三个朋友"

（36）slám   ku'n   Mỹ
        三   CL：人类 美国人
        "三个美国人"

索尔（Saul 1965）的研究《侬语的类别词》（Classifiers in Nung）发表 15 年后，索尔和威尔逊（Wilson）出版的《侬语语法》（*Nung Grammar* 1980）中有了新发现：tú 经常用来指称普通人和鬼魂，如（37）—（39）。看来侗台语言用表示动物范畴的类别词来指称某个特定的人类群体是普遍现象。

（37）lēo   tú   mệ đạ tú   pộ vạ
        然后 CL：动物 妻子 责骂 CL：动物 丈夫 说
        "然后妻子就责骂丈夫说……"

（38）mựhn láo tú   phi lái
        他 怕 CL：动物 鬼魂 非常
        "他非常害怕鬼魂。"

（39）tú   Chộ páy hạng dả
        CL：动物 Chộ 去 集市 已经
        "Chộ赶集去了。"

　　而且,似乎这种范畴化形式也是一个地区特征,比如孟-高棉的奥格库(Angku)语是没有专门用来指称人类的类别词的,人类和其他动物用同一个类别词 to 来指称(Adams,1992：112)。另外一个例子是越南语的类别词 con 可用来指称动物、小孩和被鄙视的女人,虽然有时候也可用来指称"人类",如 con (CL) người(人)"人、人类"(Daley 1998：79, 113; Hyde 2008)：

(40) người　con　　　gái　lau　nước　mắt
　　　人　　CL：动物　女孩　擦拭　水　　眼睛
　　　"女孩擦拭了眼泪。"

(41) Tôi　thích　con　　　chó
　　　我　喜欢　CL：动物　狗
　　　"我喜欢这只狗。"

　　然而,本地区的南亚语系的越南语中,与上述所说的动物性范畴相关度很高的类别词 đồ 却用来指称非生命性实体,比如 đồ đạc "家具"、đồ vật"物件"、đồ dùng"工具"等。用来指称人类时,带有明显的贬义,如 đồ khốn nạn"私生子/野仔/混蛋"(Xigon Congchua 2013 个人通信)。

　　如上述,除了有些类别词可在某种程度上跨越我们所说的这些范畴外,同一种实体在不同的语境下,特别是社会语境下,也是可以使用数个表示不同范畴的类别词来指称的。泰语类别词的指派方式也受到高低语体的制约(Diller 1985：51 - 76)。比如泰语的大象在不同的社会语境中分属不同的范畴,需指派不同的类别词。

　　未经驯化的大象属于 tua(CL：动物)范畴,驯化后的大象属于 cʰɯɯak(CL：绳子)范畴,被王室征用后变成王室专属大象后则属于 cʰáaŋ(CL：象)范畴(有关规定语法的内容请见第 7.1.4 节有关王室法令对类别词选用的详细分析),这时大象被指派的类别词就是名词 cʰáaŋ"大象"本身,用作前面名词的反响类别词

(Juntanamalaga 1988：318；Mahitdhiharn 2010)，例如：

> （42）cʰáaŋ　săam　tua
> 　　　大象　　三　　CL：动物
> 　　　"三头（未驯化的）大象"

> （43）cʰáaŋ　săam　cʰɯɯak
> 　　　大象　　三　　CL：绳子
> 　　　"三头（已驯化的）大象"

> （44）cʰáaŋ　săam　cʰáaŋ
> 　　　大象　　三　　CL：象
> 　　　"三头（皇家）大象"

当大象被养作役用动物时，它往往被人们用绳索牵引，因此它被归类为"用绳索牵引"类动物的范畴。而皇家御用象所享受的声望比在森林里拉木头的役用象要高得多，它必须用反响类别词来指称以示区别。与大象的范畴化过程类似的还有马匹等动物。如皇家御用马需要说成例（45）的样子，而例（46）的说法是不可接受的。

> （45）máa　săam　máa
> 　　　马　　三　　CL：马
> 　　　"三匹（皇家）马"

> （46）máa　săam　tua
> 　　　马　　三　　CL：动物
> 　　　"三匹马"

有意思的是，侗台语言尚未发现像汉语那样用人类范畴扩展来指称非人类动物。如汉语用"人"来指称动物：

（47）这个小鸟很可怜，就它一个人在这儿待着。

（48）小老虎找不着妈妈了，自己一个人在这里打哆嗦。

这些并非"拟人"的用法,因为这两句话中并没有"非拟人"的用法。如果说成"*就它一只鸟在这儿待着""*自己一只虎在这里打哆嗦"就显得不是很自然。动画片《熊出没》里编剧让熊大和熊二嘴里念叨"保护森林,熊熊有责",那是一种幽默的说法。说它幽默是因为汉语里动物名称在句子里是很少重叠使用的,一般是以"人人"代之。

7.1.2　文化范畴

不同的文化对名词次范畴的标记经常会采取不同的策略,因为一个实体如何归类具有很明显的文化依赖性。比如给"衣柜"指派类别词的话,汉语选择"个",这是一个几乎通用的类别词,适用于人类、物件、抽象事件,其所指语义不是很明确,只是出于句法的需要而被指派而已。日语则选择"棹"(sao),是"杠子"的意思,"棹"字也可指派给旗子、和式吉他等。在日本传统文化中,衣柜是由两人用杠子抬着的(何金宝 2003:19)。这是根据文化和功能来对名词进行的范畴化。

这种文化现象与莱考夫(Lakoff 1986:17)的"链锁加工"(chaining process)情形相当。莱考夫通过引用迪克森(Dixon 1982)对迪尔巴尔语言的范畴的分类法,认为其中的核心成员通过某种特点与其他成员相联系,而这些成员又通过其他的特点跟其他的成员相联系,这些认知的链锁加工可一直延续下去。他指出,迪克森所研究的迪尔巴尔语言中,分类法由于传说的缘故而将女人与太阳联系起来,又将太阳和阳光灼伤联系起来,同时还将阳光灼伤和有毒毛毛虫联系起来,这种链锁加工使得毛毛虫跟女人联系起来。所以,在迪尔巴尔语中,女人、太阳、有毒毛毛虫被归为一个范畴,按莱考夫的话来说就是女人、火和危险物被分在同一类。莱考夫从此种名词范畴化获得了灵感,一年后出版了后来广被引用的论著《女人、火与危险事物:范畴揭示的心智》(*Women*,

Fire，and Dangerous Things: What Categories Reveal about the Mind，Lakoff 1987)。

毛南语则将 ni⁴ 指派给衣柜。类别词 ni⁴ 的本义是"母亲",隐含着"大"的意思。在毛南族传统文化中,舅舅是父母一辈中最受尊敬的,婚丧嫁娶中的很多重要事情都要得到舅舅的准允才可以开始操办。这表明了毛南族文化仍保留有母系为大的传统文化底层。普通尺寸的物件用 ˀdat⁸(CL: 物件)来指称,而大于 ˀdat⁸ 的物件,或运用于夸张的表述时,毛南语用 ni⁴(CL: 母亲)来指称。甚至雄性动物也可用它来称谓。体型大的公牛和母牛可以都归入 ni⁴(CL: 母亲)的范畴,如:

(49) sa:m¹   ni⁴   kwi² ni⁴
　　 三   CL: 母亲   牛-母
　　 "三头母牛"

(50) sa:m¹   ni⁴   kwi² tak⁴
　　 三   CL: 母亲   牛-公
　　 "三头公牛"

这是同时根据文化和尺寸而作的范畴化加工。壮语用 ˀan¹ 来指称衣柜,将之划归到类似柑橘或鸡蛋那样的三维空间团状物体范畴中。这是根据形状而作的范畴化加工。正如第 6.1.3 节所分析的,泰语将盒子、背包、水桶、饭碗等类似的容器归并到 bay(CL: 叶子)类范畴,是因为泰国传统上常用芭蕉叶盛放食物,芭蕉叶从功能上来说也是一种容器。这与日语一样,是根据文化和功能而对衣柜进行的范畴化加工。

在这一节的分析中我们将进一步看到名词次范畴的认知在很大程度上受到文化的制约。带有不同文化传统的族群观察事物的角度可以有很大的不同。并非所有语言成分同时形成于同一天,而是与人类社会的进化同步发展的(Foley 1997：43)。语言总是根据新出现的文化现象而作出调整。新概念往往利用语言中的旧概念来表达,这时旧概念往往被细化或重新归类,比如在"航天飞机"这个概念中,"航天"和"飞机"这两个概念的外延都得到了扩展,表示"外太空运载工具"。英语中 missile 一词在汉语中是一个新概念,它用两个现成的成分来组成"导弹"(制导＋炸弹)。由于各人类群体的社会文化发展过程不同,对范畴进行重新分析的方法和内容就可能相异。正如第 6.1.1 节和第6.1.3 节所述,泰语中由"叶子"发展而来的类别词 bai,受当地饮食文化的影响,而分化为以形状为基础的范畴和以功能为基础的范畴,前者指称图画、纸张、刀片等,后者指称瓶子、杯子、鸡蛋等①。后者由于社会文化的发展,又因容器中空的特征而扩展到指称锣鼓、钢盔等。

如第 4.5 节所述,亚洲及东南亚地区的语言并不采用可数性的特点来给名词进行范畴化加工,这些语言的名词在实质上都是不可数的。本地区的语言将水的量和人的量都分别看作一个整体,即衡量液体和衡量人群的范畴化手段被认知为在句法上都是一样的。如要表达英语"how many people?"和"how much water?"这两个短语中的可数疑问量词(countable interrogative quantifier)和不可数疑问量词(uncountable interrogative quantifier)时,汉语及侗台语族语言所采用的量的范畴化手段都是同样的一个形式,并不分可数与不可数。

表 7.3　可数和不可数疑问量词在不同语言中的使用

英语	how many　people?	可数
	how much　water?	不可数

① 索姆松克·查纳帕特(Somsonge Burusphat)在与作者的交谈中认为,之所以泰语用类别词 bai(CL₂叶子)来指称鸡蛋可能是由于荷包蛋(omelette)的形状是扁平的缘故。虽不能排除此可能性,但煎蛋(ไข่เจียว／kʰai cʰiao)在泰国饮食中的出现应该是较晚的事。水煮烹调法出现于陶器时代,大大早于油炸或油煎的铜器或铁器时代。而用手剥开水煮鸡蛋对其"容器"特点的认知应该是较早的事。

现代汉语	多少　人？	可数/不可数
	多少　水？	可数/不可数
粤语	几多　人？	可数/不可数
	几多　水？	可数/不可数
泰语	kʰon　tʰâurai?	可数/不可数
	náam　tʰâurai?	可数/不可数
壮语	kei³ la:i¹　vun²？	可数/不可数
	kei³ la:i¹　ɣam⁴？	可数/不可数
毛南语	du⁶ nau¹　zən¹？	可数/不可数
	du⁶ nau¹　nam³？	可数/不可数

同理,侗台语言和汉语等语言类似,在表示英语的 many people 和 much water 中的 many 和 much 时也是采用同样的形式,如汉语"很多人""很多水",壮语 ha:u³ la:i¹ vun²(很多人)、ha:u³ la:i¹ ɣam⁴(很多水)。

既然侗台语言的名词范畴化加工并不显示"数"的范畴,名词的范畴化在侗台语言中通常是经过个体化或具体化才进入句子的。字典词条所罗列的名词和动词是无定的形式,进入句子时必须从"不定"变成"有定"(沈家煊 1995:368)。比如英语中孤立的一个动词 go 所表达的句法意义是不明确的,只有通过句法或形态手段对其进行有定加工才使其意义得以明确,如"They always go to the same place."(他们总是去同一个地方)、"He went there twice."(他去过那里两次)、"He has gone."(他走了)、"We are going to London."(我们要去伦敦)等。英语的名词是通过指示词、定冠词、不定冠词、数词等的限定而变得"有定"。如孤立存在的名词 student,其句法意义是不明确的,要表达成 this student "这个学生"、a student "一个学生"、two students "两个学生"等才能使其意义具体化或个体化。不同文化对名词的范畴化会采取不同的策略。侗台语言对名词所指的"有界"和"无界"的表述通常是通过类别词的范畴化加工来实现的。

侗台语族语言是通过指派类别词的方法来使名词具体化或个体化的,无论这些名词从印欧语的观点来说是可数的或是不可数的,通常都是采用这种范畴化手段。例如:

壮语:

(51) saːm¹　　pou⁴　　　　vun²
　　　　三　　　CL:人类　人
　　　　"三个人"

(52) saːm¹　　ɕen³　　　　ɣam⁴
　　　　三　　　CL:杯　　水
　　　　"三杯水"

布依语:

(53) ɣaˀ³　　tu²　　　　　ma⁴
　　　　五　　　CL:动物　马
　　　　"五匹马"

(54) saːm¹　　toŋ³　　　　zam⁴
　　　　三　　　CL:桶　　水
　　　　"三桶水"

(引自:喻翠容 1980:20,30)

侗语:

(55) ɬaːm¹　　mu⁶　　　　jun¹ʼ
　　　　三　　　CL:人类　人
　　　　"三个人"

(56) ɬi⁵　　ty⁴　　　　kau³
　　　　四　　　CL:碗　饭

"三碗饭"

（引自：何彦诚 2006：72）

毛南语：

(57) ja¹　ʔai¹　　　zən¹
　　　二　CL：人类　人
　　　"两个人"

(58) sa:m¹　tsa:n³　kha:u³
　　　三　　CL：杯　酒
　　　"三杯酒"

　　再如，泰语对"动物"范畴的认知也有自己的特点。泰语中的类别词 tua 通常是用来指称动物、昆虫和"带有人类特点的非人类实体"（Noss 1964：106），但它可扩展来指称裙子、衬衫、桌子、椅子等，这是因为它被再分析为"有腿类"范畴，用来指称类似有腿的实物，如衣物和家具等。因此其他属于"衣物"范畴的实体也可用 tua 来指称，如内衣内裤、游泳衣、胸衣等。又因其"家具"的特征，又被扩展来指称梳妆台、储物柜，甚至并不一定带腿的乐器类笛子、扬琴等也被包括在其中。目前它所指称的范围已扩大到数字、照相机、麦克风、大学课程、问题等（Deepadung 1997：49－53）。而且正如第 7.1.1 节所指出的，以"动物"范畴为其基本特征的 tua 也可用来指称不讨人喜欢的小孩。除此之外，根据使用泰语者的社会文化的理解，它甚至可以用来指称一些特定人物，比如戏剧里的角色 tua-joon"恶棍"、tua-chà-kàat"主人"、nók-sǒong-huǎa"和事佬、见风使舵者"、phrá-rong"联袂男影星"、naang-rong"联袂女影星"等。这是因为这些角色起初是由 nǎng yài"皮影戏"里的牛皮偶像来扮演的（Simon 2011）。这些名词之所以被指派为 tua 是因为这些角色具有拟人的特点，而且形似有腿动物。然而其他侗台语言中与此同源的词并没有像泰语中那样拥有如此广泛的指称范围，如毛南语的 to² 只是偶尔用来指称具有某种社会特征的人群（见第

7.1.1 节)。

显然,名词次范畴的归类及类别词的指派制约于文化,与一个文化的发展过程息息相关。

根据恩菲尔德(Enfield 2007：126),khuu²-baa³ "和尚"一词可用 huup⁴(其他用法是"图像""形象"的意思)和 qong³(没有独立的词汇意义)来标记。通常情况下,khuu²-baa³ "和尚"的句法维度的范畴化策略是用 qong³ 来标记,但是,如有时候要增加敬意的话,则使用 huup⁴ 来标记。然而在日常生活中也有人用指称普通人的 khon² 来标记 khuu²-baa³。但是人们有时再仔细想起来也会觉得这样标记不是很恰当。

侗台语族不同的语言对某些事物的"性别""长幼""母子"的相关范畴也有自己的认知特点。比如茶洞语的 ni⁴,原型语义是"母亲""雌性",它还被用来指称太阳,如 ni⁴ fai⁵ "太阳"(李锦芳 2001：69;吴俊芳 2014：30;吴俊芳、何彦诚 2013：213);而水语对太阳和月亮等天体的认知却是,它们都是"雌性"的,如 ni⁴ⁿ da¹ wan¹ "太阳"、ni⁴ nja:n² "月亮"、ni⁴ zət⁷ "星星"(冯英 2005：117–119);毛南族则是将太阳归入 la:k⁸ "孩子"范畴,而将月亮归入 ni⁴ "母亲"范畴(如表 7.4 所示)。

表 7.4 太阳和月亮被指称为长幼或雌雄

语 言	太 阳	月 亮
水语	ni⁴ⁿ da¹ wan¹	ni⁴ nja:n²
仡佬语(大狗场土语)	mɔ³³ lɛ⁵⁵	mɔ³³ tsu⁴²
茶洞语	ni³¹ fai⁴⁵	njeŋ³¹ ka:ŋ⁵³
毛南语	la:k⁸ van¹	ni⁴ njen²

用表示"母亲"或"雌性"意义的语言成分来指称日月星辰的另

一种可能性是,侗台语族中的一些语言有趋向于将表示"母亲"或"雌性"的范畴标记用来指称昆虫的成虫,又发生范畴的扩展,用来指称具有三维立体特点的团状物体。比如毛南语的 ni^4 还经常用来指称昆虫成虫,如:$ni^4 niŋ^3$ "萤火虫"、$ni^4 mət^8$ "蚂蚁"、$ni^4 vjen^5$ "纺织娘"、$ni^4 zi^2$ "锁头"、$ni\ ni\ si:m^3$ "大拇指"。虽然它也用来指称某些天体,如 $ni^4\ ʔwok^7\ ʔwom^1$ "彗星",但是毛南语将太阳归入 $la:k^8$ "孩子"范畴,而将月亮归入 ni^4 "母亲"范畴还是值得进一步深入研究的。

7.1.3 态度范畴

侗台语的名词范畴化策略除了参照事物的客观内在特质、社会文化认知之外,还经常采用更为主观的方法对名词进行范畴化。就是说,侗台语中对类别词的选择还可受到主观态度的影响。范畴与范畴之间不是孤立且不相干的,它们可以由于维特根斯坦(Wittgenstein 1953/1986)所说的"家族相似性"和范畴的相似性以及模糊性而相互联系,某一事物因为其分属于数种范畴而被说话者有意识地强调某种属性。说话者时而会使用某一个事物中不常用的边缘范畴来指称它,以表示较为强烈的感情色彩。这种语言成分的运用往往是与说话时的具体语境相关的,它清晰地表明了说话者的态度。如例(31)表明泰语中通常用来表示动物范畴的 tua 在特殊的语境下可以用来指称一个讨厌的小孩,就好像例(42)和(46)中所表示的未驯化的马,或者未驯化的大象。同理,毛南语的 ni^4,原型语义是"母亲""雌性",但它可用来指称的名词可以不带有这两种意义,而只包含有义素[+大]。这个语言成分经常被用来指称说话者认为是"大"的东西。例如,毛南语通常用动物范畴 $tɔ^2$ 来指称表示动物的名词,如例(59)所示的"水牛",但是它可以用 ni^4 来指称说话者认为非常大的水牛,表示说话人夸张的态度,如例(60)所示。

（59）tɔ² 　　　kwi² 　ka⁵ 　tsiŋ⁵ 　te²
　　　CL：动物　水牛　那　是　　我的
　　　"那头水牛是我的。"

（60）ni⁴ 　　　　kwi² 　ka⁵ 　kɔ³ 　la:u⁴ lɯ:ŋ⁶ 　pa:i¹
　　　CL：母亲　水牛　那　确实　巨大　　　去
　　　"那头水牛真是很大啊！"

由于 ni⁴ 可以扩展到可以表示"大型"物体的范畴，它甚至可以用来指称雄性动物，如例（61）所示。

（61）ni⁴ 　　　　pɔ⁴ 　na:i⁶ 　ɕi⁴ 　ni⁴ 　　　pɔ⁴ 　tak⁸
　　　CL：母亲　黄牛　这　是　CL：母亲　黄牛　雄性
　　　"这头大黄牛是头公牛。"

这个语言成分也经常用来指称大型的非生命性物体，或者类人形的用具，即似乎有脚的用具，如飞机、汽车、桌子、椅子等。如例（62）所示。

（62）ni⁴ 　　　　tsʰa¹ 　na:i⁶ 　fa:p⁷ 　kju:ŋ²
　　　CL：母亲　车　　这　帅　　很
　　　"这辆汽车很棒！"

说话人描述社会中某类人时，对范畴化标记的选用经常在很大程度上受到主观态度的影响。这种根据说话人主观态度来选择类别词的情况在壮语中也并非罕见。例如，壮语中用来指称"普通人类"范畴的类别标记最常用的类别词是 pou⁴，如（63）所示，而用来指称"幼年人类"范畴的类别标记是 ʔai¹，但是，这个范畴标记也可用来指称某类成年人，如"盗贼"，以表示轻视或蔑视，如例（64）所示。

（63）sa:m¹ 　pou⁴ 　　　vun² 　ba:n³
　　　三　　CL：人类　人　　村子

"三个农村人"

(64) sa:m¹　　ʔai¹　　　　　　ɕak⁸ke⁵　　nei⁴
　　　三　　CL:幼年人类　盗贼　　　这
　　　"这三个老贼!"

　　再如,壮语里的ʔdak⁷是用来指称具有三维立体状的物体,比如经常用来指称不规则的大石头。这个范畴化标记可以转用来指称说话人不喜欢或者性格固执的成年男子,如例(65)所示。

(65) sa:m¹　ʔdak⁷　　　　vun²sa:i¹　nei⁴　duɯk⁸ɕaŋ²
　　　三　　CL:块状物　男人　　　这　　可恶
　　　"这三个男人可恶!"

　　范畴化成分 me⁶ 的原型语义是"母亲",由于范畴的模糊性和链锁关系,它也经常在词法维度被用来指称"成年女性",如me⁶n̩um⁴pu⁶(CT:妇女_染_衣服)"染衣妇"。但是将其用来当作句法维度的范畴化标记的话则蕴含某种轻视的意义,如例(66)所示。

(66) sa:m¹　me⁶　　　　vun²pa²　han⁴
　　　三　　CL:母亲　女人　　那
　　　"那三个女人!"

　　同样的道理,壮语luk⁸的原型语义是"孩子",是一个自由运用的名词,如果将其用作句法维度的范畴化标记的话,则带有蔑视的主观态度,因为这个范畴化标记矮化了所指称的人,如例(67)所示。

(67) soŋ¹　luk⁸　　　　vun²　nei⁴
　　　二　　CL:孩子　人　　这
　　　"这三个小子!"

其实,用表示动物的范畴化标记来指称人类在侗台语周边的语言中也有发现,如孟-高棉的奥格库语没有专门指称人类的类别词,人类和动物共用一个类别词 to(Adams,1992:112)。另外一个例子是越南语的 con,虽然在日常用语中可用来指称人,如con nguò·i(CL_人)"人",不过更经常用来指称动物和小孩,或者不讨人喜欢的女人(Daley 1998:79, 113; Hyde 2008)。

简言之,说话人态度也是范畴化标记选择中的一个重要因素。说话人往往在需要对褒奖或贬低的感受进行夸张时选择这种范畴化标记。

7.1.4　法令与类别词

语言中的名词范畴化策略不但与自然属性以及社会文化属性有关,有时还与法令相关。社会语言学的重要概念 diglossia,意为"双语制"或"双言制",主要指同一个语言社团(language community)里的两种社会"变体"(register)。它们经常是指两种等级变体:低层变体(low variety)和高层变体(high variety),前者用在口语中,后者用在书面语中(Crystal 2008:145; Richards和 Schmidt 2002:158)。

双言制形式可有多种,包括性别变体、年龄变体、职业变体、阶层变体(游汝杰、邹嘉彦 2004)等。如用"人家"代表"我"就是性别变体的说法,俗称"娘娘腔"。如泰语的人称代词"我"的表示方法,男性通常用 pʰŏm,而女性则用 dìcʰăn,是不能用错的。中国的地方方言和普通话一般也是低层变体和高层变体的区别。

规定语法(prescriptive grammar)也与此密切相关。比如很多英美国家里的传统语法学校(grammar school)所教的语文课中,其中有一条是"Never end a sentence in a preposition."(勿将前置词置于句末)。对此,有一则二战时期英国首相丘吉尔的轶事,用来讽刺传统学校所提倡用拉丁语法指导英语的做法:有一次秘书将丘吉尔的讲稿中的前置词统统改到了前面。他看后就写了张条子叫人递给秘书，上面写道："This is the sort of English up with which I will not put!"（这是一种我不能忍受的英语!）。英语的 put up with 是"忍受"的意思。

　　泰国对择词的王室法令应该算是较为典型的规定语法。泰国语言社团的日常交际中对类别词的选用受到两种语体的制约，一种是高层语体，一种是低层语体。前者使用场合是政府公文、公共演说、出版物、官员交际等，而后者用在普通人的日常交际中。就是说，在泰国社会中在选用类别词方面存在两种并行的系统：正式系统和普通系统，前者往往被认为是正确的因而被推荐（Diller 1985：64）。泰国社会所遵循的"双言制"（diglossic system）实际上包括了多种语体：pʰasăa râatcʰakaan"官方语体"、pʰasăa kòtmăay"法律语体"、pʰasăa kaansɯ̀ksăa"斯文语体"、pʰasăa talàat"市场语体"、pʰasăa náŋsɯ̌ɯ"书写语体"、pʰasăa pʰûut"口语语体"等（Halliday 1978；Diller 1985）。在泰国拉玛四世统治时期（1851—1868），国王蒙固规定：不应使用 ʔûan"肥／胖"和 pʰɔ̌ɔm"瘦"这两个词，特别是在有王室成员在场的场合；不应将sày"放／置"用在表示地点方位的宾语前面（如*sày kʰúk"投入监狱"）；虾酱中的小虾成分应该说成 kʰəəy 而不是 kapìʔ；应该将 sòp 用作"尸体"的委婉用词等。用错这些词语的话就会面临罚款，或者被扭送到王宫里擦拭地上的槟榔浆液（Sophawong 1971；Diller 1985）。泰语类别词的选用遵循双言制已成为一个传统。在拉玛四世时期，泰国人的日常生活中通常用 tua（CL：动物）来指称大象 cʰáaŋ，但王法规定正式场合需用 cʰɐak（CL：绳子）来表示（Juntanamalaga 1988：318）。即便这样，cʰɐak 有时候也是禁止使用的，比如王室的大象要说成 cʰáaŋ(象)săam(三)cʰáaŋ(象)"三头大象"。王法也规定"马"也必须使用"数词＋名词"的形式来计数，如"三匹马"要说成 máa săam máa（马_三_马），而不是 máa săam tua（马_三_CL：动物）。

表 7.5 是国王法令列出的一些例子,规定高层语体 II 型是正确的说法,比如表示平民的类别词 kʰon 必须用 naay 来代替(Diller 1985:64)。

表 7.5　皇家法令中所规定的低层语体和高层语体的类别词

	[I.]	[II.]
平民的类别词	kʰon	naay
鸡蛋的类别词	lûuk～bay	fɔɔŋ
水果的类别词	lûuk～bay	pʰǒn

一些侗台语是可以用动物范畴的类别词来指称人的。如壮语的 tu² 虽不像毛南语以及其他一些本地区的语言那样,日常用来指称妇女和儿童,但有时候要表示爱怜的意思的话,还是可以用的。比如例(68)的说法表示了父母对自己小孩的疼爱,tu² 在这里是一种昵称(hypocoristic term),将小孩视作一个需要悉心照料的家养小动物。

(68) tu²　　　nei⁴　ham⁵　ʔi⁵　ɕaŋ²　pai¹　tɔk⁸　saɯ¹
　　 CL:动物　这　比较　小　未　去　读　书
　　 "这孩子还小还没上学。"

很多泰国人尽量避免使用皇家学会词典不推荐使用的类别词。据泰语母语人学者南蒂瓦(Nantiwa Mahitdhiharn 个人通信)的看法,皇家学会词典规定 tua 只用来表示动物,不表示人,至于可用 tua 来指称人要根据语境来判断,如用 tua 来指称一个非常吵闹的小孩的话,如例(69),有时候也是可以接受的。但是用 tua 来指称人的话带有贬义,要谨慎使用,避免得罪他们的父母。

（69）âi-dèk　sǒŋ　tua　　　níi　man　kʰúk　ciŋciŋ
　　　小孩　二　CL：动物　这　3PL　吵闹　非常
　　　"这两个小孩真吵！"

　　简言之,法令对名词范畴化标记中的类别词的选用也是有制约作用的。只是随着社会的开放,这些法令的效力变得越来越弱了。

第八章

类别词的非词头性

如第 4.4 节所述,侗台语名词范畴化的语义层次表现为从左到右分别表示由高到低的语义层次,即张元生(1979)所指的"大类名"在左、"小类名"在右,或者袁家骅(1979)所说的"共名"在左、"专名"在右,以及罗施等(Rosch et al. 1976)和鲍尔(Bauer 1999)所描述的"上位层次""基本层次""下位层次"等语义层次递减的表述。相关的体词结构的语义表达方式在侗台语族中通常是以类别成分作为语义及句法的中心成分出现在左边,而其他修饰或限定成分出现在右边。传统语言学通常不将体词结构的中心语视作词头。

8.1　类别词结构中的非黏附性关系

　　多数侗台语族语言尤其是壮语的体词结构中的类别成分与其所在结构中其他成分的关系不是黏附关系,而是复合关系,其结构性质更接近于短语结构。侗台语族的很多语言中表示名词范畴的类别成分经常与名词单独共现,而且数词又不能在其前面出现,这些与名词共现的类别成分通常被视作量词,这种"量词+名词"结构中的量词被认为是已经虚化了的"词头"。此方面的关注度主要聚焦于壮语类别词。一些壮语研究者,如张元生(1979)、韦庆稳(1985)、季永兴(1993)、覃国生(1998)、覃晓航(2005)、韦景云等(2011)将这些类别成分归入"词头"或"前缀"的语法范畴。如果从汉语、英语等语法系统的视角来观察的话,这些成分看上去似乎很像词头,因为后面的成分是具有名词特征的语言成分,把它们与汉语的"阿-""老-"等,英语的"non-""sub-"等,一道视作词头好像理所当然。其实,如果加以仔细分析,将能观察到所说的这些类别词已经语法化为"词头"的情形不是很明显。而且,将这些现象界定为"词头"并不符合传统语言学对"词头"的定义。就是说,所说的词头化并未发生,这种结构与侗台语体词结构中以类别成分为中心成分的特点仍然是一致的,即中心语仍位于左边。壮语的类别成分与其他侗台语类别成分一样,之所以不从属于后面的成分是由于侗台语名词短语具有鲍尔(Bauer 1999:186)所说的"中心语左置"(left-headed)或"中心语居首"(head-initial)的典型结构特点。这种结构的特点是中心语居左而修饰语居右。在侗台语族语言中,这个中心成分同时起到了语义层面的名词范畴化的作用。如上文所述,这些担当中心语的成分有时是自由度较大的类别名词(class noun),有时候是自由度相对较小的类别词素(class term)。这与汉语这类语言的名词短语结构是典型的左分枝不一样。

覃晓航(2005)对壮语量词的词头化分析在学界具有较大影响。他之所以认为壮语的"量词"已经虚化为"词头",已经不再是量词,这是因为有些以量词开头的名词不能在前面添加数词来修饰,既然前面不能加上数词,那它们就不算是量词,而是跟后面成分紧密结合的"词头",并认为这些词头的重要功能是"名物化"。就是说,它们与后面的词根结合后,整个结构就变成了名词,此时的量词只是名物化的一个标记,一个附属成分而已。这个名物化标记后面的成分不但可以是名词,还有动词、形容词等。下面是他列出的带有 pou^4(人物)、tu^2(动物)、ko^1(植物)等词头的部分名词:

词头带名词词根:　　　tu^{2}mou^1 猪,ko^{1}fai^4 树,pou^{4}ta:u^6 道公

词头带动词词根:　　　tu^{2}bin^1 飞鸟,tu^{2}tam^{3}rok^7 纺织娘

词头带形容词词根:　　pou^{4}ho^3 穷人,pou^{4}pjom^1 瘦人

若要探讨所说的壮语量词是否已经"词头化"的问题,首先应该回顾传统语言学对"词头"的界定,再分析壮语"量词"的语义及

句法特征,以判断它们是否已经虚化为词头。传统语言学认为"词头"是形态层面一个词内部的语言成分,即"词"的"头"。如果壮语名词短语中的类别词不仅仅是一种词法维度的构词成分,而且也出现在更高的句法层次的话,则其特征就是非典型的"词头"。

本研究认为将壮语体词结构左边的范畴化标记视作词头不符合传统语言学的共识,此认知与传统语言学对"词头"的界定背道而驰。约翰逊(Johnson 1799)认为"词头"(prefix)就是"Some particle put before a word, to vary its signification"(被放置于一个词的前方以改变其意义的某种虚词)。王今铮等(1985)对"词头"的界定是"词头,见前缀。……前缀叫前加成分,是词缀的一种,加在词根的前头使词根的意义发生某种改变,从而构成新词或改变词的语法意义"。巴斯曼(Bussmann 1996)认为"词头"(prefix)就是"A subclass of bound word-forming elements that precede the stem"(出现在词干前面的某类黏附性构词成分)。理查兹等(Richards et al. 2002)对"词头"(prefix)的定义是"A letter or sound or group of letters or sounds which are added to the beginning of a word, and which change the meaning or function of the word"(加在词前面的一个字母或一个语音或一组字母或语音,它改变这个词的意义或功能)。马修斯(Matthews 2007)对"词头"(prefix)的界定是"An affix which comes before the form to which it is joined"(出现在由它组成的形式的前方的词缀),而同时认为"词缀"(affix)就是"Any element in the morphological structure of a word other than a root"(一个词的形态结构中词根以外的任何成分)。

首先,类别成分非黏附性的特征可从其单独出现在论元位置这个特点得到证实。经常出现在句子中论元位置的最典型的句法成分是具有完全句法功能的名词短语,能单独出现在论元位置的成分当然是句法自由度很强的语言成分。壮语类别词在很多语境中经常独立充当论元角色,如:

（1）soŋ¹　pei⁴ nuːŋ⁴，　pou⁴　　saːŋ¹　pou⁴　　tam⁵
　　　两　兄弟　　　 CL：人类　高　　 CL：人类　矮
　　　"两兄弟，一个高一个矮。"

（2）mɯŋ²　ɕaɯ⁴ tu²，　　　kou¹　ɕaɯ⁴　tu²
　　　你　买　CL：动物　我　买　　 CL：动物
　　　"你买一只（动物），我买一只（动物）。"

　　黏附性成分罕见独立出现于论元位置，故不能将例(1)和(2)中出现的这种类别成分视作黏附性的"词头"。

　　这种特点在布依语中也是同样的情况。布依语的类别成分，无论视之为词法层面的范畴化标记或句法层面的范畴化标记，它们都充当了相关体词结构的中心语，而非词缀，因为这些范畴化标记的语义和语法功能代表了整个结构的语义和语法特征，所以它们是这些结构的中心语。比如，下面的例(3)和(4)里，整个结构所代表的所指是 ko¹ laːu⁶ tsaːŋ⁵ "老张的植物"和 ko¹ laːu⁶ li⁶ "老李的植物"，而非人物 laːu⁶ tsaːŋ⁵ "老张"和 laːu⁶ li⁶ "老李"，即这两个结构的语义是指称植物，而不是指称人物，而类别成分 ko¹ 的语义是"植物范畴"，这个类别成分的语义指向代表了整个结构的语义指向，所以它是中心语而非词头。例(5)中的 pu⁴ 所指称的语义是"人类范畴"，于是整个结构代表的所指是某种人，即 pu⁴ kaːŋ³ "讲者"和 pu⁴ ziu¹ "笑者"。就是说，整个结构的语义范畴来自类别成分的语义内涵，而非动作 kaːŋ³ "说"和 ziu¹ "笑"。另外，这两个结构的体词性语法特点来自 pu⁴ 的体词性语法特征，而不是来自动词 kaːŋ³ "讲"和 ziu¹ "笑"。根据迪克森（Dixon 2011a）的中心语标准，pu⁴ 是相关结构的中心语，而不是词头。同理，例(6)和(7)中论元的中心语是 tu²（CL：动物），施事者正是 tu² 而不是其他的成分。

（3）ko¹　　　laːu⁶ tsaːŋ⁵　laŋ¹　ko¹　　laːu⁶ li⁶
　　　CL：棵　老张　　　和　　棵　　老李
　　　"老张的那棵和老李的那棵"

(4) ko¹　　jiu³　　la:u⁴　　ji:u³　　sa:ŋ¹　　ti¹　　mi²　　di¹
　　CL：棵　又　大　又　高　那　不　好
　　"又高又大的那棵不好"

(5) pu⁴　　ka:ŋ³　　pu⁴　　ziu¹　　tu⁵　　si¹　　pu⁴tso²
　　CL：个　讲　个　笑　都　是　青年
　　"说的（那个）、笑的（那个）都是青年人。"

(6) tu²　　nɯn²　　ti¹　　mi²　　kɯn¹　　ȵɯ³
　　CL：只　睡　那　不　吃　草
　　"睡的那只不吃草。"

(7) tu²　　tɕai¹　　na⁴　　ni⁴　　di¹　　ta²za:i⁴
　　CL：只　犁　田　这　好　真的
　　"犁田的这头（牛）很好。"

（引自：喻翠容 1980：42,52）

另外，如果说像侗语 tu² a:i⁵ ɬa⁵（CL：动物_鸡_那）"那只鸡"的短语看上去还有点像"词头＋名词＋指示词"结构，名词 a:i⁵"鸡"似乎是名词中心语的话，那么，tu² pha:ŋ¹′ pha:ŋ¹′ ɬa⁵（CL：动物_高_高_那）"那个高高的动物"和 tu² ɬa⁵（CL：动物_那）"此动物"（杨汉基、张盛 1993：61,71）则不好说 pha:ŋ¹′ pha:ŋ¹′ 是中心语而 tu² 是词头了。

从上述可见，所说的这些类别成分的句法独立性非常强，而不是附加于词干前面的附属成分，不属于词缀，词干前面的词缀并不独立出现在论元位置。如果体词结构中的类别成分不是出现在词根前面的黏附性成分，而是具有句法自由度的语言成分的话，就不能将之归类为传统语言学意义上的词头。

8.2　类别词结构修饰语的开放性特征

根据袁家骅(1979)、韦庆稳(1985)的研究，壮语的类别词具有体词结构的中心成分的特征，是唯一不可缺少的语言成分，这种体词结构中的其他成分都是修饰或限定成分。壮语类别词常常被认为有"名物化"的作用。其实,类别词本身就具有体词特征,又是结构的中心,故无论它被什么语言成分修饰,都仍然呈现为一个体词结构。而"名物化"(nominalization)则通常指将非名词成分转化为名词性成分的派生构词法,或者跨类运用为名词的构词过程(Bussmann 1996:327)。壮语中起范畴化功能的类别成分 pou⁴(人类)、tu²(动物)、ko¹(植物)等与汉语的名物化黏附成分"者"或英语的名物化成分-er 之类词缀存在明显区别,这是因为它们没有完全虚化为语法成分。壮语的类别词如果是像袁家骅以及其他学者所认为的那样是中心语的话,那就不会是一种词头。因为传统语法并不认为词头是词的中心成分。其强大的构词能力以及它出现在体词结构的左边并不能证明它已经变成"词头"。比如下面壮语例子中的名词短语是典型的右分枝结构,其语义和句法的中心是位于最左边的表示"人类"的 pou⁴,而这个结构右边的动词短语 bou³ mi² ŋan²(不_有_钱)和指示词 nei⁴(这)都是 pou⁴(CL:人类)的修饰或限定成分,而非被限定成分:

$$（8）\ pou⁴ \qquad bou³ \quad mi² \quad ŋan² \quad nei⁴$$

   CL:人类 不 有 钱 这

   "这个没有钱的人"

  例(9)和(10)中的两个壮语体词结构充分显示了壮语体词修饰成分的典型右分枝结构。虽然例(10)中的结构以类别成分为起始成分,但可看出它与例(9)其实都同属于"主＋从"的句法和语义结构。

  （9）me⁶ tak⁸ sa:m¹

    母亲 老三

    "老三的妈妈"

 （10）tu²   tak⁸ sa:m¹

    CL:动物 老三

    "老三的那只(动物)"

传统语言学中的词头是词法层面的黏附性语言成分,属于附属成分。词头因其黏附性特点是不能担当词法结构的中心语的,而侗台语的类别词通常是担当结构的中心语,所以不是词头。另外,在句法结构中类别词可以独立接受相当多语法类型的语言成分的限定和修饰,其句法位置在很多情况下比词法层面要高一个层次,很难将其看作一个词内的语言成分,更容易看成是一个句法层面的语言成分。所以,侗台语的类别成分除了具有词法功能外,还具有很强的句法功能。就是说,类别成分与其他语言成分的关系不仅可以是词法层面的而且还可以是句法层面的。比如,在例(11)—(13)中,从句法层面的修饰和被修饰的关系来看,这种类别词在句法上的位置要高于词法的层面,而非一个词内部的成分,所以类别词的这个句法特点不支持将它看作"词头"。

(11) tu^2　　　　mou^1　　nei^4　　→　　tu^2　　　　nei^4
　　　CL：动物　猪　　这　　　　　　CL：动物　这
　　　"这头猪"　　　　　　　　　　　　"这个动物"

(12) ko^1　　　　fai^4　　nei^4　　→　　ko^1　　　　nei^4
　　　CL：植物　树　　这　　　　　　CL：植物　这
　　　"这棵树"　　　　　　　　　　　　"这棵植物"

(13) pou^4　　　　ta:u^6　　nei^4　　→　　pou^4　　　　nei^4
　　　CL：人类　道公　这　　　　　　CL：人类　这
　　　"这个道公"　　　　　　　　　　　"这个人"

如上所述,如果类别词能够引导一串复杂的动词短语,甚至是一个小句,则更没理由将之看作词头。如果它能够被一系列更复杂的结构修饰的话,更不应将其视作词头。比如,例(14)—(17)中的范畴化标记 pou^4 和 tu^2 的右边都分别包含了一个起限定作用的从句,其作用相当于英语的定语从句(attributive clause)或关系从句(relative clause),它们看上去并不像"词干",所以,这里的 pou^4 和 tu^2 就不可能是"词头"。

(14) pou⁴　　　　ŋon²luɯn²　ɕau⁴　kou¹　tem¹　muɯŋ²　ka:ŋ³ko³
　　　CL：人类　昨天　　　与　　我　　和　　你　　　聊天
　　　han⁴
　　　那
　　　"昨天与我和你聊天的那个人"

(15) pou⁴　　　　kou¹　ŋa:m⁵　ka:ŋ³　muɯŋ²　n̠i¹　　han⁴
　　　CL：人类　我　　刚　　讲　　你　　　听见　那
　　　"我刚才告诉你的那个人"

(16) tu²　　　　ma¹　nin²　jou⁵　pa:k⁷tou¹　nei⁴，ko³　tu²
　　　CT：动物　狗　睡　　在　　门口　　　这　就是　CL：动物
　　　muɯŋ²　haɯ³　kou¹　hɔŋ¹　kou¹　bou³　au¹　han⁴
　　　你　　　给　　我　　但　　我　　不　　要　　那
　　　"躺在门口的这只狗就是你给了我而我不要的那只。"

(17) tu²　　　　ɕei⁵　kva:i¹　nei⁴　ɕou⁶　tɯk⁸　tu²　　　　ta⁴po⁶
　　　CL：动物　最　　乖　　这　　就　是　　CL：动物　爸爸
　　　si:ŋ³　ɕau⁴　haɯ³　nu:ŋ⁴　ʔi⁵　hɔŋ¹　ta⁴me⁶　bou³
　　　想　　买　　给　　弟/妹　小　　但　　妈妈　　不
　　　si:ŋ³　ɕau⁴　han⁴
　　　想　　买　　那
　　　"最乖的这只(动物)就是爸爸想买给小妹而妈妈不想买
　　　的那只(动物)。"

　　根据传统语言学对词头的界定,词头不可能黏附于多个从句之前。以此观之,如果这些居首的类别成分后面所跟随的语言成分可以由多个从句组成,而且其长度从理论上来说不受限制的话,它们就不能被视作词头。

8.3　类别词范畴化功能与句法强制性

　　类别成分在相关体词结构中的名词范畴化功能及其中心语功能,使之成为一个体词结构中不可或缺的部分。而词头却经常是可以删除而不影响相关结构的语法特征,并不具有句法强制性。像英语这类语言,其词头是一种黏附构词语素,是一个词内部的成分,删除词头对整个结构的语法特征通常不产生影响,如 cooperation"合作"和 operation"操作"、imbalance"失衡"和 balance"平衡"、misunderstanding"误解"和 understanding"理解"等这类词,删除前面的词头 co、im、mis 后余下的词根仍可独立出现在论元位置,而如果去掉了这些词根后,前面的 co、im、mis 等则不可单独出现在论元位置。像壮语这样的侗台语的类别成分后面却可以引导一个复杂的动词短语,甚至数个小句,如(14)—(17),若删除相关的类别成分将会使此结构的语法性质产生变化。但若删除其他成分而单独剩下类别成分的话,这些成分仍然可以单独出现在论元位置,如例(1)和(2)所示。另外,如果一个光杆类别词可以独立接受指示词修饰的话,则很难称之为词头。所以,也可用指示词这类限定成分来检验侗台语的类别成分是不是词头论者所认定的"词头"。假如例(11)—(13)中箭头的左边分别是带着"词头""名词""指示词"的名词短语,而当中间的名词 mou¹(猪)、fai⁴(树)、taːu⁶(道公)被抽掉时,即变成了箭头右边的那种缺少了名词的短语,余下的成分就变成了"词头＋指示词"序列,按理是不合语法的结构。然而这些结构仍然成立,这时它们变成了类别成分带着指示词的主从结构的名词短语,类别词为"主",指示词为"从"。但如果抽掉 pou⁴(CL：人类)、tu²(CL：动物)、ko¹(CL：植物)的话,短语马上不成立,因为这些"名词＋指示词"的序列不合语法。这说明这些短语中的类别词的出现是强制性的,它们并非词头,而是名词短语的中心语。

恩菲尔德(Enfield 2007)在对老挝语的名词、类别词、指示词之间的关系进行分析时发现,在类别词和名词共现的结构中,名词属于该短语的"主要名词"(main noun),而类别词则属于短语的"中心成分"(head),因为像"名词＋数词＋类别词"这样的结构,这里面的类别词是强制性(obligatory)成分。从语义层面上来看,该短语的名词代表了现实世界的所指,而从句法层面上来看,短语中的数词、指示词等修饰的是类别词而不是名词。他认为像"我买了两条鱼"的句子中[例(18)]，paa³（鱼）是主要名词，而 too³（CL：动物）是短语中的句法中心成分，因为只有它才是指示词、修饰语等的修饰对象，是句法结构的中心。所以它的出现是强制性的。

(18) kuu³　sùù⁴　paa³　sòòng³　too³
　　　1SG.B　buy　fish　two　　CLF.ANIM
　　　"I bought two fish."

（引自：Enfield 2007：120）

　　壮语对人类、植物、动物、非生物体的分类法，其结构是大类名在前、小类名在后。如果上述这类名词短语再增加其他修饰项的话，将一一往右扩展。例如壮语类别词短语"我的这头大猪"这样的右分枝结构，其修饰项即为逐渐往右扩展，如例(19)所示。此例中的 tu²（CT：动物）处于短语结构的左边末端，相当于林奈拉丁命名法中"属"名的位置，mou¹"猪"相当于"种"名的位置，后面的成分则相当于"亚种"范畴的位置，是一种"大类名＋小类名＋专类名"的典型结构。即壮语类别词的中心语前置特征可以通过壮语类别词结构的右分枝的分析而得到充分解释。在句法的运用中，类别词可替换名词或名词性短语。根据"分布对等原则"(distribution equivalence)，如果一个结构中的其中一个成分的分布与整个成分的分布相当的话，那这个成分就是中心语(Bauer 1999：185)。侗台类别词的句法分布与它所在的名词短语是一致的，因为它可以代替整个短语而使句子仍然成立且不产生很大的语义偏差。哈斯(Haas 1942：204)发现"泰语的类别词可以自由地在句中代替名词"。辛诺伊(Singnoi 2008：79, 81)认为泰语的类别词"可以代表中心语，代替名词，承担体词短语的中心语"。侗台类别词可代替名词而名词却不一定能代替类别词。迪克森(Dixon 2010a：229)给中心语的定义是："一般来说，中心语是一种不可或缺的并可以独自构成短语的成分。正是中心语决定了短语中其他成分的语法一致性,也正是中心语决定了整个短语的特性。"对甄别壮语类别词的中心语特性来说,其中有两个特点最重要,一是"不可或缺",二是中心语的特性"决定"了短语的特性。例子中 5 项语言成分只有 tu^2(CT:动物)是"不可或缺"的,其余 4 项都可以分别删除。然而若删除 tu^2,这个结构马上不成立,如例(23)所示。

(19) tu^2　　　mou^1　$hu\eta^1$　kou^1　nai^4
　　　CT:动物　猪　　大　　我　　这
　　　"我的这头大猪"

(20) tu^2　　　$hu\eta^1$　kou^1　nai^4
　　　CT:动物　大　　我　　这
　　　"我的这头大动物"

(21) tu^2　　　kou^1　nai^4
　　　CT:动物　我　　这
　　　"我的这只动物"

(22) tu^2　　　nai^4
　　　CT:动物　这
　　　"这只动物"

(23) *mou^1　$hu\eta^1$　kou^1　nai^4
　　　猪　　大　　我　　这
　　　"我的这头大猪"

例(24)—(26)显示正是由于 pou^4(CT:人类)、tu^2(CT:动物)、ko^1(CT:植物)的范畴化作用而使这些短语的语义分别指向了"人类""动物"和"植物",它的特征决定了整个短语的特征,从而使得其谓语的选择必须与它们相呼应。

(24) pou^4　　　$ba:n^3 l\ominus k^8$　nei^4　$\varphi i:\eta^2 sei^2$　γiu^1
　　　CT:人类　陆村　　这　　经常　　笑
　　　"陆村的这个人经常笑。"

（25）tu² ba:n³ lɔk⁸ nei⁴ ɕiːŋ² sei² ɣau⁵
CT：动物 陆村 这 经常 吠
"陆村的这只动物经常吠。"

（26）ko¹ ba:n³ lɔk⁸ nei⁴ men⁶ men⁶ duk⁷ lo
CT：植物 陆村 这 慢慢 腐朽 了
"陆村的这棵植物慢慢腐朽了。"

例(24)中的 pou⁴(CT：人类)正是因其"人"的语义,这个体词结构在句子中选择了描述人类的谓语动词 ɣiu¹"笑",该谓语动词在语义上呼应的是 pou⁴(CT：人类)的人类动作行为。例(25)中的 tu²(CT：动物)是其所在体词结构的语义中心,表达的是非人类动物性事物,其选择的谓语动词 ɣau⁵"吠"表示的是犬类动物的叫声,与 tu²(CT：动物)的动物性相呼应。而例(26)中的 ko¹(CT：植物)是其所在体词结构的语义中心,表达的是植物性事物,其选择的谓语形容词 duk⁷"腐朽"表示的是木头的腐朽,与 ko¹(CT：植物)的植物性相呼应。这三个短语所受到的"语义选择限制"(朱德熙 1984)是由其中的类别词素决定的,所以这些体词结构的语义中心是类别词素,是不可或缺的。

任何带有中心语的短语结构都是一种向心结构(endocentric construction)。向心结构是由具有句法相关性的一系列词组成的,而其中的一个成分在句法功能上相当于整个短语,它决定了整个短语结构与句中其他成分的关系,这个成分往往就是中心语(Crystal 1980：131)。如按这个标准来判断侗台语名词短语的中心语的话,则例(27)和(28)中的壮语 tu² 和 pou⁴ 是短语的中心语,因为这两个类别词决定了它所在短语的性质,而正是由于这些不一样的性质决定了这两个短语所选择的主要动词不一样。此种情况与例(24)—(26)中 pou⁴、tu²、ko¹ 的不可或缺类似。

（27）tin¹ teŋ¹ tu² piŋ¹ hap⁸ luː t⁸ lo⁶
脚 被 CL：动物 兵 / 蚂蟥 咬 血 了
"脚被蚂蟥咬得流血了。"

(28) po^6　　ten^1　　<u>pou^4</u>　　pin^1　　　　tup^8　　ta:i^1　　lo^6
　　　父亲　　被　　CL：人　　兵/蚂蟥　　打　　死　　了
　　　"父亲被当兵的打死了。"

　　句子中的pin^{1}是一个同音词素,表示"士兵"或"蚂蟥",它与动物类别词tu^{2}同现时,整个短语表示的是一种动物,故其代表的是"蚂蟥",而它与人类类别词pou^{4}同现时,整个短语表示的是人类,故其代表的是"士兵"。因为动词短语hap^{8}lɯ:t^8"咬(使之)出血"和tup^{8}ta:i^1"打(使之)死亡"在各自句子中的题元关系决定了前者的施事者应具有[＋动物]的语义特征,后者的施事者应具有更具体的动物即[＋人类]的语义特征。所以,这里的名词短语[CL＋pin^1]选择什么动词取决于CL是什么样的类别词。这恰好符合迪克森(Dixon 2010a：229)所设定的"中心语决定了整个短语的特性"的标准,从而使之变为短语中的强制性成分。

　　在侗台语中,特别是像壮语、毛南语这样的北部语言中,普通名词是很少与人称代词同现的,更遑论抽象名词了。所以,下面例(29)符合语法,而例(30)却不符合语法。这是因为受到人称代词修饰后所指的故事是有定的,故此情形下名词不独用。

(29) tiu^2　　　　kɔ^3　　te^1
　　　CL：条　　故事　　他
　　　"他的故事"(壮语)

　　　dat^8　　　　ku^{6}zi^2　　man^2
　　　CL：个　　故事　　他
　　　"他的故事"(毛南语)

(30) *kɔ^3　　　　te^1
　　　故事　　他
　　　"他的故事"(壮语)

　　　*ku^{6}zi^2　　man^2
　　　故事　　他
　　　"他的故事"(毛南语)

在泰语中,虽然 niťʰaan"故事"可以不用类别词而直接受到
kʰǎw"他"的修饰,变成 niťʰaan kʰǎw"他的故事"。但是,对比较挑
剔的母语者来说,在这种情况下人称代词是不直接修饰名词的,一
般要用一个领属介词来当中介(Nantiwa Mahitdhiharn,个人通
信),如例(31)所示。

(31) niťʰaan   kʰɔ́ɔŋ   kʰǎw
　　 故事   (领属)   他
　　 "他的故事"

泰语的很多有定的概念是要靠类别词来实现的。如果形容词
或指示词修饰"故事"时类别词 rûaŋ 仍为不可缺失。如例(32)和
(33)所示:

(32) niťʰaan   rûaŋ   yaaw
　　 故事   CL:故事   长
　　 "长的故事"

(33) niťʰaan   rûaŋ   nii
　　 故事   CL:故事   这
　　 "这个故事"

很多情况下,在侗台语中指示词往往不能作为独立句子成分
出现,而必须借助类别词。恩菲尔德(Enfield 2007:97)指出,老
挝语的名词性短语中如果有类别词,则它将是中心语,而其中的指
示词是附属成分。类别词与指示词之间的句法关系要比名词与指
示词的关系要密切得多,"像诸如 nii4'这'之类的限定词,它们不
能作为独立的名词短语出现在句子中"。在以下老挝语例子中,例
(34)是错误的,而例(35)才是正确的:

(34) *kuu3 siø kin3 nii4
　　 我   要 吃   这
　　 "我要吃这。"

（35）kuu3　siø　kin3　toø　　　nii4
　　　我　　要　　吃　　CL：动物　这
　　　"我要吃这只。"

（引自：Enfield 2007：139-140）

侗台语类似"这""那"等指示词一般只当作限定词使用，如武鸣壮语的指示限定词 nei⁴"这"一般只当作修饰语，而不能独立担当句子中的论元成分①。如表示"这件事情不好"或"这个东西不好"时罕用 *nei⁴ bou³ dei¹（这_不_好）而只说 ki³ nei⁴ bou³ dei¹（CL：泛指_这_不_好）"这个/些不好"。侗台语指示限定词最典型的修饰对象是类别词而不是名词，如壮语不说 *kɔ³ han⁴（故事_那）"那个故事"而必须说 tiu² kɔ³ han⁴（CL：条_故事_那）"那个故事"；毛南语不说 *ku⁶ zi² na：i⁶（故事_这）"这个故事"，而说 dat⁸ ku⁶ zi² na：i⁶（CL：个_故事_这）"这个故事"②。综上所述，实际上类别词的必须性经常体现在具体性（specificity）上面。在谈到具体的事件时，类别词是必不可少的。例（36）和（37）中的泰语句子说明了侗台类别词在名词短语中比名词具有更强的必须性。

（36）rótmee　　kʰan　　　níi　pay　sayǎam
　　　公共汽车　CL：车辆　这　去　　暹罗
　　　"这辆公共汽车去暹罗广场。"
（37）~~rótmee~~　kʰan　　　níi　pay　sayǎam
　　　公共汽车　CL：车辆　这　去　　暹罗
　　　"这辆公共汽车去暹罗广场。"

在名词 rótmee"公共汽车"和类别词 kʰan（CL：车辆）这两者中，kʰan 是必须的，而 rótmee 并非必须（Iwasaki & Ingkaphirom 2005：250），所以例（37）中可以删除 rótmee 而句子仍然成立。例

---

①　很多侗台语言都通过声调屈折来区别指示代词和指示限定词，如壮语的 nei³"这（里）"和 nei⁴"这"、泰语的 nii"这（里）"和 nii"这"等，前者是指示代词常作句子成分，而后者则是指示限定词常作限定成分。
②　年轻一代的毛南母语者开始可以接受像 ku⁶ zi² na：i⁶ 这样的短语。

(38)的说法虽然仍合乎语法,但只是出现在比较随意的对话中,而在正式场合中肯定会使人皱眉头(Nantiwa Mahitdhiharn,个人通信)。

（38）?rótmee　　kʰan　　　níi　pay　sayǎam
　　　公共汽车　CL：车辆　这　去　暹罗
　　　"这辆公共汽车去暹罗广场。"

因为日常对话中 rótmee 通常不受类似 níi 这样的指示词修饰,这里 kʰan 是"去暹罗广场"的动作发出者,即是 kʰan 而不是 rótmee 去暹罗广场。这说明典型的名词结构是不支持指示词修饰名词的。辛诺伊(Singnoi 2008：80)也认为像泰语 sîa tua nán(衬衣_CL：动物_那)"那件衬衣"的短语中,nán 是修饰 tua 而不是修饰 sîa。这些例子让我们看到,侗台类别词具有很强的强制性及显著性。与汉语、日语等有时可以省略量词所不同的是,侗台语的类别词是很多句子中唯一不可缺少的成分,这皆源于侗台类别词的中心语特点。同时,由于这些类别成分是其所在短语的语义中心,又决定了整个短语结构的语法特性,因而其在相关结构中的出现是强制性的。而带有词头的结构中,词根才是使其在句子中的出现合乎语法的强制性成分。

8.4　类别词结构与数词共现的准允度

覃晓航(2005)认为在一些体词结构中,量词与后面的成分已经紧密结合在一起,数词不可在其前面出现。如果在前面加上数词,相关语言结构的性质就会改变,语义也会改变,得到的不是词而是句子,因此在这里它们不是"量词",而是已经虚化为名词的"词头",如例(39)和(40)中的 pou^4 和 tu^2。

（39）pou^4　　　　ho^3　　（加数词）　→　$sa:m^1$　　pou^4　　　　ho^3
　　　CT：人类　穷　　　　　　　　　　　三　　CL：人类　穷
　　　"穷人"　　　　　　　　　　　　　"三个人穷"(*三个穷人)

(40) tu² 　　　　 bin¹ 　(加数词)　 →sa:m¹　tu²　　　　bin¹
　　　CT：动物　飞 　　　　　　　　　三　CL：动物　飞
　　　"飞行的动物"　　　　　　"三只动物飞"("三只飞行的动物)

　　其实,相关体词结构前面能否出现数词并非类别词变为词头的充分条件,而是同该结构与数词共现的准允度有关,这取决于结构内部结合的紧密度。具体来说,就是与类别词共现的成分是否具有谓词性成分,如动词或形容词等。如果没有此类成分,与数词共现的准允度高;若有此类成分,其准允度则低。带有体词修饰成分的类别词结构的内部结合力高,接近于复合词;而带有谓词性成分的结构内部结合力较小,更像短语。复合词和短语这两端中间存在一个连续统。

　　壮语体词结构中的类别词在语义上起到了名词范畴化的作用。袁家骅(1979)将其称为"指类标志",亦即"聚类语素"。类别词的名词范畴化过程可发生在词法层面和句法层面。为厘清这类关系,现举同语族的泰语为例,词法维度的范畴化编码出现在左边,如 mêɛ"母亲"经常扩展为指称"雌性动物/母体/部件总成"等范畴,如 mêɛ kày(CT：雌性动物_鸡)"母鸡"、mêɛ kun jɛɛ(CT：母体_锁/钥匙)"锁头"、mêɛ rɛɛŋ(CT：部件总成_力量)"千斤顶/吊机"等。但是,如果要表达"三只母鸡""三个锁头""三个千斤顶"等,mêɛ 的前面不可加上数词,在句法维度上不能与数词共现,而是需要通过语法自由度较高的名词范畴化标记 tua、lûuk、an 等将其进一步范畴化,即 mêɛ kày sǎam tua(CT：雌性动物_鸡_三_CL：动物)"三只母鸡"、mêɛ kun jɛɛ sǎam lûuk(CT：母体_锁/钥匙_三_CL：小而圆的物体)"三个锁头"、mêɛ rɛɛŋ sǎam an(CT：部件总成_力量_三_CL：小型立体物)"三个千斤顶"。可见类别词 mêɛ 只能出现在词法维度,而不用作句法维度的范畴化标记。但是,泰语也有一些语言成分既可用作词法维度的范畴化标记,也可与数词、指示词共现,出现在句法维度。比如 kʰon"人"可以作为中心语被其他成分修饰而构成新词,如 kʰon tʰay(CT：人类_泰)"泰国人"、kʰon mɯaŋ(CT：人类_城市)"城市人"等。kʰon 将这些词进行词法维度的名词次范畴化编码,将它们标记为"某个次范畴的人类"。此外,kʰon 也可用作句法维度的范畴化标记,如 kʰon tʰay sǎam kʰon(CT：人类_泰_三_CL：人类)"三个泰国人"。kʰon 在词法和句法两个维度对体词结构进行名词次范畴化编码。可见,泰语词法维度的范畴化成分和句法维度的范畴化成分分别出现在左右两边。这些成分有的同形,有的不同形,对与数词共现的准允度也不一样。

壮语对体词结构进行范畴化编码则采取与上述不完全相同的策略:词法维度的范畴化编码位于左边,如 ɣɔk⁸ pit⁷(CT：鸟_鸭)"野鸭"、ɣɔk⁸ lai³(CT：鸟_麻雀)"麻雀"等,这类合成词经常出现在词典的词条里;而句法维度的范畴化也位于左边,并将数词置于体词结构的最左边(出现于右边的 deu¹ "一"是个例外,因为它实际上是一个表示"单独、唯一"义的形容词,其出现的位置正好符合壮语体词结构的右分枝特征)。如图 8.1 所示,句法范畴化语素 tu²(CL：动物)出现在词法范畴化语素 ɣɔk⁸(CT：鸟)的左边。

"三只野鸭"

图 8.1　壮语句法维度范畴化语素左置于词法维度范畴化语素

和泰语 kʰon 的情况类似,壮语也存在词法维度范畴化编码和句法维度范畴化编码同属一个语义范畴而共用一个范畴成分的现象。这就会出现两个类别成分重叠的情况,但实际上壮语体词结构内部很少出现类别词重叠。因为壮语会采用二者合体的策略,从而形成词法和句法功能"合二为一"的情形,在表层只出现一个范畴化成分。图 8.2 显示了壮语词法维度的范畴化成分 tu²(CT：

动物)与句法维度的范畴化成分 tu²(CL：动物)发生重叠而形成类别成分合体的情形。

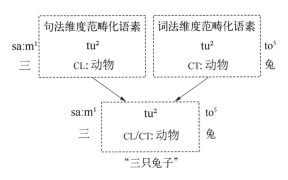

图 8.2　壮语词法维度与句法维度合二为一的范畴化类别成分

　　然而,并非所有类似情况都可采取词法关系和句法关系的语素合二为一的策略。正如覃晓航(2005)所说,pou⁴ho³"穷人"和 tu²bin¹"飞行的动物"中的名词次范畴化语素前面不能直接加上数词,因为加上数词后,语义会发生改变,原来的体词结构将不复存在。这并非由于 pou⁴ 和 tu¹ 已经语法化为词头,而是因为两个结构都包含了谓词性成分,即形容词 ho³"穷"和动词 bin¹"飞"。这种结构与 tu²to⁵(CT：动物_兔)"兔子"等结构相比,其短语性质更强,结构更为松散,加上数词会使相关结构发生句法重新分析,这使得它们与数词共现的准允度受限。在例(39)和(40)未加数词的体词结构 pou⁴ho³(CT：人类_穷)"穷人"、tu²bin¹(CT：动物_飞)"飞行的动物"中,pou⁴(CT：人类)和 tu²(CT：动物)是词法维度的范畴化语素,它们与形容词和动词共现而构成新词,但是由于 ho³"穷"和 bin¹"飞"属于谓词性较强的成分,其结构内部的自由度较大,如果在左边加上数词,词法层面的范畴化语素 pou⁴ 和 tu² 便会朝左分析,与左边的数词 sa:m¹"三"形成紧密的修饰性关系,而它们朝右边的词法维度范畴化特征减弱,从而使得 ho³"穷"和 bin¹"飞"本来内在所具有的谓词特征相应地得到彰显,变成句子的谓语,便发生了兰艾克(Langacker 1977：65)所说

的句法结构重新分析后的边界转移,句法边界从类别成分 pou⁴ 和
tu² 的左边转移到了右边,如图 8.3 所示。

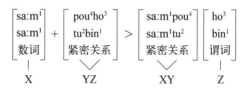

图 8.3 类别成分左边加入数词后
发生的句法重新分析

其结果是,这两个分别表示"穷人"和"飞行的动物"的结构加
上数词后变成了主谓齐全的句子,分别表示"三个人穷""三只动物
飞"。所以,"类别成分+谓词"型体词结构前面加了数词后,相关
结构很容易产生句法重新分析,使结构产生变化,这并非由于类别
成分 pou⁴ 和 tu² 具有词头性而其左边不能直接添加数词所致。图
8.2 中的结构虽然也与数词结合但却不会产生类似的句法重新分
析,这是因为其中的 to⁵ "兔"是体词而非谓词。

总之,过往研究所说的壮语"量词+X"体词结构实际上可以
包含两个次类别,一种是"量词+体词",另一种是"量词+谓词"。
后者对与数词共现的准允度要低于前者,所以不允许左边出现数
词。可见,数词不能加在左边并非由于量词已经变成词头,而是数
词出现在某些"量词+X"体词结构的左边,通常会使这些结构发
生句法重新分析,使内部结构的关系从词法层面跃升到句法层面,
其中的谓词便变成谓语,从而改变原结构的性质。简言之,数词能
否出现在类别成分前面取决于相关类别词结构与数词共现的准允
度,而非类别成分的虚化现象。

8.5 类别成分的句法特征的弱化

侗台语类别成分最常见的是虚化为句法功能薄弱的黏附性成

分,只在有限的语境中被其他句法成分修饰。类别成分还由于使用频率高而重新分析为领属标记。

8.5.1　弱化为体词结构的黏附成分

在泰语和老挝语等一些语言中,个别的范畴化成分确实有句法特征虚化向黏附性成分发展的趋势。这些相关词虽然是一种名词范畴化成分,也是一个担当体词结构的中心语,但不能像在壮语中那样单独被数词或指示词修饰,它们是黏附词根(bound root),如泰语中表示某种动作的施事者或具有某种特征的人类的范畴化标记 nák、pʰûu 等,一般不受数词等的修饰,属于黏附性比较强的语言成分,即使泰语体词结构也属于右分枝形式,其性质犹如汉语不独立运用的黏附词根"-鸦""-狸"等,只是主从关系的方向相反。如(42)中的短语 nák tên ram,其所指是有关跳舞的"人"nák,而非"跳舞"tên ram;(43)中的短语 pʰûu àan,其所指是有关阅读的"人"pʰûu,而非"阅读"àan,它们起到了范畴化标记的作用。范畴化标记 pʰûu 只是在受限的情况下可以受到数字"一"或指示词的修饰,其自由度也是很弱的(见第3.2.1节)。泰语中的计数策略是将整个计数结构放在名词的右边,与泰语名词修饰语的通常位置相一致,遵循了侗台语典型的体词结构右分枝的句法规则。但泰语的类别词能否在前面加上数词并非受句法位置的制约,而只是受范畴标记本身的自由度的限制,只有自由度强的类别成分才能接受数词的修饰。如例(41)—(44)中的 nák 和 pʰûu 的自由度较弱,它们只作为表示某类人或某类施事者的范畴化标记而出现在构词过程中的词法层面。它们表示的是各种"人"的范畴,在计数的句法层面则由自由度较大的表示"人类"的 kʰon 来指称。

(41) nák　　rian　săam　　kʰon
　　 CT:者　学习　三　　　CL:人类

"三个学生"

（42）nák　　　tên ram　sǎam　kʰon
　　　CT：者 跳舞　　　三　　CL：人类
　　　"三个舞者"

（43）pʰûu　　àan　sǎam　kʰon
　　　CT：者 读　　三　　CL：人类
　　　"三个读者"

（44）pʰûu　　dii　sǎam　kʰon
　　　CT：者 好　　三　　CL：人类
　　　"三个绅士"

　　但是,所说的这些名词范畴化成分在壮语等语言中仍然可用作句法自由度极强的独立运用的成分。泰语的 nák 在壮语中的对应词是 dak⁷（男子的贬称）,pʰûu 在壮语中的对应词是 pou⁴（人类）。例如：

（45）ba:n³　ɣau²　kam⁶　dai³　sa:m¹　dak⁷　　　　ɕak⁸
　　　村　　咱们 抓　　得　　三　　CL：男子（贬）贼
　　　"咱村逮到了三个老贼。"

（46）hau⁴　ŋa:m⁵　ɕaɯ³　ɕuk⁸，ɕou⁶　teŋ¹　sou¹　sa:m¹
　　　饭　　刚　　　煮　　熟　　就　　被　　你们 三
　　　dak¹　　　　　vun²　kɯn¹　liu⁴　lo⁶
　　　CL：男子（贬）人　　吃　　完　　了
　　　"饭刚煮熟,就被你们这三个家伙吃完了。"

（47）sa:m¹　pou⁴　　　ha:k⁸ seŋ¹
　　　三　　CL：人类 学生
　　　"三个学生"

（48）sa:m¹　pou⁴　　　la:u⁴ sai¹
　　　三　　CL：人类 老师
　　　"三个老师"

　　侗台语族语言绝大多数的类别成分仍然是句法自由度极强的

语言成分,仅有极少数的类别成分有虚化的趋势,如泰语的 nák 和 pʰûu 等。但像 pʰûu 这样的类别成分,虽然不能单独与数词共现,但仍然可以被限定词 nii 修饰,如 kʰon pʰûu nii(人_CL:人_这)"这个人",所以它也仍未完全虚化为词头。

8.5.2　弱化为领属结构的领属标记

类别成分的另一种句法弱化现象是,一些名词范畴化标记如壮语表示动物范畴的 tu² 弱化为领属标记。

袁家骅(1979:116)和梁敏(1989:28)认为壮语北部方言的领属标记 tu⁶ 是从表示动物的量词 tu² "只"演变而来,比如壮侗诸语言早期的判断句都可不用判断动词而用与主语相同的词或与之有关的量词及其修饰成分充当谓语表示,如北部壮语的例子:

(49) tu²　　　han⁴　tu²　　　meu²
　　　CL:只　那　　CL:只　猫
　　　"那是猫。"

(50) ko¹　　　nei⁴　ko¹　　　ŋa:n⁴
　　　CL:棵　这　　CL:棵　龙眼
　　　"这是龙眼树。"

(51) an¹　　　nei⁴　an¹　　　ta:i²
　　　CL:个　这　　CL:个　桌子
　　　"这是桌子。"

(52) an¹　　　nei⁴　an¹　　　diŋ¹
　　　CL:个　这　　CL:个　红
　　　"这个是红色的。"

由于壮语北部方言部分地区表示动物范畴的类别成分 tu² 的使用频率较高,使得这种句式中的第二个类别成分 ko¹(植物)、

an¹(三维形状固体)等往往被 tu² 代替,比如类似于"这个是我的"这样的一些句式经历了下列的发展过程(梁敏 1989):

（53）an¹　　nei⁴　an¹　　kou¹　→　an¹　　nei⁴　tu²　　kou¹
　　　CL：个　这　CL：个　我　　　　CL：个　这　CL：只　我
　　　"这个是我的。"

（54）faːk⁸　　han⁴　faːk⁸　　muɯŋ²　→　faːk⁸　　han⁴　tu²
　　　CL：把　那　CL：把　你　　　　CL：把　那　CL：只
　　　muɯŋ²
　　　你
　　　"那把(工具)是你的。"

（55）poːn³　　saɯ¹　han⁴　poːn³　　te¹　→　poːn³　　saɯ¹
　　　CL：本　书　那　CL：本　3SG　　　CL：本　书
　　　han⁴　tu²　te¹
　　　那　CL：只　3SG
　　　"那本书是他/她的。"

梁敏(1989)认为,高频率的使用使本来以 tu² 为中心的结构发生重新分析,使得它后面的成分变成中心语,而它自己则发生虚化,同时声调也发生变化,变成一种黏着的语素,与新的中心成分构成类似于"tu⁶＋NP"这样的更为稳固的构式,而共同单独出现在诸如 poːn³ saɯ¹ tu⁶ kou¹(本_书_POSS_我)"我的书"这样的领属结构中。韦庆稳(1985：180－181)称 tu⁶ 为"物主指示词",由它与人称代词或指人名词结合,成为"物主词组",认为 tu⁶ 是中心语,而它后面的成分好像是修饰成分,如例(56)—(59)。就是说,他认为 tu⁶ 仍然是一个实词,表示"东西"的意思。

（56）tu⁶　　sou¹
　　　的　你们
　　　"你们的(东西)"

（57）tu⁶　　nuːŋ⁴
　　　的　弟/妹

"弟弟/妹妹的(东西)"

(58) tu⁶   pjaɯ²
　　 的   谁
　　 "谁的(东西)"

(59) tu⁶   baːn³la³
　　 的   板拉村
　　 "板拉村的(东西)"

　　覃晓航(1995：169)认为 tu⁶已经发生虚化为结构助词,凡是冠以 tu⁶的名词或代词必定具有领属意义。他将壮语的这种结构叫作"tu⁶首词组",属于壮语的特殊句法现象,如例(60)和(61)。

(60) tu⁶   ta⁴po⁶
　　 AUX 父亲
　　 "父亲的(东西)"

(61) tu⁶   kou¹
　　 AUX 我
　　 "我的(东西)"

　　这种 tu⁶字结构相当于汉语的"的"字结构,可以单独出现在主语、宾语这样的论元位置,如例(62)—(63)所示。这个"tu⁶首词组"中的 tu⁶被处理为结构助词,这与韦庆稳(1985：180 - 181)所认为的 tu⁶仍然是这种结构中的中心语的意见有所不同。实际上,韦庆稳(1985)的观点解释力更强些,因为它能很好地呈现出这个结构中的主从关系。只是将之称为"指示词"有待商榷,因为这反而不好说清楚在这类"物主词组"中孰主孰从。

(62) tu⁶   laːu⁴waːŋ²   laɯ¹   kwa⁵
　　 AUX 老王   丢失   过
　　 "老王的丢失了。"

(63) kou[1] au[1] tu[6] muŋ[2] , bou[3] au[1] tu[6] te[1]
     我   要   AUX   你   不   要   AUX 3SG
     "我要你的，不要他/她的。"

（引自：张元生、覃晓航 1993：97 - 98）

　　韦庆稳(1985：182)观察到壮语以 tu[6] 构成的"物主词组"与汉语普通话的"的"字领属结构的相似性，但汉语普通话的"的"字在表达意义上比壮语广泛得多，其意义并非总是可以用壮语的 tu[6] 来表示。例如：类似于"你的(书)""学校的(桌子)""张三的(钱)"等的汉语领属结构中，其中的领属标记"的"字的意义可以用壮语的 tu[6] 来表示，因为它们表示"隶属"关系，如：

(64) po:n[3]   sau[1] nei[4] tuk[8] tu[6] muŋ[2]
     CL：本 书   这   是   POSS 你
     "这本书是你的。"

(65) an[1]   ta:i[2] nei[4] tuk[4] tu[6] ha:k[8] ɣau[2]
     CL：个 桌子 这   是   POSS 学校   咱们
     "这个桌子是咱们学校的。"

(66) ki[3]   ŋan[2] nei[4] tuk[8] tu[6] tak[8]sa:m[1]
     CL：些 钱   这   是   POSS 老三
     "这些钱是老三的。"

　　但是类似于"你的(父亲)""张三的(手)""学校的(老师)""大明山的(树)"这样的结构中，其中的领属标记"的"却不可用 tu[6] 来表示，这类结构就不能用"物主词组"来表示，因为它们不表示"隶属"关系，是不可让渡的，如以下例子是不符合壮语语法或罕见的：

(67) *ta[4]po[6] nei[4] tuk[8] tu[6]   muŋ[2]
     爸爸   这   是   POSS   你
     "这个爸爸是属于你的。"

（68）*pou⁴　la:u⁴sai¹　nei⁴　tɯk⁸　tu⁶　ha:k⁸　ɣau²
　　　 CL：个　老师　　这　是　POSS　学校　咱们
　　　 "这个老师是属于学校的。"

（69）*ki³　　fai⁴　nei⁴　tɯk⁸　tu⁶　pja¹ɕw⁴
　　　 CL：些　树　这　是　POSS　大明山
　　　 "这些树是属于大明山的。"

其实,对于汉语的"学校的(桌子)"和"学校的(老师)"这两种结构来说,很难说哪种绝对就是物主词组,哪种绝对不是物主词组。如下所述,使用或不使用 tu⁶,其中可能另有其他制约因素。

张元生、覃晓航(1993：97－98)也注意到了壮语的 tu⁶ 相当于汉语的"的",但它在汉语用"的"字表述的一些关系中却不能使用,这些关系是描写、时间、地点、数量、状态、性质等,如以下的例子是壮语中不可接受的说法：

（70）*pu⁶pɔm²　　tu⁶　　na¹nɔk⁷nɔk⁷　（描写）
　　　 棉衣　　　的　　厚厚的
　　　 "厚厚的棉衣"

（71）*pa:u⁵ɕei³　tu⁶　　ŋɔn²nei⁴　（时间）
　　　 报纸　　　的　　今天
　　　 "今天的报纸"

（72）*an¹　　taŋ⁵　tu⁶　　daɯ¹ɣa:n²　（地点）
　　　 CL：个　凳子　的　　家里
　　　 "屋里的凳子"

（73）*ki³　　ŋa:i²　tu⁶　　ha³　pou⁴　　vun²　（数量）
　　　 CL：些　饭　　的　　五　CL：人类　人
　　　 "五个人的饭"

（74）*ki³　　ji:ŋ⁶　tu⁶　　tɯk⁸la:u¹　（状态）
　　　 CL：些　样子　的　　可怕
　　　 "可怕的样子"

（75）*ki³　　heu³　tu⁶　ken⁵kɯt⁷　（性质）
　　　CL：些　牙齿　的　坚硬的
　　　"坚硬的牙齿"

　　壮语的这个 tu⁶ 字只能出现在表示领属关系的定语和中心词组合起来的格式中间，如：

（76）kai⁵　tu⁶　mɯŋ²　jou⁵　nei⁴. saɯ¹　tu⁶　kou¹　ne?
　　　鸡　POSS　你　在　这　书　POSS　我　呢
　　　"你的鸡在这里。我的书呢?"

（77）nei⁴　tɯk⁸　ɕi¹　tu⁶　la:u⁴ wa:ŋ²
　　　这　是　车　POSS　老王
　　　"这是老王的车。"

　　如上所述，壮语的领属关系可用由类别词虚化了的语法标记来实现。当被领属项在壮语中被视为"可让渡"时，即一般被认为是具有可触摸得到的而又可以放弃的特点时，用领属标记 tu⁶ 来实现，如例（78）中的 pon³ saɯ¹ "书"在壮语中被视作可让渡名词。就是说，这类名词属于可让渡的名词次范畴时，这个结构中采用了领属标记：

（78）pon³　saɯ¹　tu⁶　kou¹　（可让渡）
　　　本　书　POSS　我
　　　"我的书"

　　而在例（79）中，表示"我爸"中的 pɔ⁶ "爸爸"一词表示的是直系血亲的亲属关系，此种关系个人无法放弃。例（80）中的 ja⁶ "妻子"表示是姻亲，虽然在极端情况下可以放弃，但也是一种理论上来说比较稳固的关系，因而在壮语中被视作不可让渡的名词次类别，这种领属结构不加领属标记：

（79）pɔ⁶　　kou¹　　（不可让渡）
　　　爸爸　我
　　　"我爸"

（80）ja⁶　　kou¹　　（不可让渡）
　　　妻子　我
　　　"我妻子"

就是说，例（79）和（80）在通常语境中不常说成 pɔ⁶ tu⁶ kou¹
（我的爸爸）、ja⁶ tu⁶ kou¹（我的妻子），因为其中的领属项和被领属
项通常不被视作物权或隶属之类的关系。但是，即使在直系血亲
的亲属关系中也存在一些例外，有时候也可使用领属标记，其条件
是领属项是长辈、被领属项是晚辈。这是因为这种关系可以存在
某种物权关系，在一些特殊情况下可以获得，在另外的情况下也可
以放弃，正如下文的例（87）所示的亲子关系。

壮语中表示身体部位的语言成分也是视作不可让渡名词，因
为它们所指的是身体的一部分，不是一种能轻易"放弃"的关系，一
般也不用领属标记 tu⁶，如例（81）—（83）。

（81）pa:k⁷　　kou¹
　　　嘴　　我
　　　"我的嘴"

（82）ta¹　　　mɯŋ²
　　　眼睛　你
　　　"你的眼睛"

（83）daŋ¹　　ta⁴ pɔ⁶
　　　鼻子　爸爸
　　　"爸爸的鼻子"

身体部位在特殊语境下可以被视作可让渡名词，比如几个小
孩躺在床上，都盖着被子，只把脚露出来。在此种语境下，一个小
孩指着其中一只脚，然后说"这只脚是我的"［例（84）］，这句话是可

以接受的,这是因为在这种情况下这种领属关系增加了某种程度上的可让渡性,将"我的"脚分离出来,将之与"其他人的"脚相比较,这使得领属项与被领属项的关系变得不如原来紧密了:

(84) fa³   tin¹   nei⁴   fa³   tu⁶   kou¹
     CL:块   脚   这   CL:块   poss   我
     "这只脚是我的。"

另外,表示工作或学习的地点、整体与部分等关系时,领属结构一般也不带领属标记,如:

(85) an¹ ha:k⁸   ta⁴ nu:ŋ⁴   (地点)
     学校   妹妹
     "妹妹的学校"

(86) ka¹   taŋ⁵   (整体和部分)
     脚   凳
     "凳脚"

就是说,由领属项和被领属项直接并列而构成且不使用领属标记的领属关系,所表示的意义可以是多元的。

但是,正如上文所述,可让渡关系和不可让渡关系在具体语境中并非不可以互相转换。如果说话者要强调领属和被领属二者存在某种物权关系的话,说话者就会选择使用这个领属标记,即便二者之间存在直系血亲关系也是如此,如例(87)中的 tu⁶ 实际上表示的是一种"可让渡关系",因为说话者谈论的是有关"拥有""占有""放弃""出让"之类与物权有关的话题。

(87) lɯk⁸   tu⁸   kou¹!   bou³   tɯk⁸   lɯk⁸   tu⁶   te¹!
     孩子   POSS   我   不   是   孩子   POSS   3SG
     "我的孩子! 不是他/她的孩子!"

北部壮语的领属标记 tu⁶ 在南部壮语中则多用 huŋ¹(龙州)、hoŋ¹ʼ(下楞)等来表示,如例(88)和(89)所示(覃国生 1996:19)。袁家骅(1979)和梁敏(1989)等认为北部壮语的 tu⁶ 和南部壮语的 hoŋ¹ʼ 二者都来自实词的虚化,前者来自表示动物的类别词 tu²,后者来自表示物件的名词 hoŋ¹ʼ,龙州的 huŋ¹ 也应是同样的情况。

(88) ɕai¹   tu⁶   kou¹   (武鸣)
　　 犁   的   我
　　 "我的犁"

(89) thai¹   huŋ¹   ŋo¹(平辈间)/kau¹(对晚辈)   (龙州)
　　 犁   的   我
　　 "我的犁"

另外,1957 年中国科学院和广西壮文委员会的语言调查队在广西壮校对 45 个县的壮语方言土语表示领属关系的 tu² 的调查中了解到,广西田阳、田东、百色等地的壮语不用 tu² 而是用 ka:i⁵ 来表示领属关系(梁敏 1989:29)。例如:

(90) tu²   wa:i²   ka:i⁵   ku¹
　　 只   水牛   属/的   我
　　 "我的水牛"

(91) po:n³   saɯ¹   ka:i⁵   mɯŋ²
　　 本   书   属/的   你
　　 "你的书"

领属标记 ka:i⁵ 也是来源于表示"块、件"意义的类别词,可以跟形容词、动词等结合而构成类似汉语的"的"字结构,如 ka:i⁵ dam¹ "黑色的"、ka:i⁵ kɯn¹ "吃的"等。它与 tu⁶、huŋ¹、hoŋ¹ʼ 的演变路径一样,高频率的使用导致了短语内部的重新分析,这个类别成分最后也产生了虚化。但类似"ka:i⁵＋Adj."这样的结构很少用作名词的修饰语，而更经常地出现在论元或谓语位置。它相对于 tu⁶、huŋ¹、hoŋ¹′ 来说，经历了进一步的语法化过程，从领属标记虚化为名物化标记，以之构成的结构可独立出现在论元位置。

如上述，使用从类别成分虚化而来的领属标记 tu⁶ 的主要是部分壮语北部方言，武鸣壮话虽然也属于壮语北部方言的邕北土语，但是它却并不是很经常独立地使用这个领属标记，而是采用了已经虚化了的形式。武鸣壮话在历史上可能出现过用 tu⁶ 来指称可让渡的领属关系，这有待更深入的研究。不过从现代的用法中仍可看到一些蛛丝马迹。这个成分现在以黏附成分的形式出现在日常口语中，它与人称代词紧密地结合在一起，意为"自身""本人"，如 tə⁰ mɯŋ² "你（本人）"、tək⁰ kou¹ "我（本人）"，tə⁰ mɯŋ² 有时候又缩略为 təm⁴，其语义进一步发生变化，有时候仅指"你"。tək⁰ kou¹ 在大多数情况下也已经仅指"我"，其反身指称的意义已经很弱，可能经历了梁敏、袁家骅所说的类似虚化轨迹：

tu² mɯŋ² → tu⁶ mɯŋ²　　→ tu⁶ mɯŋ² → tə⁰ mɯŋ² → təm⁴

你的动物 → 你的（东西）→ 你的　　　→ 你本人　→ 你（本人）

在武鸣壮话中，下面(92)—(95)四种用法都有，最常见的为例(92)，例(93)次之，而例(94)和例(95)似乎是强调可让渡关系，但较为少用，只见于极端强调物权关系的语境中。

(92) pon³　　saɯ¹　　mɯŋ²
　　　本　　　书　　　你
　　　"你的书"

(93) pon³　　saɯ¹　　təm⁴
　　　本　　　书　　　你
　　　"你的书"

(94) pon³　　saɯ¹　　tə⁰ mɯŋ²
　　　本　　　书　　　POSS-你

"你的书"

（95）pon³   sau¹   tu⁰   muɯŋ²
　　本　　　书　　　POSS　　你

"属于你的书"

从上述可见,侗台语的类别成分可发生弱化,变成不可在句中自由运用的黏附词根,只用来构词而不独立出现在句子成分中。这些类别成分进而还可虚化为领属结构中的领属标记,主要表达"可让渡"关系。有的领属标记在一些土语中发生了进一步虚化,变成了一些人称代词的黏附成分。

第九章

结　语

本研究对国内外与类别词相关的研究做了较为全面的回顾及梳理,在类别词研究的重要领域起到了拾遗补缺的作用。它以国内外在类别词方面已取得的研究成果作为坚实的理论基础,深入详细地分析了侗台语族语言类别词的名词范畴化加工过程中所采用的语法及语义策略。

近年来侗台语的类别词以"量词""单位词"的面貌得到了较为深入的研究。在语言类型学上与侗台语较为相似的汉藏语系语言量词受到了很大的关注并得到了较为透彻的分析和描写。国内相关研究最主要涉及汉语的量词、单位词、单位名词等,而对侗台语族语言的类别词的研究实际上还属于起步阶段。国际上从类别词(classifiers)、度量词(measure words)、反响型类别词(repeaters)等角度对东亚及东南亚大陆各语系的语言也进行了较深入的探讨,取得了很多成果。

国内很多学者对汉藏语及侗台语的类别词的研究主要聚焦在类别词的句法准允性方面,具体范围包括不同语法类型的语言使用量词的不同强制性,对音节韵律及语序和量词之间的制约关系也做了很多探索。虽然仍有学者在汉语量词是否"表量"的话题上投入较多的研究,但是多数学者已经将视野扩展到这个相对有限的领域之外。汉语学界在类别词研究方面取得的重要进展主要是在汉语量词的认知理据方面,发现了名词的"有界"和"无界"特征是类别词选用的重要制约因素。对汉语量词的研究还发现了物体空间维度是量词选用的一个重要认知基础。很多研究还通过认知语言学对范畴的原型及边缘的分析,对汉语量词的选择原则进行了探讨,使汉语量词的演变理据和机制的研究得到了很大的发展。

国外学界对名词范畴化的研究也成果颇丰。在类别词研究方面得到的重要认识主要涉及语言中概念的性质,认为语言的运用实际上是对世间万物的范畴化加工过程,这些范畴之间不是互相分离的,而是彼此关联的,范畴之间存在相似性和模糊性,类别成分的隐喻扩展因此而成为可能。西方学界对类别成分研究的主要特点是将词法范畴的分类和句法范畴的分类当作一个完整系统来研究,认为分类系统覆盖了各种形式的分类成分、类别标记、类别词根、类别词缀等,相关分类策略包括了名词性类(noun class)、类别名词(class noun)、类别词素(class term)、类别词(classifiers)等。西方很多研究者认为名词分类系统构成了名词范畴化策略的一个连续统,两端分别是高度语法化的名词性类呼应系统和词汇层面的分类系统,即分别是较为简约的两三种语法"性"的范畴化系统和数百种以词汇对名词进行范畴化加工的类别词系统,而中间类型则是采用十几或数十种呼应标记而构成呼应系统的范畴化策略。

本研究第一次描述和分析了侗台语族语言的名词范畴化系统。这个系统属于开放性的名词性类系统。类别词与名词之间的互选准允机制主要基于语义呼应。有的语言刚刚发展出一种专属句法呼应成分的雏形,仍未形成一种纯粹的句法要素。侗台语通过类别标记成分而构成的开放性的名词性类系统中所包括的名词范畴化标记的数量从几十到数百,很难精确地予以界定,其原因是,这个系统中的专职类别成分和可以自由运用的语言成分之间存在模糊和重叠区,这些词的句法自由度和黏附度也构成了一个连续统,而且它们的出现很多时候也非强制性。

侗台语族语言的名词范畴化过程就是以某种方式对名词及其所指进行语义或句法特征的分类,分别以词法手段、句法手段等对名词的次范畴进行聚类,形成了自己典型的句法分布现象,具体来说就是,词法维度的范畴化策略是将范畴化标记左置,而句法维度的范畴化策略则是将范畴化标记右置,即典型的体词结构的左分枝和右分枝特征:词法范畴化标记是左分枝,句法范畴化标记是右分枝。例外情况是,一些北部类型的侗台语族语言将词法范畴标记和句法范畴标记都置于主要名词的左边。

本研究对侗台语名词范畴化策略及其相关的认知基础和句法特征进行了分析,用范畴化策略的特点强调了侗台语类别词的中心语性质,以及它们句法位置的前置和后置条件。侗台语词法维度范畴成分的左置和附属成分的右置与林奈生物分类法中的二名法和三名法等的右分枝句法特征具有相当程度的相似性,它们的共性是中心语前置、修饰语后置。侗台语类别词的中心语性质以及其体词结构的"大类名＋小类名＋专类名"特征与拉丁学名分类的"属＋种"的从大到小的语义层次性和认知语义学中的"上位层次＋基本层次＋下位层次"具有共同的认知模式,都是人类自然语言认知过程中的一种重要规律。用拉丁学名命名法和语义认知的三个层次作为参照进行论证后,进一步确认了侗台语名词范畴化分类的句法右分枝特点,在此基础上可以确认,壮语中类别词的词头化并未发生,类别成分仍然是体词结构的中心成分。侗台语范畴化系统在语义层面同时体现了科学分类法与民俗分类法的特征,前者的客观因素和后者的主观因素都被运用到了名词范畴化策略中。随着语言的发展,部分侗台语的句法维度的范畴化系统衍生出了不以语义分类为特征的句法呼应手段。

本研究以名词范畴化的新视角,对南北类型的十几种侗台语族语言的名词性类系统进行了描述和分析,为侗台语类别词的研究方法以及类别词的深入研究提供了一个新的切入点,在理论层面为进一步探索类别词语义特点和句法特点提供了新的思路。

本研究今后的扩展方向是对其他侗台语族语言的方言土语进行更广泛的研究,以期能更全面地认识侗台语族的类别词的语义及语法特性。目前的研究对象仅限于十几个侗台语族语言,未能将研究覆盖至全部的侗台语族语言,所以,所得出的结果肯定不能代表整个侗台语族的语法现象。另外,正如课题名称所示,本研究只是对侗台语族类别词的名词范畴化特征进行了研究,没有涉及与名词性类有一定相关度的动词动量的类别范畴以及官方和民间度量衡词,如果对这些方面进行深入研究的话,将能对侗台语族语言中表示行为、动作的类型以及物量的分类模式取得新的认识。

附录

缩略语

1/2/3PL	第1/2/3人称复数
1/2/3SG	第1/2/3人称单数
A	施事
ART	冠词
AUX	助词
CL	类别词
CN	类别名词
COP	系词
CT	类别词素
DEM	指示词
DET	限定词
F	阴性
FOC	焦点标记
GEN	领属标记
LOC	方位
M	阳性
OBJ	宾语
P	受事
PASS	被动
POSS	所有/隶属
PTCP	小品词
SBJ	主语
TOP	话题

参 考 文 献

薄文泽 1997《佯僙语研究》,上海远东出版社。

薄文泽 2003《壮语量词的语法双重性》,《民族语文》第 6 期。

薄文泽 2012《泰语壮语名量词比较研究》,《民族语文》第 4 期。

陈保亚 1996《论语言接触与语言联盟》,语文出版社。

陈望道 1973《论现代汉语中的单位和单位词》,上海人民出版社。

程 工 等 2018《论反响型量词与通用量词的不对称性》,《语言科学》第 2 期。

戴庆厦 主编1992《汉语与少数民族语言关系概论》,中央民族学院出版社。

戴庆厦 蒋颖 2005a《论藏缅语的反响型名量词》,《中央民族大学学报》第 2 期。

戴庆厦 蒋颖 2005b《萌芽期量词的类型学特征——景颇语量词的个案研究》,载李锦芳主编《汉藏语系量词研究》,中央民族大学出版社。

丁邦新 2000《汉藏系语言研究法的检讨》,载丁邦新、孙宏开主编《汉藏语同源词研究(一)》,广西人民出版社。

董燕生 1998《西班牙语句法》,外语教学与研究出版社。

杜永道 1993《北京话中的"一+名"》,《中国语文》第 2 期。

多杰东智 2005《藏语安多方言中的量词》,载李锦芳主编《汉藏语系量词研究》,中央民族大学出版社。

冯 英 2005《水语"ni4"构成的复音词》,《南开语言学刊》第 1 期。

高名凯 1948/1957《汉语语法论》,商务印书馆。

广西壮文工作委员会研究室 1958《壮汉词汇》,广西民族出版社。

广州外国语学院 2011《泰汉词典》,商务印书馆。

何金宝 2003《较难掌握的几个日语量词》,《日语知识》第 6 期。

何　杰 2000《现代汉语量词研究》,民族出版社。

何彦诚 2006《侗语下坎话概》,《民族语文》第 5 期。

贺嘉善 1983《仡佬语简志》,民族出版社。

洪　波 2012《汉藏系语言类别词的比较研究》,《民族语文》第
　　 3 期。

胡素华 沙志军 2005《彝语与缅语类别量词的语义比较》,载李锦
　　 芳主编《汉藏语系量词研究》,中央民族大学出版社。

季永兴 1993《壮汉代词数词量词名词结构形式比较分析》,《民族
　　 语文》第 4 期。

晋　风 1982《对壮语量词研究中几个论点的商榷》,《中南民族学
　　 院学报(哲学社会科学版)》第 2 期。

蓝庆元 2011《拉珈语研究》,广西师范大学出版社。

黎锦熙 1924《新著国语文法》,商务印书馆。

黎锦熙 刘世儒 1959《汉语语法教材(第二编):词类和构词法》,
　　 商务印书馆。

黎锦熙 刘世儒 1978《论现代汉语中的量词》,商务印书馆。

李锦芳 1998《布央语前缀》,《语言研究》第 2 期。

李锦芳 2000《布央语研究》,中央民族大学出版社。

李锦芳 2001《茶洞语概况》,《民族语文》第 1 期。

李锦芳 2005《汉藏语系量词研究》,中央民族大学出版社。

李宇明 2000《汉语量词范畴研究》,华中师范大学出版社。

李云兵 2005《论苗瑶语名词范畴化的类型》,第 38 届国际汉藏语
　　 会议,福建厦门。

李云兵 2007《论苗瑶语名词范畴化手段的类型》,《民族语文》第
　　 1 期。

梁　敏 张均如 1980《侗语简志》,民族出版社。

梁　敏　1980《毛难语简志》,民族出版社。

梁　敏　1983《壮侗语族量词的产生和发展》,《民族语文》第 3 期。

梁　敏　1989《壮侗诸语言表示领属关系的方式及其演变过程》,《民族语文》第 3 期。

梁　敏　1990《仡央语群的系属问题》,《民族语文》第 6 期。

梁　敏　张均如　1996《侗台语概论》,中国社会科学出版社。

刘宝元　1999《汉瑶词典(拉珈语)》,四川民族出版社。

刘丹青　1988《汉语量词的宏观分析》,《汉语学习》第 4 期。

刘世儒　1965《魏晋南北朝量词研究》,中华书局。

龙海燕　2010《布依语名量词的产生和发展》,《贵州民族研究》第 5 期。

龙耀宏　1998《汉藏语系语言关于动物量词"头"的来源》,《贵州民族研究》第 3 期。

陆俭明　1987《数量词中间插入形容词情况考察》,《语言教学与研究》第 4 期。

陆天桥　2007《毛南语的类别名词》,《民族语文》第 3 期。

陆天桥　2015 中国语言资源保护工程专项任务毛南语音系、词汇、语法。

陆天桥　2017 中国语言资源保护工程专项任务拉珈语音系、词汇、语法。

吕叔湘　1982《中国文法要略》,商务印书馆。

罗常培　等　主编　1954《国内少数民族语言和文字的概况》,中华书局。

罗美珍　1996《谈谈我国民族语言的数量词》,《民族语文》第 2 期。

马学良　主编　1991《汉藏语概论》,北京大学出版社。

毛意忠　2008《法语现代语法》,上海译文出版社。

莫海文　2016 中国语言资源保护工程专项任务布央语音系、词汇、语法。

倪大白　1990《侗台语概论》,中央民族学院出版社。

侬常生 2019《泰语的反响型量词》,《民族语文》第 2 期。

欧亨元 2004《侗汉词典》,民族出版社。

欧阳觉亚 郑贻青 1980《黎语简志》,民族出版社。

潘永行 韦学纯 2014《水语词汇与常用语典藏》,贵州人民出版社。

邵敬敏 2003《汉语语法专题研究》,广西师范大学出版社。

沈家煊 1995《"有界"与"无界"》,《中国语文》。

石　林 1997《侗语汉语语法比较研究》,中央民族大学出版社。

石毓智 2001《表物体形状的量词的认知基础》,《语言教学与研究》第 1 期。

时　兵 2009《汉藏等语言中的量词"头"》,《民族语文》第 5 期。

覃国生 1998《壮语概论》,广西民族出版社。

覃晓航 1993《壮侗语数词 deu¹、so:ŋ¹、ha³ 考源》,《中央民族学院学报》第 5 期。

覃晓航 1995《壮语特殊语法现象研究》,民族出版社。

覃晓航 2005《关于壮语量词的词头化》,《民族语文》第 3 期。

覃晓航 2008《壮语量词来源的主渠道》,《语言研究》第 1 期。

王辅世 1982《我对苗语语法上几个问题的看法》,载《民族语文研究文集》,青海人民出版社。

王怀榕 2015 中国语言资源保护工程专项任务茶洞语音系、词汇、语法。

王今铮 等 1985《简明语言学词典》,内蒙古人民出版社。

王　均 郑国乔 1980《仫佬语简志》,民族出版社。

王　力 1980《汉语史稿》,中华书局。

王　力 1985《中国现代语法》,商务印书馆。

王彤伟 2005《量词"头"源流浅探》,《语言科学》第 3 期。

王　伟 等 1983《壮侗语族语言文学资料集》,四川民族出版社。

王文艺 2004《布依语与汉语量词比较》,《布依学研究》,贵州民族出版社。

韦　达 2005《壮语物量词的类型和功能》,载李锦芳主编《汉藏语系量词研究》中央民族大学出版社。

韦景云 何　霜 罗永现 2011《燕齐壮语参考语法》,中国社会科学出版社。

韦庆稳 1985《壮语语法研究》,广西民族出版社。

吴安其 2005《分析型语言的名量词》,载李锦芳主编《汉藏语系量词研究》,中央民族大学出版社。

吴俊芳 2014《茶洞语构词研究》,广西师范大学硕士论文。

吴俊芳 何彦诚 2013《茶洞语研究述评》,《百色学院学报》第5期。

吴启禄 1983《布依语量词概略》,《贵州民族研究》第3期。

吴启禄 等 2002《布依汉词典》,民族出版社。

邢福义 1959《"数词＋量词"是词还是词组?》,《华中师范学院学报(语言文学版)》第1期。

邢福义 1993《现代汉语数量词系统中的"半"和"双"》,《语言教学与研究》第4期。

邢公畹 1962《论调类在汉台语比较研究上的重要性》,《中国语文》第1期。

邢公畹 1979《论汉藏系语言的比较语法学》,《南开大学学报》第4期。

邢公畹 1989《论汉台语"关系字"的研究》,《民族语文》第1期。

邢公畹 1995《汉台语舌根音声母字深层对应例证》,《民族语文》第1期。

邢公畹 1999《汉台语比较手册》,商务印书馆。

杨通银 2016 中国语言资源保护工程专项任务侗南语音系、词汇、语法。

杨汉基 张　盛 1993《简明侗语语法》,贵州民族出版社。

游汝杰 1982《论台语量词在汉语南方方言中的底层遗存》,《民族语文》第2期。

游汝杰 邹嘉彦 2004《社会语言学教程》,复旦大学出版社。

余金枝 2005《湘西苗语量词》,载李锦芳主编《汉藏语系量词研究》,中央民族大学出版社。

喻翠容 1980《布依语简志》,民族出版社。

喻翠容 罗美珍 1981《傣语简志》,民族出版社。

袁家骅 1979《汉壮语的体词向心结构》,《民族语文》第 2 期。

张定京 2005《哈萨克语的量词问题》,载李锦芳主编《汉藏语系量词研究》,中央民族大学出版社。

张济民 1993《仡佬语研究》,贵州民族出版社。

张 军 2005《量词与汉藏语名词的数量范畴》,载李锦芳主编《汉藏语系量词研究》,中央民族大学出版社。

张均如 1980《水语简志》,民族出版社。

张良民 2002《老挝语实用语法》,外语教学与研究出版社。

张元生 1979《武鸣壮语的名量词》,《民族语文》第 3 期。

张元生 1993《武鸣壮语名量词新探》,《中央民族学院学报》第 4 期。

张元生 覃晓航 1993《现代壮汉语比较语法》,中央民族学院出版社。

中央民族学院少数民族语言研究所第五研究室 1985《壮侗语族语言词汇集》,中央民族学院出版社。

周国炎 刘朝华 2018《布依语参考语法》,中国社会科学出版社。

周国炎 2016 中国语言资源保护工程专项任务布依语音系、词汇、语法。

朱德熙 1982《语法讲义》,商务印书馆。

宗守云 2011《认知范畴的原则共相与细节殊相——以汉语量词"条"和日语量词"本"的异同为例》,《当代修辞学》第 2 期。

宗守云 2012《汉语量词的认知研究》,世界图书出版公司。

Adams, K. L. and Conklin N. F. 1973 Towards a theory of natural classification. In Corum, C., Smith-Stark T. C. and

Weiser A. (eds.), *Papers from the 9th Regional Meeting of the Chicago Linguistic Society*. Chicago: University of Chicago Press, 1 - 10.

Adams, K. L. 1992 A comparison of the numeral classification of humans in Mon-Khmer. *The Mon-Khmer Studies Journal* 21: 107 - 129.

Aikhenvald, Alexandra Y. and Dixon, R. M. W. 1999 Other small families and isolates. In Dixon, R. M. W. and Aikhenvald, Alexandra Y. (eds.), *The Amazonian Languages*. Cambridge: Cambridge University Press, 341 - 387.

Aikhenvald, Alexandra Y. 1999 The Arawak language family. In Dixon, R. M. W. and Aikhenvald, Alexandra Y. (eds.), *The Amazonian Languages*. Cambridge: Cambridge University Press, 65 - 106.

Aikhenvald, Alexandra Y. 2000 *Classifiers: A Typology of Noun Categorazation Devices*. New York: Oxford University Press.

Allan, Keith 1977 Classifiers. *Language* 53(2): 285 - 311.

Alves, Mark J. 2001 Distributional properties of causative verbs in some Mon-Khmer languages. *Mon-Khmer Studies* 31: 107 - 120.

Barlow, M. 1992 *A Situated Theory of Agreement*. New York: Garland.

Barnes, Janet 1999 Tucano. In Dixon, R. M. W. and Aikhenvald, Alexandra Y. (eds.), *The Amazonian Languages*. Cambridge: Cambridge University Press.

Barz, R.K. and Diller A. 1985 Classifiers and standardization: some South and South-East Asian comparisons. In Bradley,

D. (ed.), *Papers in Southeast Asian Linguistics* No. 9. Pacific Linguistics, the Australian National University, 155 – 184.

Bauer, L. 1999 Head and Modifier. In Brown, Keith and Miller Jim (eds.), *Concise Encyclopedia of Grammatical Categories*. Oxford: Elsevier Science Ltd, 184 – 186.

Beckwith, Christopher I. 2007 *Phoronyms: classifiers, class nouns, and the pseudopartitive construction*. New York: Peter Lang Publishing Inc.

Beckwith, Christopher I. 1995 Class Nouns and Classifiers in Thai. In Alves, Mark (ed.), *Proceedings of the Third Annual Meeting of the Southeast Asian Linguistics Society*. Tempe: Arizona State University, 1 – 16.

Benedict, Paul K. 1942 Thai, Kadai, and Indonesian: A New Alignment in Southeastern Asia. *American Anthropologist* 44(4): 576 – 601.

Benedict, Paul K. 1972 *Sino-Tibetan: A Conspectus*. Cambridge: Cambridge University Press.

Benedict, Paul K. 1976 Sino-Tibetan: Another Look. *Journal of the American Oriental Society* 96(2): 167 – 197.

Bennett, Charles E. 1895/1913 *A Latin Grammar*. Boston and Chicago: Allyn and Bacon.

Berlin, Brent and Kay Paul 1969 *Basic color terms: their universality and evolution*. Berkeley and Los Angeles: University of California Press.

Bisang, Walter 1993 Classifiers, Quantifiers and Class Nouns in Hmong. *Studies in Language* 17(1): 1 – 17.

Bloomfield, Leonard 1933/1973 *Language*. London: George Allen and Unwin Ltd.

Bussmann, Hadumod 1996 *Routledge Dictionary of Language and Linguistics*. London and New York: Routledge.

Carpenter, K. 1991 Later rather than sooner: extralinguistic categories in the acquisition of Thai classifiers. *Journal of Child Language* 18: 93 – 113.

Chamberlain, James R. 1997 Tai-Kadai Arthropods: A preliminary Biolinguistic Investigation. In Edmondson, J. A. and Solnit, D. B. (Eds.), *Comparative Kadai: The Tai Branch*. Dallas: Summer Institute of Linguistics, Inc., 291 – 326.

Childs, G. Tucker 2003 *An Introduction to African Languages*. Amsterdam: John Benjamins Publishing Co.

Cinque, Guglielmo and Krapova Iliyana 2007 A Note on Bulgarian Numeral Classifiers. In G. Alboiu, A. A. Avram, L. Avram and D. Isac (eds.), *Pitar Moş: A Building With a View. Papers in Honour of Alexandra Cornilescu*. Bucharest: Editura Universității din București, 45 – 51.

Contini-Morava, Ellen 1994 *Noun Classification in Swahili*. Institute for Advanced Technology in the Humanities, Research Reports, 2nd Series. Charlottesville, University of Virginia, http://www.sciencedirect.com/science/article/pii/S0388000113000399. Date of access: Mar. 12, 2018.

Corbett, G. G. 1999a Agreement. In Brown, Keith and Miller Jim (eds.), *Concise encyclopedia of grammatical categories*. Oxford: Elsevier Science Ltd.

Corbett, G. G. 1999b Gender and Gender Systems. In Brown, Keith and Miller Jim (eds.), *Concise Encyclopedia of Grammatical Categories*. Oxford: Elsvier Science Ltd, 163 – 169.

Craig, Colette ed. 1986 *Noun classes and categorization*. Amsterdam/ Philadelphia: John Benjamins Publishing Company.

Crystal, David 2008 *A First Dictionary of Linguistics and Phonetics*. Malden: Blackwell Publishing.

Daley, Karen Ann 1998. *Vietnamese Classifiers in Narrative Texts*. Arlington: The Summer Institute of Linguistics, Inc.

Deepadung, Sujaritlak 1997 Extension in the Usage of the Thai Classifier / tua/. In Abramson, Arthur S. (ed.), *Southeast Asian Linguistic Studies in Honour of Vichin Panupong*. Bangkok: Chulalongkorn University Press, 49 – 56.

DeLancey, Scott 1986 Toward a history of Tai classifier systems. In Craig, Colette (ed.), *Noun Classes and Categorization*. Amsterdam: John Benjamins Publishing Co., 437 – 452.

Demonte, Violeta 2008 Meaning-Form Correlations and Adjective Position in Spanish. In Kennedy, Ch. and Nally L. Mc. (eds.), *Adjective and Adverbs: Syntax, Semantics, and Discourse*. Oxford: Oxford University Press, 1 – 34.

Demuth, Katherine, Faraclas Nicholas and Marchese Lynell. 1986 Niger-Congo Noun Class and Agreement Systems in Language Acquisition and Historical Change. In Craig, Colette (ed.), *Noun Classes and Categorization*. Amsterdam/ Philadelphia: John Benjamins Publishing Company, 453 – 471.

Diller, A. 1985 High and low Thai: views from within. In Bradley, D. (ed.), *Papers in Southeast Asian Linguistics* No.9. Pacific Linguistics, the Australian National University, 51 – 76.

Diller, Anthony V. N., Edmondson Jerold A. and Luo Yongxian (eds.) 2008 *The Tai-Kadai Languages*. London and New York: Routledge Taylor and Francis Group.

Dixon, R. M. W. 1982 *Where have all the adjectives gone?*. Berlin: Walter de Gruyter and Co.

Dixon, R. M. W. 1986 Noun classes and noun classification in typological perspective. In Craig, Colette (ed.), *Noun classes and categorization*. Amsterdam/Philadelphia: John Benjamins Publishing Company, 105 – 112.

Dixon, R. M. W. 2010a *Basic Linguistic Theory, Volume I: Methodology*. Oxford, New York: Oxford University Press.

Downing, Pamela. 1986 The Anaphoric use of classifiers in Japanese. In Craig, Colette (ed.), *Noun classes and categorization*. Amsterdam/Philadelphia: John Benjamins Publishing Company, 345 – 375.

Edmondson, J. A. and Solnit D. B. (eds.) 1988 *Comparative Kadai: Linguistic Studies Beyond Tai*. Dallas: Summer Institute of Linguistics, Inc.

Edmondson, J. A. and Solnit D. B. (eds.) 1997 *Comparative Kadai: The Tai Branch*. Dallas: Summer Institute of Linguistics, Inc.

Enfield, N. J. 2007 *A Grammar of Lao*. Berlin: Mouton de Gruyter.

Fillmore, Charles J. 1982 Frame Semantics. In Linguistic Society of Korea (ed.), *Linguistics in the Morning Calm*. Seoul: Hanshin, 111 – 38.

Foley, William A. 1986 *The Papuan Languages of New Guinea*. Cambridge: Cambridge University Press.

Foley, William A. 1997 *Anthropological linguistics: An Introduction*.

Cambridge, MA: Blackwell Publishers.

Geertz, Clifford 1973 *The Interpretation of Cultures*. New York: Basic Books.

Givon, T. 1986 Pototypes: between Plato and Wittgenstein. In Craig, Colette (ed.), *Noun classes and categorization*. Amsterdam / Philadelphia: John Benjamins Publishing Company, 139 – 180.

Greenberg, Joseph H. 1963 *The Languages of Africa*. Bloomington: Indiana University Press.

Greenough, J. B, Kittredge G. L., Howard A. A. and D'Ooge Benj. L. 1903 *New Latin Grammar for Schools and Colleges*. Boston and London: Ginn and Company, Publishers.

Grinevald, Colette 2000 A morphosyntactic typology of classifiers. In Senft, G. (ed.), *Systems of Nominal Classification*. Cambridge: Cambridge University Press, 50 – 92.

Haas, Mary R. 1942 The Use of Numeral Classifiers in Thai. *Language* 18(3): 201 – 205.

Haas, Mary 1964a *Thai-English Student's Dictionary*. from: Stanford University Press. http: // sealang. net. Date of access: Aug. 2010.

Haas, Mary R. 1964b. *Thai-English Student's Dictionary*. Stanford, California: Stanford University Press.

Halliday, M. A. K. 1978 *Language as a social semiotic*. London: Edward Arnold.

Heider, Eleanor Rosch. 1972 Probabilities, Sampling, and Ethnographic Method: The Case of Dani Colour Names. *Man* 7(3): 448 – 466.

Hiranburana, S. 1979. A classification of Thai classifiers. In

Liem, N. D. (ed.), *Southeast Asian Linguistics Studies* 4. Pacific Linguistics, The Australian National University, 39 - 54.

Hombert, J-M. 1981 From Proto-Benue-Congo to Proto Bantu noun classes. Papers presented to the 12th Conference on African Linguistics, Stanford University: *Studies in African Lingustics* supplements 8, 55 - 58.

Hudak, Thomas John. 1999. *Kam-English Dictionary*. Tempe, Arizona: Arizona State University.

Hudak, Thomas John 2001 *Minot's White Tai Dictionary*. Temp: Arizona State University.

Hyde, William Peter 2008 *A New Vietnamese-English Dictionary*. from: Dunwoody Press. http://sealang.net, Date of access: 2010.

Iwasak, Shoichi and Ingkaphirom Preeya. 2005 *A Reference Grammar of Thai*. Cambridge: Cambridgc University Press.

Johnson, Samuel. 1799 *Dictionary of the English Language*. London: J. Johnson.

Jones, Robert B. 1970 Classifier Construction in Southeast Asia. *Journal of the American Oriental Society* 90(1): 1 - 12.

Juntanamalaga, Preecha. 1988. Social Issues in Thai Classifier Usage. *Language Sciences* 10.(2): 313 - 330.

Keller, Kathryn C. 1955. The Chontal (Mayan) Numeral System. *International Journal of American Linguistics* 21: 258 - 275.

Kirby, James 2006 *Vietnamese and the structure of NP*. Department of Linguistics of University of Chicago.

Kroulek, A. 2016 *Why do languages have gender?*. http://www. k-international.com/blog/why-do-languages-have-gender/.

Date of access: Mar. 12, 2018.

Labov, W. 1973 The boundaries of words and their meanings. In Bailey, Charles-James and Shuy Roger W. (eds.), *New Ways of Analyzing Variation in English*. Washington D.C: Georgetown University Press, 340 – 371.

Laenzlinger, Christopher 2000 French Adjective Ordering: Perspectives on DP-Internal Movement Types. *Generative Grammar in Geneva* (1): 55 – 104.

Laenzlinger, Christopher 2005 French Adjective Ordering: Perspectives on DP-Internal Movement Types. *Lingua* 115 (5): 645 – 689.

Lakoff, George and Johnson Mark 1980 / 2003 *Metaphors we live by*. Chicago: The University of Chicago Press.

Lakoff, George 1986 *Classifiers as a reflection of mind*. In Craig, Coletter (ed.), *Noun classes and categorization*. Amsterdam/ Philadelphia: John Benjamins Publishing Company, 13 – 51.

Lakoff, George 1987 *Women, fire, and dangerous things: what categories reveal about the mind*, Chicago: University of Chicago Press.

Langacker, R. 1977 Syntactic reanalysis. In C. N. Li (ed.). *Mechanisms of Syntactic Change*, pp. 57 – 139. Austin: University of Texas Press.

Li, F. K. 1937 Languages and Dialects of China. In Shih, Chao-Ying and Chang Chi-Hsien (eds.), *Chinese Year Book*. Shanghai: The Commercial Press, Ltd.

Li, F. K. 1973 Languages and dialects of China. *Journal of Chinese Linguistics* 1(1): 1 – 13.

Li, Jinfang and Luo Yongxian 2010 *The Buyang language of*

South China: grammatical notes, glossay, texts and translations. Canburra: The Australian National University.

Lu, Tian Qiao 2008 *A Grammar of Maonan*. Florida: Universal Publishers.

Lu, Tian Qiao 2012 *Classifiers in Kam-Tai languages: a cognitive and cultural perspective*. Boca Raton, USA: Universal-Publishers.

Macri, M. J. 2000 Numeral Classifiers and Counted Nouns in the Classic Maya Inscriptions, *Written Language and Literacy* 3. Philadelphia: John Benjamins Publishing Company, 13 - 16.

Mahitdhiharn, Nantiwa 2010 *Vocabulary and Etymology*. from: http://www.thai-language.com. Date of access: April 10, 2010.

Manomaivibool, Prapin 1976 Layers of Chinese loanwords in Thai. In Gething, Thomas W., Harris J. G. and Kullavanijaya Pranee (eds.), *Tai linguisitcs in honor of Fang-Kuei Li*. Bangkok: Chulalongkorn University Press, 179 - 184.

Matthews, P. H. 1997 *Oxford Concise Dictionary of Linguistics*. Oxford, New York: Oxford University Press.

Matthews, P. H. 2007 *Oxford Concise Dictionary of Linguistics*. Oxford, New York: Oxford Publishers.

McFarland, G. B. 1942 *Thai-English Dictionary*. Stanford: Stanford University Press.

Mora-Marin, David F. 2008. Full Phonetic Complementation, Semantic Classifiers, and Semantic Determinatives in Ancient Mayan Hieroglyphic Writing. *Ancient Mesoamerica* (19): 195 - 213.

Noss, Richard B. 1964 *Thai Reference Grammar*. Washington D.C.: Foreign Service Institute.

Ostapirat, Weera 2000 Proto-Kra. *Linguistics of the Tibeto-Burman Area* (23)1: 1–251.

Ostapirat, Weera 2005 Kra-Dai and Austronesian: Notes on phonological correspondences and vocabulary distribution. In Sagart, Laurent, Blench Roger and Sanchez-Mazas Alicia (eds.), *The Peopling of East Asia: Putting Together Archaeology, Linguistics and Genetics*. London and New York: Routledge-Curzon, 107–131.

Quinn, George 2003 *On Translating Indonesia*. Jill Blewitt Memorial Lecture delivered at the Annual Meeting of the Australian Institute of Interpreters and Translators, Canberra.

Richards, Jack C. and Schmidt Richard. 2002 *Longman Dictionary of Language Teaching and Applied Linguistics*. London: Pearson Education Limited.

Rodrigues, Aryon D. 1999 Tupi. In Dixon, R. M. W. and Aikhenvald, Alexandra Y. (eds.), *The Amazonian Languages*. Cambridge: Cambridge University Press.

Rosch, Eleanor, Mervis Carolyn B., Gray Wayne D., Johnson David M. and Boyes-Braem Penny. 1976 Basic Objects in Natural Categories. *Cognitive Psychology* 8: 382–439.

Rosch, Eleanor and Mervis Carolyn B. 1975 Family resemblances: Studies in the internal structure of categories. *Cognitive Psychology* 7: 573–605.

Saul, J. E. and Wilson. N. F. 1980 *Nung Grammar*. Pallas, Texas and Arlington: Summer Institute of Linguistics.

Saul, Janice E. 1965 Classifiers in Nung. *Lingua* 13: 278–290.

Saussure, Ferdinand De. 1960 *Course in General Linguistics*. London: Peter Owen Limited.

SEAlang 2019 Thai Dictionary. from: SEAlang Library. Date of access: June 6, 2019.

Simon, Bournemouth 2011 *Grammar, Syntax, and Parts-of-Speech*. from: http://www.thai-language.com. Date of access: June 24, 2011.

Singhapreecha, Pornsiri 2001 Thai Classifiers and the Structure of Complex Thai Nominals. Proceedings of the 15th Pacific Asia Conference on Language, Information, and Communication, City University of Hong Kong, Language Information Sciences Research Center.

Singhapreecha, Pornsiri 2010 The syntactic behavior of numeral 'one' in Thai. Personal communication to Lu, Tianqiao in Cairns, Australia, on 8 March 2010.

Singnoi, Unchalee. 2008 Noun classifier constructions in Thai: a case study in construction grammar. *Journal of Humanities* (11)1: 76 – 90.

Sophawong, Wiphut. 1971 Prachomklao kap phasa Thai. *Cremation volume of Nang Saisanit Sophawong*: 1 – 9.

Steels, S 1978 Word order variation: A typological study. In Greenberg, Joseph H., Ferguson C. A. and A. Maravcsik E. (eds.), *Universals of Human Language Vol. 4: Syntax*. Stanford, California: Stanford University Press.

Taylor, John R. 1989/1995 *Linguistic categorization: Prototypes in linguistic theory*. Oxford: Oxford University Press.

Trask, R. L. 1997. *A Student's Dictionary of Language and Linguistics*. New York: Arnold.

Wittgenstein, Ludwig 1953/1986. *Philosophical Investigations*.

Oxford: Basil Blackwell Ltd.

Wojowasito, S. 1979: *Kamus umum Indonesia-Inggeris dengan ejaan yang disempurnakan*. Bandung: Penerbit C. V. Pengarang.

Zavalia, Roberto 2000 Multiple classifers in Akatek. In Senft, Gunter (ed.), *Systems of nominal classification*. Cambridge: Cambridge University Press.

Zubin, David A. and Kopcke Klaus Michael. 1986. Gender and Folk Taxonomy: the Indexical Relation between Grammatical and Lexical Categorization. In Craig, Colette (ed.), *Noun classes and categorization*. Amsterdam/ Philadelphia: John Benjamins Publishing Company, 139 – 180.

图书在版编目（CIP）数据

名词范畴化视野下的侗台语族类别词研究 / 陆天桥
著. — 上海：上海教育出版社，2023.10
（国际语言学前沿丛书）
ISBN 978-7-5720-2141-1

Ⅰ.①名… Ⅱ.①陆… Ⅲ.①壮侗语族－词法－研究
Ⅳ.①H419.3

中国国家版本馆CIP数据核字(2023)第203226号

责任编辑　殷　可　徐川山
封面设计　周　吉

国际语言学前沿丛书
胡建华　主编
名词范畴化视野下的侗台语族类别词研究
陆天桥　著

出版发行　上海教育出版社有限公司
官　　网　www.seph.com.cn
地　　址　上海市闵行区号景路159弄C座
邮　　编　201101
印　　刷　上海展强印刷有限公司
开　　本　640×965　1/16　印张24.75　插页4
字　　数　322千字
版　　次　2023年11月第1版
印　　次　2023年11月第1次印刷
书　　号　ISBN 978-7-5720-2141-1/H·0072
定　　价　118.00 元

如发现质量问题，读者可向本社调换　　电话：021-64373213